Prof. Dr. Milan Rýzl
Telepathie und Hellsehen

Es sind weder Lichtstrahlen noch Schallwellen, noch irgendwelche andere, bisher bekannte Energien – und dennoch werden Informationen über Zeit und Raum hinweg übertragen und von sensitiven Menschen wahrgenommen. Die Parapsychologie spricht in diesem Zusammenhang von Psi-Energie und nennt diese im Menschen schlummernde Fähigkeit außersinnliche Wahrnehmung (ASW). Das Vorhandensein dieser volkstümlich Telepathie und Hellsehen genannten Fähigkeit ist in wissenschaftlichen Experimenten nachgewiesen.

In diesem Standardwerk schildert Ihnen der international bekannte Pionierforscher der Parapsychologie Prof. Dr. Rýzl die erstaunlichen Ergebnisse der heutigen ASW-Forschung. Sie erfahren, was ASW ist und wie diese Fähigkeit entwickelt werden kann. Es wird aber auch anhand zahlreicher Beispiele gezeigt, welche Scheinphänomene nur Tricks oder Täuschungen sind. Sie bekommen Einblick in das Wirken der ASW und die aufregenden Folgerungen, die die Wissenschaft daraus zieht – bis hin zu der alle Menschen bewegenden Frage nach einem Weiterleben nach dem Tod. Spekulationen einer unkritischen, allzuoft in Interessen verhafteten und auf Sensation bedachten Jenseits- oder Kosmosforschung lehnt allerdings dieser Wissenschaftler nachdrücklich ab.

Mit diesem Buch können Sie sich selbst ein Urteil bilden über die Phänomene der ASW, also der Telepathie und des Hellsehens, und damit über eine Wissenschaft, die – wie die moderne Naturwissenschaft – unser Weltbild verändert.

Milan Rýzl studierte an der Universität Prag Physik und Chemie und arbeitete schon in Prag als Parapsychologe. Seine Forschungs- und Lehrtätigkeit führte ihn durch die ganze Welt. 1963 gewann er den »McDougall Award for Distinguished Work in Parapsychology«. 1967 ließ er sich in San Jose, Kalifornien, nieder. Als einer der großen Pionierforscher der Parapsychologie ist er heute als Professor an der John F. Kennedy University in Orinda, Kalifornien, tätig. Sein parapsychologisches Schrifttum wurde in aller Welt veröffentlicht. Seine im Ariston Verlag erschienenen Standardwerke finden Sie auf Seite 6 dieses Buches.

Prof. Dr. Milan Rýzl

Telepathie und Hellsehen

Was außersinnliche Wahrnehmung (ASW) möglich macht

Ariston Verlag · Genf / München

Die Deutsche Bibliothek — CIP-Einheitsaufnahme

RÝZL, MILAN:
Telepathie und Hellsehen: was außersinnl. Wahrnehmung (ASW)
möglich macht/Milan Rýzl. [Das Werk wurde nach d. in amerikan.
Sprache verf. Ms. ins Dt. übertr. von Helga Künzel]. — 7. Aufl. —
Genf; München: Ariston Verlag, 1993.
(Ariston-Paperback)
ISBN 3-7205-1370-X

Das Werk wurde nach dem in amerikanischer
Sprache verfaßten Manuskript ins Deutsche
übertragen von Helga Künzel

Gestaltung des Einbandes:
Werbeatelier Jürgen Richter

Die Hardcover-Ausgabe 1. (bis 3. Auflage) ist unter dem Titel
»ASW-Phänomene« im Ariston Verlag erschienen
Weltweite Agenturrechte für diesen Titel: Ariston Verlag, Genf

Siebte Auflage April 1993

Printed in Austria 1993

ISBN 3-7205-1370-X

Inhaltsverzeichnis

Vorwort

Dieses Buch behandelt Themen, bei denen die Menschen nicht gleichgültig bleiben. Es sind spannungsgeladene Themen, die zu lebhaften Diskussionen anregen. Themen auch, in denen abergläubische Hoffnungen und seltsame Ängste ihren Ursprung haben.

Es sind Themen, die in letzter Zeit an Aktualität und Interesse stark gewonnen haben: Telepathie, Hellsehen, Zukunftsschau. Und es sind schließlich Themen aus Grenzgebieten, die ebenfalls zur Sprache kommen müssen: Weiterleben nach dem Tod, Reinkarnation, Okkultismus und verwandte Randgebiete.

Dies alles erregt die Phantasie vieler Menschen und hat in den Augen der breiten Öffentlichkeit noch einen Anstrich des Mysteriösen. Es ist ein Bereich, wo sich blindeste Gläubigkeit mit dem dogmatischsten Mißtrauen paart, wo wir unverschämte Betrügereien ebenso finden wie Täuschungen und Irrtümer, denen Menschen in guter Absicht unterlegen sind, wo wir übertriebenem Sensationshunger ebenso begegnen wie einer behutsamen Suche nach Fakten.

Die allgemeine Vorstellung von dem hier behandelten Gebiet ist noch voller mysteriöser Untertöne; aber wir müssen lernen, es nüchtern und ganz natürlich zu betrachten: als bislang unerforschte Ordnung der Natur. Glücklicherweise dringt die Wissenschaft Schritt für Schritt in diesem Gebiet vor. Den Wissenschaftszweig, der früher die sogenannten „okkulten" Erscheinungen untersuchte, nennt man im allgemeinen *Parapsychologie*. Doch viele Parapsychologen hoffen, daß bald eine treffendere Bezeichnung gefunden wird.

Bisher war man der Auffassung, der Mensch nehme seine Umgebung nur durch seine Sinne wahr und beeinflusse die Außenwelt ausschließlich durch seine Muskelkraft. Anscheinend hat der Mensch aber auch die Fähigkeit, zu seiner Umgebung eine ungewöhnliche Wechselbeziehung herzustellen: Er kann Informationen über die

Außenwelt direkt erhalten, ohne Mitwirkung der klassischen fünf Sinne (durch „außersinnliche Wahrnehmung", ASW), und er kann die Außenwelt direkt beeinflussen, mittels der Kraft seiner Gedanken (durch „Psychokinese", PK). Diese beiden ungewöhnlichen Vorgänge sind Gegenstand der Parapsychologie.

Das vorliegende Buch über Parapsychologie, das der freundlichen Aufmerksamkeit des Lesers empfohlen sei, wurde nicht nur für jeden, den die geheimnisvollen Phänomene und Ansprüche des Okkultismus und der Magie faszinieren, sondern insbesondere auch für jeden naturwissenschaftlich Interessierten geschrieben – für jeden schlechthin, der ernsthaft nach der Wahrheit über die Geheimnisse des Universums und der Natur des Menschen sucht.

Wir wollen offen sein: Die Wissenschaft vermag nicht alle Fragen zu beantworten, die wir stellen möchten. Aber sie widmet sich der Suche von Antworten. Die Wissenschaft ist ein aus Fakten errichtetes Gebäude; mehr als das und vielleicht wichtiger noch, sie ist der *Bauvorgang,* aus dem das Gebäude entsteht.

Seit den dunklen Zeiten der Vorgeschichte, seit dem Heraufdämmern der Kulturen bis zur Gegenwart gab es immer schmerzliche Probleme, die den Menschen quälten und Lösungen verlangten. Philosophen und Reformer stellten hochfliegende Fragen nach dem Wesen von Gerechtigkeit, Rechtschaffenheit, Gut und Böse, während die Mehrheit des Menschengeschlechts sich mit alltäglicheren Problemen auseinandersetzte: Erfolg bei der Jagd, Sieg im Krieg, Genesung von Krankheit, Kampf gegen den Tod.

Der Mensch der Vorgeschichte und Antike fand einen einfachen Weg, mit solchen Problemen fertigzuwerden. Er ersann sich eine Phantasiewelt, bevölkert mit Wesen höchster Intelligenz, Göttern und Dämonen, denen er dieselben Eigenschaften, Tugenden und Untugenden verlieh, wie gewöhnliche Menschen sie besitzen. Diese Götter und Dämonen aber dachte er sich unsichtbar und ungleich stärker als der Mensch selbst. Er glaubte, solche geheimnisvolle Wesen würden die Naturereignisse steuern, sie würden alle Phänomene hervorrufen, für die er keine Erklärung fand.

Diese Weltauffassung kommt in den Götter- und Heldensagen der alten Völker deutlich zum Ausdruck. Donner und Blitz zeigten den Zorn eines Gottes an; Seuchen waren Heimsuchungen, die dieser oder jener Gott verhängte; Götter bescherten Kriegsglück, Götter sandten oder heilten Krankheiten, Götter waren für Erfolg oder Mißerfolg bei der Jagd oder in der Landwirtschaft verantwortlich; übernatürliche Wesen lieferten dichterische oder künstlerische Inspirationen und Talente; im Feuer befand sich ein Gott, ebenso in einer erfolgbringenden Waffe; es war ein Gott oder „Geist" im Wein; Götter saßen auf hohen Bergen und in den Tiefen der Ozeane.

Der Mensch wollte Naturvorgänge zu seinem Vorteil steuern; und da er keine anderen Mittel besaß, probierte er es mit Hilfe der imaginären übernatürlichen Wesen. Er trachtete zu erreichen, daß sie seine Wünsche erfüllten. Er versuchte sie durch Gebete zu rühren, durch Weihgaben und Opfer zu bestechen, durch Zeremonien zu verpflichten und manchmal sogar durch Drohungen zu zwingen. Das sozusagen *magische* Herantreten an die Welt hatte für den Menschen der Vorgeschichte und des Altertums und hat für primitive Kulturen der Gegenwart dieselbe Bedeutung wie für den modernen Menschen die Wissenschaft. Vermittels dieser Art des Herantretens versuchte der Mensch seine Umgebung zu begreifen und unter seine Kontrolle zu bringen.

Es war natürlich ein einfaches, bequemes Herangehen, das entsprechend armselige Ergebnisse brachte. Der Weg der Wissenschaft ist viel schwieriger, aber auch zuverlässiger. Statt Geschichten über launische übernatürliche Wesen zu erzählen, hält die Wissenschaft nach objektiven Fakten Ausschau – nach Naturgesetzen. Sie hilft dem Menschen durch Entdeckung und Anwendung dieser Gesetze, die Natur zu beherrschen.

Im Laufe nur weniger Jahrhunderte hat die Wissenschaft Leistungen vollbracht, von denen sich der Mensch des Altertums nie träumen ließ. Sie hat unseren Lebensstil verändert, und sie hat unsere Denkweise verändert. Statt den Donnergott anzuflehen, hat der Mensch sich der Elektrizität zu bedienen gelernt. Statt an heilige Stätten zu wallfahren oder Pestsäulen zu errichten (die im alten Europa so häufig waren), bekämpfen wir Seuchen mit Impfstoffen und Seren. Statt Exorzismen wenden wir moderne Medikamente an. Wir glauben nicht an den Gott des Weines, sondern kennen die Chemie des Gärungsprozesses. Wir beten keinen Feuergott an, sondern beherrschen das Feuer in unseren Kraft- und Hüttenwerken.

Die Wissenschaft ist ein Prozeß, der unaufhörlich weitergeht und uns mit neuem Wissen versorgt. Es bleibt noch viel zu entdecken, auf zahllose Fragen hat man bis heute keine wissenschaftliche Antwort gefunden. Doch im Laufe der Zeit wird sich das Wissen in allen Bereichen erweitern. Das gilt auch für die Parapsychologie – so bruchstückhaft unsere Kenntnisse auf diesem Gebiet gegenwärtig sein mögen. Leider handelt es sich hierbei um ein Gebiet, das heute noch von so manchen Vorstellungen primitiven Zaubers verdunkelt wird. Der Fortschritt verlangt, daß wir sie anleuchten und ausräumen.

Einige meiner Leser empfinden eine zu unsanfte Bloßlegung magischer Elemente in ihren Überzeugungen vielleicht als beunruhigend. Manchmal ist das Vertrauen auf übernatürliche Kräfte angenehmer als die beschwerliche Suche nach Wahrheit und die mühselige Erforschung von Naturgesetzen. Außerdem liegt im Glauben an das Übernatürliche viel romantischer Reiz.

Die natürliche Erklärung des Übernatürlichen ist jedoch auf allen menschlichen Wissensgebieten ein normaler, legitimer Vorgang. In den verflossenen Jahrhunderten mußten ihn sämtliche Wissenschaftszweige durchlaufen: die Astronomie, die Physik, Chemie, Biologie, Medizin – alle. Der Vorgang ist auch auf unserem Gebiet unausweichlich – und je eher er erfolgt, desto besser.

Ich glaube nicht, daß der Abbau des übernatürlichen Nervenkitzels den Leser ärmer macht. Im Gegenteil. Die Wissenschaft hat auch ihren Nervenkitzel, er liegt freilich nicht im Bereich phantastischer Träume. Sie ist ein realistischer Kampf um Wissen, voller rätselhafter Fragen, Sackgassen, unerwarteter, plötzlicher Lösungen – ein Kampf, der oft großen persönlichen Mut und hohe Opferbereitschaft erfordert. Wer ein paar Biographien von Männern und Frauen, die in der Wissenschaft Hervorragendes leisteten, gelesen hat, wird mit mir einig sein – ich denke an Forscher wie Kopernikus, Galilei, Newton, Louis Pasteur, Robert Koch, Heinrich Schliemann, Charles Darwin, Marie Curie, Alexander Fleming, Robert Oppenheimer oder Albert Einstein, um nur einige zu nennen. Wer in den Werkstätten der Wissenschaft gearbeitet hat, weiß aus eigener Erfahrung, daß dieser Kampf oft dramatischer und in seiner Realität erregender ist als die spannendste Detektivgeschichte.

Leser, die zusätzliche Informationen über die hier erörterten Probleme wünschen, seien auf die auf Seite 2 dieses Buches ersichtlich gemachte Liste meiner einschlägigen Werke, die sämtlich im Ariston Verlag, Genf, erschienen sind und heutzutage als Standardwerke der Parapsychologie gelten, verwiesen.

Mythen unter uns

Wir leben im Zeitalter der Wissenschaft und Technik. Im Laufe etwa zweier Jahrhunderte hat der Mensch seine Kontrolle über die Natur ungeheuer ausgebaut. Er untersucht Vorgänge im Atomkern und im Bereich des Weltraums. Er machte die ersten Schritte auf dem Mond, setzte ungeheure Mengen Energie frei, bezwang Krankheiten, die nur wenige Jahrzehnte zuvor die Menschen zu Hunderttausenden dahingerafft hatten, und er begann vor kurzem voller Kühnheit an die Möglichkeit zu denken, die menschliche Entwicklung zu steuern.

Die Elektrizität hat unsere Zivilisation zutiefst verändert und begleitet den Menschen auf Schritt und Tritt – von der Geburt bis zum Tode –, obwohl sie vor nur etwa zweihundert Jahren ein nutzloses Spielzeug in den Händen einiger kauziger Individualisten gewesen ist. Jedes Kind spricht heute voll Selbstverständlichkeit von Weltraumraketen, Atomenergie und Computern.

In unserer aufgeklärten Zeit gibt es jedoch auf der Landkarte menschlichen Wissens nach wie vor weiße Stellen, Gebiete des menschlichen Lebens, die infolge Bildungsmangels heute noch von abergläubischen Vorstellungen geprägt sind wie vor Jahrhunderten. Es ist der Bereich des „Okkulten" oder – wenn wir modernere, wissenschaftliche Ausdrücke gebrauchen wollen – eben der Parapsychologie. Während auf anderen menschlichen Wissensgebieten der unleugbare Fortschritt auch im täglichen Leben spürbar ist, führt das „Okkulte" noch immer eine geheimnisumwitterte Untergrundexistenz, wird es von einigen hochgeschätzt und von vielen anderen verächtlich behandelt.

Auf diesem Gebiet ist die Zeit stehengeblieben. In den astrologischen Spalten der Zeitungen können wir leicht abgeänderte Versionen derselben Ratschläge und Vorhersagen lesen wie vor Jahrhunderten, in Bücherkiosken finden wir Sensationsliteratur desselben Typs, wir stoßen auf verlockende Werbeanzeigen von Wahrsagern, Handliniendeutern und professionellen Hellsehern. Bei der Suche nach okkulten Ratschlägen und Erleuchtungen werden Millionen ausgegeben, und was man dafür erhält, ist oft keinen Heller wert. Es gibt Kirchen, in denen für Ratsuchende ein Gespräch mit verstorbenen Verwandten oder Freunden arrangiert wird oder deren Geistliche Vorführungen von Wunderheilungen anbieten.

Manche kritische Menschen lehnen – klugerweise – den gesamten Okkultismus als Betrug und Täuschung unkritischer Menschen ab. Andere geben zu, daß „etwas dran sein könnte" und die wissenschaftliche Forschung auf diesem Gebiet wertvoll ist. Für wieder andere ist Okkultes die Basis emphatischen Glaubens. Diskussionen für und wider den Okkultismus enden oft mit heftigen Meinungsverschiedenheiten. Einige behaupten, alles sei blanker Unsinn, wenn nicht psychische Gestörtheit; andere glauben, er umfasse die Weisheit der Jahrhunderte und liefere einen Schlüssel zu universalem Fortschritt und Glück. Typischerweise sind die Argumente der Anhänger und der Gegner gleich altmodisch. Jede Generation wiederholt mit kleinen Variationen die Irrtümer der Väter. Und die einmal gemachten Entdeckungen geraten bei der nächsten Generation größtenteils in Vergessenheit.

Vor nicht allzu langer Zeit erhielt ich eine Einladung von einer Gruppe College-Studenten. Sie wußten, daß ich mich seit mehr als zwanzig Jahren intensiv dem Studium „okkulter" (oder parapsychischer) Phänomene widme. Ich sollte an ihren Séancen teilnehmen. Sie versprachen voller Erregung, mir zu zeigen, wie geheimnisvolle, intelligente Kräfte in ihrem Kreis den Tisch bewegen und mit ihnen in Verbindung treten würden.

Eines möchte ich vorab betonen: Soweit ich sagen kann, handelt es sich ausschließlich um kluge, fleißige Studenten eines angesehenen Colleges für höhere Semester – eine vielversprechende neue Generation, die zu guten Spezialisten heranwachsen und eines Tages von den Eltern das Banner der Zivilisation übernehmen wird. Die jungen Leute hatten keine Beweggründe finanzieller Art. Sie waren nur erregt über die seltsamen Beobachtungen, die sie machten, und suchten wißbegierig – wie jeder denkende Mensch ist oder sein sollte – nach Erklärungen. Einige von ihnen hofften, die Gruppe habe eine Entdeckung von wissenschaftlichem oder praktischem Nutzen gemacht. Für andere waren die Sitzungen zumindest ein erregendes Gesellschaftsspiel, das sie sonstigem Zeitvertreib vorzogen. Bei unserem Zusammensein erhielt ich umfangreiche Beweise dafür, daß sie alle absolut ehrlich waren. Sie hatten keinerlei betrügerische Absichten – dafür mangelte es an jeglichem Motiv – und hatten bestimmt nichts zu verbergen.

Ich wurde schon oft eingeladen, „okkulte" Phänomene mitzuerleben. Sehr häufig suchte der Gastgeber oder die Gastgeberin aus persönlichem Antrieb von mir eine Beglaubigung ihrer Demonstration zu erhalten. Für einen professionellen Hellseher könnte ein Zeugnis über eine erfolgreiche Demonstration zumindest gute Werbung bedeuten. In solchen Fällen argwöhnte ich immer sehr rasch Täuschungsabsicht. Der Gastgeber wandte in solchen Fällen sein gewohnheitsmäßiges Verfahren an, von dem er nicht abgehen mochte. Der Besucher bekam wenig Gelegenheit, Einfluß auf die Beobachtungsbedingungen zu nehmen und zur Kontrolle Veränderungen einzuführen, die für das sorgfältige Studium solcher Phänomene einfach notwendig sind.

Bei Demonstrationen von Hellseherei erhielt ich gewöhnlich „Readings", in denen es von Redensarten wimmelte, die auf jedermann zutrafen. Oder der Hellseher versuchte, durch scharfe Beobachtung und sorgfältig gewählte, wie zufällig gestellte Fragen Informationen über den Besucher zu erlangen. (Beobachtet man solche Darbietungen Jahr um Jahr, kann man nach einer sehr kurzen Unterredung viel über die Absicht des Hellsehers sagen; man vermag den Hellseher fast ebenso geschickt zu beobachten wie dieser seine Kunden.) Einige professionelle Hellseher sprudelten eine Flut manchmal unzusammenhängender, manchmal widersprüchlicher Behauptungen hervor und warteten aufmerksam auf meine Reaktionen, an denen sie ablesen wollten, ob sie auf dem richtigen Weg waren oder nicht. Bemerkt ein Hellseher bei Ihnen gesteigertes Interesse an seinen Worten, weiß er, daß er recht hatte, und verfolgt die eingeschlagene Richtung weiter. Sieht er Ihr Interesse schwinden, erkennt er, daß er danebengetroffen hat, und „korrigiert" sich rasch. Professionelle

Hellseher lehnen eine wörtliche Aufzeichnung ihrer Aussagen oft ab, mit der Begründung, es würde sie stören und ablenken.

Ich erlebte übrigens Bühnendarbietungen in Hellsehen oder Telepathie, die bewundernswerte Meisterleistungen an scharfer Beobachtung, auswendig gelernten Kodes und geschickter Manipulation waren, die aber jeglicher ASW-Leistung entbehrten. Die Verfahren der einzelnen Hellseher oder Telepathen sind sehr unterschiedlich, und ständig werden neue Tricks erfunden. Manche Darbietungen werden mit höchst einfachen Tricks bewerkstelligt, so das Lesen von Zahlen auf verhüllten Banknoten oder von schriftlichen Mitteilungen auf gefalteten Papierbogen, die sogar in undurchsichtigen Umschlägen stecken können. Eine derartige Demonstration erfolgt gewöhnlich serienweise. Sind die Umschläge eingesammelt, ergreift der Hellseher den ersten und verkündet den Inhalt. Hier benötigt er einen Mitarbeiter im Publikum, der erklärt, dies sei sein Umschlag. Nun öffnet der Hellseher den Umschlag, angeblich um die Richtigkeit seines „Readings" zu prüfen. In Wirklichkeit prägt er sich ein, was auf dem Bogen steht. Dann nimmt er den nächsten Umschlag und verkündet laut als Inhalt, was er auf dem ersten Blatt gelesen hat. Der Verfasser im Publikum erkennt seine Worte wieder. Von diesem Punkt an geht die Darbietung glatt über die Bühne und kann endlos fortgesetzt werden. Der Hellseher öffnet den Umschlag, liest den Inhalt und verkündet ihn, wenn er sich mit dem nächsten Umschlag befaßt.

Der Verfasser im Publikum ist zufrieden, wenn er sieht, daß seine Mitteilung richtig empfangen wurde. In dem Durcheinander der vielen Mitteilungen bemerkt er nicht, daß der Hellseher seinen Brief geöffnet hatte, bevor er den Inhalt bekanntgab. Bei solchen Bühnendarbietungen werden oft Augenbinden benutzt, aber wir werden später sehen, daß sogar die eindrucksvollsten Augenbinden keine Garantie gegen Betrug bieten.

Im Laufe der Zeit entwickelte ich ein einfaches, nützliches Kriterium, das mir ermöglicht, wirklich mit ASW begabte Personen von betrügerischen Imitatoren zu unterscheiden. Es erwies sich als Tatsache, daß die ASW – wie bei Laboruntersuchungen stets beobachtet wurde – gewöhnlich sehr unvollkommen ist. So unvollkommen, wie beispielsweise das Sehvermögen unter schlechten Beleuchtungsbedingungen sein kann oder die Wahrnehmung schwacher Geräusche inmitten störenden Lärms. Der wirklich begabte Hellseher liefert gewöhnlich korrekte Informationen, gelegentlich gemischt mit falschen Behauptungen. Ist das psychische Gleichgewicht des Hellsehers gestört (durch vorübergehende Indisposition oder andere Faktoren, die ihm nicht erlauben, sich richtig auf seine Aufgabe zu konzentrieren), verschlechtert sich seine ASW-Fähigkeit drastisch und kann sogar ganz schwinden. Wer sich mit der wissenschaftlichen Erforschung der ASW befaßt hat, weiß genau, wie schwer es oft ist, die ASW überhaupt so zu aktivieren, daß sie ergiebig ist.

Im Hinblick auf diese wohlbekannte Tatsache begegne ich zwangsläufig jedem Menschen, der eine vollkommene ASW-Fähigkeit zu haben behauptet, voller Mißtrauen. Im wirklichen Leben funktioniert die ASW nie so glatt wie bei vielen ASW-Demonstrationen auf der Bühne. Und Mißtrauen ist jedenfalls am Platz, wenn der Hellseher eine genaue Untersuchung zur Überprüfung seiner Leistungen nicht gestattet. Warum hat er Geheimnisse? Verschwörer brauchen Geheimnisse, wirkliche Hellseher nicht. Und wie kann der Hellseher eine ganze Serie von Mitteilungen in verschlossenen Umschlägen auf der Bühne trotz der ablenkenden Lichter und der Geräusche aus dem Publikum zuverlässig und richtig lesen, sich aber weigern, eine einzige solche Mitteilung in der ruhigen Atmosphäre eines Labors nur vor mir allein zu lesen?

Oder nehmen wir die Demonstrationen der sogenannten „physikalischen Phänomene" des Mediumismus. Gelegentlich begegnen uns Menschen, die behaupten, sie könnten Gegenstände ohne Anwendung irgendeiner bekannten physikalischen Kraft einzig „durch psychische Kraft" bewegen, oder unerklärliche Töne und viele andere seltsame Effekte hervorbringen. Auch bei diesen Darbietungen diktiert der Demonstrator (oder das Medium) die Bedingungen, unter denen die Vorführung stattfindet. Es mutet wirklich seltsam an, daß das Medium in der Regel Bedingungen (Dunkelheit, Singen usw.) braucht, welche die Aufmerksamkeit des Beobachters ablenken und eine sorgfältige Beobachtung erschweren oder unmöglich machen.

Solche „Medien" verhalten sich wie Taschenspieler auf der Bühne. Beide arbeiten mit der Überraschung, in Augenblicken abgelenkter Aufmerksamkeit der Zuschauer. Dies läßt uns immer argwöhnen, es handle sich um Tricks. Eine brauchbare wissenschaftliche Entkräf-

tung dieses Argwohnes im Sinne eines Beweises erfordert zwangsläufig gründliche Beobachtung durch Experten mit konzentrierter
Aufmerksamkeit und zahlreiche Kontrollmaßnahmen.

Wir müssen hier eine strenge Regel aufstellen: Als erwiesene ASW-
Leistung lassen wir nur Fälle gelten, in denen richtige Informationen
unter Bedingungen erhalten werden, die zuverlässig Sicherheit bieten
gegen glückliche Zufallstreffer durch Erraten und gegen Treffer, die
auf dem Wege normaler sinnlicher Wahrnehmung oder aufgrund
logischer Folgerung aus bekannten Tatsachen gewonnen werden. Sähe
ich einen Freund in großer Entfernung näher kommen und behauptete
ich, ihn nur am Klang seiner Schritte zu erkennen, würden Sie mir
nicht glauben. Richtigerweise würden Sie einwenden, ich hätte ihn
doch gesehen. War mein Gesichtssinn nicht ausgeschaltet, ist die Annahme wahrscheinlicher, daß ich ihn gesehen habe. Die ASW wirkt
als zusätzlicher Sinn. Deshalb müssen wir, bevor wir ASW als erwiesen anerkennen, die Ausschaltung aller anderen Sinne sicherstellen.

Gleichermaßen akzeptieren wir als echte PK (Psychokinese) nur ein
Phänomen, das auftritt, während wir alle gut darauf vorbereitet sind,
es zu beobachten; und wir erkennen es nur an, wenn wir eine ausreichende Kontrolle über die Bedingungen haben, unter denen das
Experiment stattfindet, wenn wir mit Sicherheit alle anderen Faktoren (die entweder gutgläubig oder betrügerisch ins Spiel gebracht
und die von aufrichtigen, aber inkompetenten, nachlässigen Be-
obachtern übersehen werden) auszuschließen vermögen, der Faktoren
also, die das Phänomen auf normale, nicht parapsychologische Weise
hervorbringen könnten. Außerdem sind bezahlte Medien immer ver-
dächtig, denn sie haben sehr gute Gründe zu betrügen: Vergrößerung
ihres Kundenkreises und Steigerung ihres Einkommens. (Natürlich ist
Geld nicht das einzige Motiv, das zu Betrügereien verleitet. Ein
anderer Beweggrund ist zum Beispiel perverses Geltungsbedürfnis
oder Ruhmsucht. Die Begründerin der Theosophie, Frau H. P. Bla-
vatsky, wurde als betrügerisches Medium entlarvt. Ihre Motive scheinen edler gewesen zu sein: sie betrog in dem Bemühen, mehr Anhänger zu gewinnen und ihren philosophisch-religiösen Lehren größere
Überzeugungskraft zu geben. Man könnte hier noch viele andere
Motive anfügen. Finanzieller Gewinn ist jedoch das Motiv, das wir
als erstes in Betracht ziehen müssen.)

Da ich die Gefahren auf diesem Gebiet kenne, war ich auf der Hut, als ich die Einladung der Studenten annahm. Ihre Aufrichtigkeit zeichnete sich allerdings deutlich ab. Sie hatten mich eingeladen, weil sie einen Kommentar und Ratschlag von mir wünschten. Auf meine Aufforderung demonstrierten sie ihr übliches Verfahren, zeigten mir bereitwillig alles und folgten eifrig meinen Instruktionen. Dann forderten sie mich auf, bei ihnen am Tisch Platz zu nehmen.

Die Gruppe bestand aus zehn Studenten, fünf Jungen und fünf Mädchen. Eines der Mädchen (gleichzeitig eines der „Medien") hatte einen Freund gehabt, der auch bei den übrigen Gruppenmitgliedern sehr beliebt gewesen war. Wir wollen ihn John Smith nennen. Obwohl ein friedlicher Mensch, war er durch unglückliche Umstände auf dem College-Gelände in ein Handgemenge mit der Polizei geraten. Wie mir die Studenten erklärten, hatte er der Polizei bei der Wiederherstellung der Ordnung zu helfen versucht, doch in dem Tumult war er von einer verirrten Kugel getötet worden.

Die Séance begann. Wir befanden uns in einem kleinen, bescheiden möblierten Zimmer, der derzeitigen Wohnung eines der Studenten. Drei Studenten, die in früheren Séancen am erfolgreichsten gewesen waren, nahmen an einem leichten Tischchen Platz. Die übrigen, darunter ich, setzten sich längs der Wände auf den Boden. Man hoffte, Gelegenheit zu bekommen, mit dem Geist von John Smith zu sprechen – wie es schon mehrmals zuvor geglückt war.

Die drei Studenten („Medien"), die an drei Tischseiten saßen, legten die Handflächen auf die Tischplatte. Die vierte Seite des Tisches blieb frei. Einige Sekunden herrschte Schweigen. Dann wandte sich die Führerin der Gruppe, das in der Mitte sitzende Mädchen, an den „Geist":

„Wenn ein Geist in unserer Mitte weilt, der mit uns sprechen will, soll er den Tisch zweimal aufschlagen."

Die Szene war komisch in ihrer Ernsthaftigkeit und mutete höchst altmodisch an. Sie wirkte wie eine spiritistische Sitzung vor mehr als hundert Jahren. Ein seltsamer Anachronismus: Tischrücken im Atomzeitalter! Mir fiel ein uralter Scherz ein: „Ist der Geist hier, soll er zweimal mit dem Tisch aufschlagen; ist er nicht hier, soll er fünfmal aufschlagen."

Aber die Studenten waren ernst und aufrichtig, und der Tisch kippte auf zwei Beine. Die beiden anderen Beine hoben sich in die Luft, und als der Tisch gleich darauf zurückkippte, schlugen sie laut auf den Boden. Der zweite Schlag folgte sofort.

Die erste Bewegung wirkte etwas zögernd, und das führende Mädchen war nicht ganz zufrieden.

„Los", sagte sie, „wir möchten, daß du lauter schlägst. Lege mehr Kraft in deine Botschaft!"

Zwei laute Schläge folgten.

„Als du in deinem materiellen Körper bei uns warst, hast du da John Smith geheißen? Acht Schläge für ja, zwei für nein."

Der Tisch klopfte achtmal.

„War es eine Polizeikugel, die dich getötet hat? Ein Schlag für ja, drei für nein . . ."

„Es tut uns so leid um dich. Bist du jetzt glücklich? Zwei für ja, vier für nein . . ."

„Willst du, daß wir deiner Mutter eine Botschaft von dir ausrichten . . . ?"

„Willst du, daß wir ihr sagen, du seist jetzt glücklich und würdest an sie denken . . . ?"

Die Unterredung ging weiter. Die Studenten wollten zeigen, daß sie dem Phänomen wirklich kritisch gegenüberstanden. „Wie Sie sehen, berühren wir den Tisch. Aber glauben Sie nicht, daß wir ihn selbst bewegen. Wir fühlen deutlich, daß der Tisch gegen unsere Hände drückt und sich durch irgendeine Kraft bewegt, die aus ihm kommt. Wir achten sehr sorgfältig darauf, daß wir den Tisch nicht bewegen; wir berühren ihn nur. Oft entspricht die Antwort keineswegs unseren Erwartungen. Das zeigt an, daß der Tisch von irgendeiner unabhängigen Intelligenz bewegt wird, und wir glauben, es ist der Geist von John Smith."

Um zu beweisen, daß bei dem Phänomen Levitation im Spiel sein müsse, sagten sie: „Sie können auf die Tatsache hinweisen, daß der Tisch immer zu Jane kippt. Das mag den Eindruck erzeugen, daß sie daraufdrückt. Aber schauen sie jetzt! John, willst du bitte den Tisch diesmal von Jane wegkippen?"

Die Frage wurde gestellt, und der Tisch gab seine Antwort, indem er in die entgegengesetzte Richtung kippte. Die Darbietung sah ganz überzeugend aus, da Jane – das „Medium" – die Hände beträchtlich heben mußte, um dem Tisch nachzugeben, der von ihr weg auf zwei Beine kippte, also auf der Seite hochging, an welcher sie saß.

Doch ich wußte bereits, wie die Bewegungen des Tisches zustande kamen: durch unfreiwillige Handbewegungen der Studenten. Die Studenten, die sich voll angespannter Aufmerksamkeit auf die „Kommunikation mit dem Geist" konzentrierten, übten variierenden Druck auf die Tischfläche aus; einige drückten lotrecht zur Tischfläche, andere tangential. Diese Kräfte summierten sich und führten schließlich zur Bewegung. Keiner der Beteiligten war sich dieser Tatsache bewußt, da der Druck unbewußt erzeugt wurde und der Druck jedes einzelnen nicht genügt hätte, um den Tisch zu bewegen. Der Druck aller mußte sich summieren. Auch schwankte das Ausmaß, in dem die einzelnen Beteiligten zu den Bewegungen beitrugen, zeitlich. In einem Augenblick dominierte ein Beteiligter, und die anderen fühlten, wie der Tisch ihre passiven Hände zog; kurz darauf übernahm ein anderer die dominierende Rolle, und der erste Beteiligte (der sich seiner Rolle nicht bewußt gewesen war) erhielt für seine eigene Person die Bestätigung, daß der Tisch sich ohne Druck seinerseits bewegte. Die Tatsache, daß die ganze Aktion unbewußt geschah und daß die Rollen unter den Beteiligten rasch wechselten, trug zur allgemeinen Illusion bei, der Tisch bewege sich von selbst.

Die Bestätigung für diese Erklärung kann jeder Leser mühelos erhalten: Nehmen Sie einen leichten Tisch, vorzugsweise mit langen Beinen und einer rauhen Oberfläche. Verwenden Sie eine Stütze für die Beine, die vermeidet, daß der Tisch auf dem Boden rutscht. Drücken Sie die Finger auf die Tischfläche, und wenn Sie guten Halt gefunden haben, bewegen Sie die Finger horizontal auf sich selbst zu. Achten Sie darauf, daß nicht Ihre Finger auf der Tischplatte oder die Tischbeine auf dem Boden gleiten. Der Tisch wird zu Ihnen hin kippen. Durch Übung lernen Sie es, diesen Trick so spielend auszuführen, daß niemand die geringste Anstrengung Ihrer Hände bemerkt. Den Tisch auf Ihrer Seite in die Höhe gehen zu lassen, ist etwas schwerer; aber es wird Ihnen ebenfalls gelingen, besonders wenn Ihnen jemand gegenübersitzt und Sie beide versuchen, den Tisch in dieselbe Richtung zu kippen. Und nun führen Sie sich eines vor Augen: derselbe Druck, den Sie absichtlich ausübten, kann auch unbewußt ausgeübt werden, wenn Sie sich stark auf die Bewegung des Tisches konzentrieren.

Es bedurfte weder einer besonderen Erkenntnis noch besonderer Originalität, diese Erklärung der Demonstration zu geben. Solche Tischbewegungen waren in spiritistischen Séancen gang und gäbe, und schon vor mehr als einem Jahrhundert fanden der berühmte britische Physiker Michael Faraday und der französische Chemiker Michel Chevreul diese völlig natürliche Erklärung für die geheimnisvollen Bewegungen der Spiritistentische. Faraday schrieb bereits 1853, nur fünf Jahre nach der Geburt des Spiritismus, vom „Wahn des Tischrückens".

Die Möglichkeit, daß es sich um das Phänomen der Levitation (Telekinese) handelte, hätte nur bei einer Bewegung des Tisches ohne jeden physischen Kontakt mit den Studenten in Betracht gezogen werden können. Und sogar wenn wir überzeugt wären, daß die Beteiligten den Tisch nicht berührten, würden wir zögern, ein endgültiges Urteil zu fällen, bevor wir nicht eine gründliche Untersuchung des Tisches, aller Beteiligten und des ganzen Séance-Raums vorgenommen hätten. Wir würden den Wunsch haben, alle nur denkbaren normalen Ursachen der Bewegungen zuverlässig auszuschalten. Hätte nicht das Medium (vielleicht mit Hilfe eines Komplizen) den Tisch mit den Beinen bewegen können? Konnte der Tisch nicht durch versteckte Schnüre bewegt worden sein? Oder durch andere Mittel? Es könnte beispielsweise ein Stück Eisen im Tisch verborgen sein, und dieses könnte durch einen starken Elektromagneten beeinflußt werden. Wir sind nur bereit, die Möglichkeit eines psychokinetischen Effekts einzugestehen, wenn wir die hundertprozentige Überzeugung gewonnen haben, daß die beobachtete Bewegung auf keine bekannte physische Kraft zurückzuführen ist.

Es war schockierend für mich, daß in unserer aufgeklärten Zeit aufrichtig bemühten Studenten dieses einfache Wissen abging. Sie verharrten in einem Irrglauben, der schon vor einem Jahrhundert aufgedeckt worden ist. Leider stellt dieser Mangel an Aufklärung auf dem Sachgebiet der Parapsychologie keine Seltenheit dar. Hätte die öffentliche Bildung dazu beigetragen, das vorhandene Wissen besser zu verbreiten und den Studenten Einblick in die Probleme, Schwierigkeiten und Errungenschaften auf diesem Gebiet zu geben, wären viele bestehende Mißverständnisse beseitigt. Statt dessen bezieht die allgemeine Öffentlichkeit ihre Informationen aus drittklassigen Publikationen, die neben Unterhaltung sensationsbedingte Spannung und den Reiz des Geheimnisvollen, aber nur wenig faktisches Wissen bieten. Ernsthafte, wertvollere Publikationen – die zugegebenermaßen dünn gesät sind – verlieren sich in der Flut „okkulter" Literatur. Schlimmer wird das Ganze noch dadurch, daß sogar auch viele Wissenschaftler anderer Wissenszweige dieses Gebiet nach der Schundliteratur beurteilen. Sie erkennen nicht, daß die Parapsychologie wie jede andere Wissenschaft nach gesicherten Ergebnissen strebt; sie verwechseln sie mit Okkultismus, kritiklosem Glauben ans Übernatürliche, ja sogar Gespenstergeschichten.

Nicht lange danach bekam ich eine gute Gelegenheit, die Wirkung unfreiwilliger Bewegungen im Kreise meiner Studenten selbst zu prüfen. Nach einer mehr allgemeinen Unterredung mit „John Smith" wurde die Frage gestellt:

„Ist hier ein anderer Geist, der mit uns in Verbindung treten möchte? Ein Schlag für nein, zwei für ja."

Zwei Schläge des Tisches verkündeten die Anwesenheit eines weiteren Geistes. Die Studenten wollten seinen Namen erfahren, und es wurde beschlossen, ihn zu buchstabieren. Sie luden mich ein, bei ihnen am Tisch Platz zu nehmen. Der Tisch sollte die betreffenden Buchstaben des Alphabets durch Klopfen mitteilen (ein Klopfzeichen für A, zwei für B usw.). Ich schlug ein anderes Verfahren vor, das etwas schneller und zweifellos schonender für die Tischbeine war, ein Verfahren, das ebenfalls mehr als ein Jahrhundert alt ist. Ich sagte: „Warum sprechen wir nicht das Alphabet durch und warten auf das Klopfzeichen beim richtigen Buchstaben?"

Die Studenten willigten ein, aber der Tisch mochte offenbar nicht, denn er arbeitete auf die gewohnte Tour weiter: Er begann mit harten, regelmäßigen Schlägen auf den Boden zu klopfen. Die Studenten zählten die Schläge: a – b – c – – – R. Und wieder: a – b – c – – – O. Der Tisch klopfte: R – O – B – E – S – T.

Beim fünften Buchstaben wollte der Tisch nach dem R innehalten, aber ich gab ihm absichtlich einen weiteren Impuls, um zu prüfen, ob die Studenten mein Eingreifen bemerkten. Sie bemerkten es nicht. (Tut mir leid, Mädchen und Jungs, ich war es, der hier gemogelt hat.) Der ermittelte Name sah seltsam aus. Die Studenten nahmen ihre Sache sehr genau:

„Haben wir den fünften Buchstaben richtig bestimmt? Zwei für ja, vier für nein."

Ich hielt den Tisch nach dem zweiten Klopfzeichen. Das bedeutete: „Ja." Der „Geist" beliebte zu scherzen.

Ich wußte nun genug, mochte aber das Spiel in diesem Stadium nicht stören. Ich wollte jedoch vom Tisch weg, die erfolgreichsten Studenten wieder hinsetzen und mit der Gruppe unter möglichst weitgehender Beibehaltung des ursprünglichen Verfahrens einen kurzen ASW-Test machen. Ich hatte nicht den geringsten Zweifel, daß kein Geist anwesend war, aber es bestand immerhin die Möglichkeit, daß in einem gewissen Maß ASW im Spiel war. Ob eine ASW-Leistung vorlag, wollte ich prüfen, indem ich dem angeblichen Geist die Aufgabe stellte, etwas herauszufinden, was die Studenten nicht wußten und was ich leicht nachprüfen konnte. Beispielsweise: „Teile durch Klopfen den Namen meines lieben Freundes mit, der mir gestern geschrieben hat." Oder: „Teile durch Klopfen den Namen des Autors mit, dessen Buch ich hier in meiner Aktentasche habe." Oder: „Wird diese schwangere Dame einen Jungen oder ein Mädchen zur Welt bringen?" Und dergleichen mehr.

Um bei einem solchen Test Erfolg zu erzielen, empfiehlt es sich zweifellos, sich so genau wie möglich an die gewohnten Praktiken des Zirkels zu halten. Wir brauchen nicht an Geister zu glauben, aber wir können bei dem Spiel mitmachen, uns an den „Geist" wenden und ihm leicht nachprüfbare Fragen stellen. Jede Abweichung vom gewohnten Verfahren könnte sich nachteilig auswirken und einer etwaigen ASW entgegenwirken. Deshalb wollte ich so unauffällig wie möglich vom Tisch weg.

Ich sagte, vielleicht störe meine Anwesenheit die Harmonie des Zirkels und es sei besser, wenn ich den Tisch verlasse. Die Studenten widersprachen höflich; sie konnten sich nicht vorstellen, daß ich ein störendes Element sei.

„Wir wollen den Geist fragen!" schlug ich vor.

„Ist Janes Anwesenheit am Tisch störend? Ein Schlag für ja, zwei für nein."

Der Tisch antwortete: „Nein."

„Stört Tom den Zirkel?"

... „Nein."

„Stört der Doktor ihn? Ein Schlag für ja, zwei für nein."

Ich mußte mich ziemlich anstrengen, um den Tisch sofort nach dem ersten Schlag festzuhalten. Ja, der „Geist" fand mich störend.

Ich verließ den Tisch, und die banale Konversation mit den „Geistern" ging weiter. Meine Hoffnungen erfüllten sich nicht, ich entdeckte keine ASW in dem Kreis. Doch eine dramatische Demonstration stand noch bevor.

Im Laufe des Gesprächs, das sich vermittels der Klopfzeichen fortsetzte, gerieten einige Studenten in solche Erregung, daß sie den bewußten Kontakt mit ihrer Umgebung verloren, die Anwesenheit des „Geistes" in ihrem eigenen Körper spürten und zu sprechen und zu handeln begannen, als hätten sie sich in die Persönlichkeit des Geistes verwandelt. Im Prinzip war diese Verwandlung nur etwas, das jeder Schauspieler erlebt, wenn er sich auf der Bühne lebhaft mit seiner Rolle identifiziert – aber die Studenten taten es unbewußt. Sie waren in Trance.

Generell gesehen waren die gesprochenen Botschaften der „Geister" genauso banal wie zuvor die Unterredung vermittels der Klopfzeichen. Der erste Junge, der in Trance geriet, überbrachte nur eine undeutliche, unzusammenhängende Botschaft von einem unbekannten „Geist". Aber später erlebten wir eine höchst dramatische Episode.

Das Mädchen, dessen Freund von der Kugel getötet worden war, fiel in Trance. Das konzentrierte Denken an Geister, kombiniert mit Erinnerungen an ihren Freund, versetzten sie in eine Trance, die ihr gesamtes Verhalten veränderte. In dem schlafähnlichen Zustand erlebte sie eine Art Traum von ihrem Freund. Der Traum war so lebhaft, daß sie sich ganz in den Jungen verwandelt fühlte. Sie empfand wie er, handelte wie er und durchlebte in sehr dramatischer Weise seine Schmerzen und seinen Todeskampf, nachdem ihn die Kugel getroffen hatte. Sie hatte das Gefühl zu sterben.

Die packende Lebendigkeit der Szene stieg von Minute zu Minute. Die Personifizierung des sterbenden Jungen war äußerst realistisch und fesselnd, und die ganze Episode übte auf alle Anwesenden eine tiefe emotionelle Wirkung aus. Angesichts dieser Umstände beschloß ich einzugreifen. Ich sprach das Mädchen an, wie ich zu einer Hypnotisierten gesprochen hätte (ihr Zustand war tatsächlich eine Art autosuggerierter Trance); nachdem ich ihr kategorisch erklärt hatte, ich wolle nicht, daß sie noch länger an den toten Jungen denke, versicherte ich ihr, sie sei wieder sie selbst. Durch entsprechende Suggestionen beruhigte ich ihre aufgewühlten Gefühle, stärkte sie in einer gesunden Einstellung zum Leben und gab ihr den Befehl, zu einem normalen, munteren Wachzustand zu erwachen. Sie erwachte friedlich und erinnerte sich nicht an ihren dramatischen Traum.

Auch die anderen Studenten begannen leichter zu atmen. Aus einem Zustand exaltierter Emotionen, mysteriöser Beklemmung und unheimlicher Ängste wurden sie in die ruhige Realität ihres Alltagslebens zurückversetzt. Ich hatte das Gefühl, mein Einschreiten sei eine gute Leistung in geistiger Hygiene gewesen.

Die Studenten staunten über die vom Mädchen so verschiedene Trancepersönlichkeit, deren Zeuge sie gewesen waren, zumal das Mädchen deren Rolle sehr überzeugend verkörpert hatte. Ihre Stimme hatte sich verändert und plötzlich tiefer, männlicher geklungen, ihre Ausdrucksweise und Redewendungen waren jenen des toten Jungen ähnlich geworden, so daß die Studenten ihren verstorbenen Freund klar zu erkennen geglaubt hatten. Außerdem vollzog sich die dramatische Sterbeszene sehr überzeugend. Die Studenten sahen darin eine beweiskräftige Demonstration der Identität der weiterlebenden Persönlichkeit.

Natürlich war diese ihre Schlußfolgerung falsch. Jeder durchschnittliche Schauspieler könnte vermutlich die Rolle mit der gleichen Vollendung spielen. Die eigenartige Atmosphäre der Exaltiertheit wurde eher durch die Tatsache erzeugt, daß das Mädchen die Rolle in Trance, im Schlaf, spielte.

Im Prinzip war es keineswegs schwer für das Mädchen, den Jungen darzustellen, den sie genau kannte. (Hätte sie ihn nicht gekannt, wäre ihre Darbietung ein bemerkenswerter Fall von ASW gewesen.) Das einzige Ungewöhnliche lag darin, daß sie die Rolle in bewußtlosem

Zustand spielte. Doch auch dies ist kein Wunder. Es geschieht immer wieder, daß Menschen im Schlaf sprechen, und es sind Fälle bekannt, da ein Schlafender sogar komplizierte Handlungen ausführte. Der Unterschied liegt nicht in der Qualität, sondern nur im Ausmaß.

Auch in der Hypnose können komplizierte Handlungen vollführt werden, an die sich der Hypnotisierte nach dem Erwachen nicht erinnert. (Vergessen wir nicht, daß die Trance des spiritistischen Mediums im Grunde dem Hypnosezustand entspricht.)

Als die Sitzung zu Ende war, erörterte ich die Demonstration mit den Studenten. Ich versuchte ihnen zu erklären, was an unserem Erlebnis für die Wissenschaft interessant war.

Zunächst einmal interessierte es die Wissenschaft überhaupt nicht, ob die jungen Leute mit dem Geist von John Smith gesprochen hatten oder nicht. Das soll keineswegs bedeuten, daß die Frage des Weiterlebens nach dem Tod nicht wichtig sei. Eines Tages wird die Wissenschaft sicher Wege finden, darauf zu antworten – so oder so. Verließen wir uns nur auf die bisherigen Entdeckungen der Naturwissenschaften (der Physik, Chemie und Biologie), wäre die Antwort negativ. Fast alle religiösen Lehren beantworten die Frage positiv, doch sie basieren nicht auf Erfahrung, sondern auf dogmatischem Diktat einerseits und Überzeugung der Gläubigen andererseits, deshalb hat ihre Antwort wissenschaftlich keinen Wert. Stützen wir uns auf die neue Wissenschaft der Parapsychologie, stoßen wir auf einige Beobachtungen, die man als Bestätigung der Hypothese vom Weiterleben nach dem Tod auslegen könnte. Ich bin überzeugt, daß die Parapsychologie diese Frage schließlich beantworten wird – auf wissenschaftliche Art, ohne sich auf dogmatische Glaubenssätze zu stützen.

Heute ist die Parapsychologie jedoch noch nicht soweit. Die überwältigende Mehrheit der Parapsychologen vertritt derzeit die Ansicht, daß die bislang gemachten Beobachtungen keinen definitiven Beweis für das Weiterleben nach dem Tode darstellen und daß mit unseren heutigen Mitteln ein solcher Beweis kaum erbracht werden kann – auch nicht, wenn das Weiterleben eine Tatsache wäre. Angesichts unseres begrenzten Wissens ist die Suche nach einer endgültigen Antwort verfrüht. Diese Feststellung ist kein Agnostizismus, sondern umreißt nur den gegenwärtigen Stand der Forschung.

In der gesamten Wissenschaft und Technik mußten erst die grundlegenden, elementarsten Prinzipien entdeckt werden, bevor man an
die Lösung komplizierterer Probleme herangehen konnte. Die patho-
genen Mikroorganismen mußten entdeckt werden, bevor man Impf-
stoffe zur Bekämpfung der Infektionskrankheiten entwickeln konnte.
Die Elektrizität mußte entdeckt und ihre Gesetze mußten ermittelt
werden, bevor man sie praktisch nutzen konnte. Weltraumraketen
hätten nicht gebaut werden können, wäre kein genügend hoher
Entwicklungsstand in der Treibstoffchemie, der Metallurgie, der
Computertechnik und vieler anderer Wissensgebiete erreicht gewesen.

Diese Beispiele sollten genügen. In der Parapsychologie entdecken
wir gerade eben die ersten Regelmäßigkeiten – wir stehen etwa dort,
wo die Chemie zu Zeiten Lavoisiers oder die Astronomie zu Zeiten
Galileis stand. Man darf nicht ungeduldig sein und alle Antworten
jetzt schon erwarten. Zuerst müssen einfachere und grundlegendere
Dinge erforscht werden.

Ich habe deshalb den Studenten vorgeschlagen, sie sollten ihre
Aufmerksamkeit auf das Studium der ASW konzentrieren. Die Kern-
frage ist *nicht,* ob der angebliche „Geist" von John Smith wirklich
durch das Medium spricht bzw. sich durch Tischklopfen mitteilt oder
nicht. Das ganze Verhaltensmuster des Mediums ist hier unwichtig.
Wichtig ist dagegen nur, ob das Verhalten des Mediums (oder des
Tisches, der vom Medium unbewußt bewegt wird) ein Wissen erkennen läßt, welches das Medium normalerweise nicht haben kann.

Was Jane in Trance tat oder was der Tisch durch Klopfen mitteilte,
bewies keineswegs das Weiterleben John Smiths nach dem Tod. Doch
es war immerhin möglich, daß Jane (oder ein anderes Mitglied des
Kreises) über die Gabe der ASW verfügte, die entweder im Trancezustand oder durch Beeinflussung der Bewegungen des Tisches sichtbar gemacht werden konnte.

Wenn die Studenten den angeblichen „Geist" als John Smith an-
sprechen wollten, sollten sie es ruhig tun; ich habe nichts dagegen. Es
könnte Jane sogar zu einer besseren ASW-Leistung anregen. Aber sie
sollten ihn nicht fragen, ob er im Jenseits glücklich sei. Die Antwort
auf eine derartige Frage läßt sich nicht nachprüfen. Statt dessen
sollten sie Fragen stellen, die sich nachprüfen lassen: Welche Farbe
hat die Spielkarte in meiner Tasche? Welches Zeichen trägt die ASW-

Karte in diesem undurchsichtigen Umschlag? Was halte ich in der Faust? Und ähnliches mehr.

Zugegeben, ein derartiges Experiment ist nicht so dramatisch wie ein Gespräch über das Leben im Jenseits; doch es kann ergiebig sein und wertvoll für die Wissenschaft. Falls die Studenten feststellen sollten, daß Jane auf dem Weg der ASW wirklich den Inhalt undurchsichtiger Umschläge benennen (bzw. durch den Tisch signalisieren) oder einen verborgenen Gegenstand beschreiben kann, dürfte das Experiment aufregender werden als eine „Party mit Geistern".

Das Tischrücken weist im übrigen zwei deutlich verschiedene Aspekte auf. Einer besteht in den *Bewegungen* des Tisches. In unserem Fall wurden diese durch unfreiwillige Bewegungen der Hände des Mediums hervorgerufen. Hätte das Medium den Tisch nicht berührt, könnten wir PK als mögliche Ursache in Betracht ziehen. Ein völlig anderer Aspekt ist der *Inhalt* der Botschaft, die *Information,* die durch das Klopfen des Tisches erlangt wird. Es kann sich um unschuldige Erfindungen handeln, um Wunschdenken, um einen Traum der Beteiligten. Werden jedoch Informationen erlangt, von denen die Beteiligten nichts wissen konnten und die sich später als richtig erweisen, handelt es sich – vielleicht – um ASW.

Es war ein Jammer, zu sehen, daß die Studenten – so ernst sie es meinten – in ihrer Einstellung mehr als ein Jahrhundert hinter ihrer Zeit herhinkten. Seit den ersten Spiritisten hat sich unser Wissen über diese Phänomene erweitert. Die spiritistische Theorie aus der Frühzeit der Erforschung des Außersinnlichen läßt sich mit der Phlogiston-Theorie der Chemie des 18. Jahrhunderts oder mit dem Lichtäther der Physik des 19. Jahrhunderts vergleichen. Doch wir befinden uns im 20. Jahrhundert. Die grundlegenden Erkenntnisse, von denen meine Studenten hätten ausgehen müssen, werden in den folgenden Kapiteln zusammengefaßt.

Unwillkürliche Bewegungen
und Veränderungen der Persönlichkeit

Um die in spiritistischen Sitzungen auftretenden Phänomene zu verstehen, müssen wir einige Tatsachen berücksichtigen, über die vor rund hundertzwanzig Jahren, zur Zeit der Entstehung der spiritistischen Bewegung, noch nichts bekannt war, die man jedoch mittlerweile, dank des Fortschritts in der Psychologie, Psychiatrie und Psychophysiologie, entdeckt hat.

Die *ideomotorischen Bewegungen* gehören dazu. Wir begegneten ihnen bereits im vorhergehenden Kapitel als Ursachen der Bewegungen des Séance-Tisches. Man hat festgestellt, daß mit jedem intensiven Denken an eine Bewegung (auch wenn die Bewegung nicht vollführt wird) eine sehr geringe, aber nachweisbare Kontraktion der entsprechenden Muskeln einhergeht. Man kann beispielsweise Elektroden am Hals eines Menschen befestigen, und wenn er sich vorstellt, er spreche laut (dabei aber stumm bleibt), sind schwache elektrische Ströme zu registrieren, die eine Kontraktion seiner Stimmbänder anzeigen. Genauso können Sie daran denken, daß Sie Ihren Arm oder Ihr Bein bewegen, und die an die entsprechenden Muskeln angelegten Elektroden werden deren Aktivität anzeigen.

„Telepathie"-Demonstrationen auf der Bühne beispielsweise basieren geradezu auf ideomotorischen Bewegungen. In Abwesenheit des Demonstrators verbirgt das Publikum einen Gegenstand. Der Demonstrator kommt zurück, bittet eine Person aus dem Publikum auf die Bühne und ersucht sie, intensiv an den Ort zu denken, an welchem der Gegenstand versteckt wurde. Er faßt die Versuchsperson bei der Hand und macht damit einige kaum spürbare Bewegungen in verschiedene Richtungen. Dies ermöglicht ihm, herauszufinden, ob die Person ihm unbewußt hilft oder entgegenarbeitet. Gibt die Person unwillkürlich in alle Richtungen bis auf eine nach, weiß er, daß sie ihm entgegenzuarbeiten versucht, und er forscht dann in jener Rich-

tung nach dem versteckten Gegenstand, in welcher die Hand größten
Widerstand leistet. Spürt er bei der Person in allen Richtungen bis
auf eine Widerstand, weiß er, daß sie ihm hilft. Er folgt der Richtung,
in welcher die Hand nachgibt, und findet, geleitet durch ideomotorische Bewegungen, den verborgenen Gegenstand ohne große Schwierigkeiten. Es handelt sich hier nicht um Telepathie, nur um Erfahrung und Geschick im Erkennen der Reaktionen des anderen Menschen.

Auch das sogenannte „Siderische Pendel" basiert auf ideomotorischen Bewegungen. Sie halten einen Gegenstand (einen Ring, eine
Uhr, einen Edelstein oder einen anderen kleinen Gegenstand), der an
einem Faden hängt, in der Hand. Nach einer Weile beginnt er zu
schwingen, weil Ihre Hand dem Faden unwillkürlich kleine rhyth-
mische Impulse gibt und das Pendel so in Bewegung setzt. Die Richtung, in welche die Impulse gegeben werden, bestimmen die Form der
Schwingungen: das Pendel kann entweder auf einer Ebene schwingen
(dann zeichnet der hängende Gegenstand eine gerade Linie), oder es
schwingt kreisförmig, elliptisch usw.

Die „Virgula" (Wünschelrute), ein elastischer Stab oder Draht, der
manchmal zur Auffindung unterirdischer Wasser- oder Mineralvor-
kommen benutzt wird, hat eine ähnliche Funktion. Der Wünschel-
rutengänger oder Rutler hält sie mit beiden Händen (gewöhnlich
gespannt, in labilem Gleichgewicht) und geht über das Gelände. An
manchen Stellen neigt sich die Rute mit einem plötzlichen Ruck, was
als Zeichen für das Vorhandensein des gesuchten Wassers oder Mine-
rals gedeutet wird. Der Ruck erfolgt, wenn unfreiwillige kleine Bewegungen der Hände des Rutlers die gespannte Rute aus ihrem
labilen Gleichgewicht bringen; subjektiv jedoch wird der Ruck als
Bewegung erlebt, die außerhalb der Virgula liegende Kräfte spontan
auslösen.

Gelegentlich dienen die ideomotorischen Bewegungen als Träger,
durch welchen die ASW wirkt. Manche Menschen versuchten mittels
eines Pendels beispielsweise das Geschlecht ungeborener Kinder vor-
herzusagen, andere bedienen sich, wie gesagt, der Wünschelrute, um
unterirdisches Wasservorkommen aufzuspüren. Auch hier hat das
beobachtete Phänomen immer zwei unterschiedliche Aspekte. Der
Erfolg einer Suche nach unbekannten Informationen kann auf ASW

zurückzuführen sein, während die Bewegung selbst lediglich eine unwillkürliche Muskelreaktion ist.

Genau wie die ideomotorischen Reaktionen den Tisch im Kreise meiner Studenten bewegten, können sie die sogenannte Alphabettafel bewegen, ein kleines, tischähnliches Brett auf drei Beinen, das einen Zeiger trägt. Es wird manchmal für ein Sprachspiel benutzt: Sie versammeln mehrere Freunde, jeder von ihnen legt eine Hand auf die Tafel, und sie beginnt sich auf dem Brett mit dem Alphabet zu bewegen. Der Zeiger deutet auf einzelne Buchstaben und teilt so seine „Botschaft" mit.

Bei einiger Übung können Sie sehr rasche, energische Bewegungen der Tafel auf dem Brett erreichen (besonders bei Endteilen von Wörtern, wenn alle Beteiligten ahnen, wie der nächste Buchstabe lauten wird). Verbinden sich ideomotorische Impulse mehrerer Menschen, kann sehr leicht der Eindruck erzeugt werden, daß nicht Sie die Tafel bewegen, sondern diese sich von selbst bewegt und Ihre Hände nur deren Bewegungen folgen.

Wir sollten vielleicht erwähnen, daß es – wie aus meinem Eingreifen in die Séance meiner Studenten zu sehen ist – ziemlich schwerfällt, den unbewußten Antrieb von Bewegungen zu beweisen und unbewußt erzeugte, wirkliche ideomotorische Bewegungen von absichtlich-bewußten (betrügerischen) Machinationen zu unterscheiden.

Verwandt mit den ideomotorischen Bewegungen sind die *automatischen Bewegungen*. Sie stellen eine Art psychologischer Kuriosität dar: Manche Menschen können komplizierte Handlungen vollführen, während sie ohne Bewußtsein sind oder während eine gänzlich anders geartete Tätigkeit sie voll beschäftigt.

Als Beispiel für eine solche Leistung können wir R. Hodgsons Beobachtungen bei Frau E. Piper anführen, die vermutlich das am gründlichsten untersuchte spiritistische Medium war. In einer Séance im März 1895 führte sie gleichzeitig drei voneinander unabhängige Tätigkeiten aus: Eine Hand des Mediums schrieb eine Botschaft vom angeblichen Geist der Schwester eines der Anwesenden. Die andere Hand schrieb eine Botschaft von einem anderen angeblichen Geist namens George Pelham. Während es diese beiden Botschaften schrieb, sprach das Medium mit den Anwesenden, angeblich dank der Führung durch einen weiteren Geist, der Phinuit hieß. Drei verschiedene

Botschaften wurden also gleichzeitig übermittelt, und sie betrafen verschiedene Themen. Die einzige Schwierigkeit bei der Darbietung lag in der etwas mangelhaften Schreibfertigkeit von Frau Pipers linker Hand.

So verblüffend diese Darbietung wirken mag, wir dürfen nicht vergessen, daß man durch eifriges Training sogar noch verblüffendere Leistungen erlernen kann. Nehmen wir beispielsweise einen Artisten, der mit dem Bein Kreise beschreibt, auf dem Kopf ein Tablett balanciert und gleichzeitig mit den Händen Kugeln jongliert.

Seltsam mag erscheinen, daß das Medium diese komplizierten Aktionen in bewußtlosem Zustand (in Trance) oder zumindest ohne bewußte Aufmerksamkeit ausführte. Doch wir alle vollbringen in unserem täglichen Leben ähnliche, wenn auch weniger komplizierte Handlungen. Wenn wir das Autofahren lernen, müssen wir sehr aufmerksam sein und uns ganz auf das Fahren konzentrieren. Durch Übung wird es jedoch zu einem automatischen Vorgang, und wir können uns mühelos mit unserem Beifahrer unterhalten, ohne daß die Qualität unseres Fahrens eine wesentliche Beeinträchtigung erfährt. Eine gewandte Maschinenschreiberin kann tippen und dabei mit ihren Kolleginnen plaudern. Wir gehen, ohne daran zu denken, weil unser Gang automatisch geworden ist. Aber sehen Sie sich ein kleines Kind an und achten Sie darauf, wieviel Mühe es aufwenden muß und wie schwer es ihm fällt, Gehen zu lernen.

Finden Sie es seltsam, daß ein Medium komplizierte Handlungen ausführt, während es sich im schlafähnlichen Trancezustand befindet? Vergessen Sie nicht, daß Menschen oft im Schlaf sprechen, wenn sie einen lebhaften Traum haben. Wie oft verändern Sie im Schlaf Ihre Lage im Bett und erinnern sich nicht daran? Es gibt ja auch einwandfreie Nachweise (die als Schlafstörungen eher von psychiatrischem Interesse sind), daß Menschen im Schlaf umherwanderten und andere komplizierte Handlungen vollführten.

Sie können auch einen Hypnotisierten auffordern, höchst schwierige Handlungen auszuführen. Er wird sie zu Ihrer vollen Zufriedenheit bewältigen, doch später nicht mehr wissen, was er getan hat.

Die Handlungen, die automatisch vorgenommen werden können, sind natürlich sehr vielfältig. Für unsere Zwecke haben die automatische Sprache und Schrift größte Bedeutung. Spiritistische Medien halten auf diese Weise oft lange Vorträge und verfassen lange Abhandlungen. Die „Geister" scheinen es zu lieben, andere zu belehren. Der Inhalt dieser Produkte des Unbewußten ist typisch. Sie besitzen einigen positiven Wert dank ihrer moralischen Orientierung, ihrer Betonung der Entwicklung des gesamten Universums auf sublime ethische Prinzipien hin und des Gewichtes, das sie auf gegenseitige Liebe, Solidarität und Zusammenarbeit bei dem Bemühen legen, diese Prinzipien zu verwirklichen. Leider aber macht moralisierendes Pathos keinen Eindruck. Wenig überzeugende, bombastische Philosophien werden in vagen Wendungen angeboten, grandiose Phrasen und oberflächliche Banalitäten selbstsicher als tiefe Wahrheiten präsentiert. Der berühmte französische Physiologe und Nobelpreisträger Charles Richet, dessen *Traité de métapsychique* (deutsch *Grundriß der Parapsychologie und Parapsychophysik,* 1923) wahrscheinlich der erste akzeptable Überblick über die psychische Forschung war und noch heute lesenswert ist, charakterisierte es folgendermaßen: „Man erhält den Eindruck von Dichtern, die nichts vom Dichten, von Philosophen, die nichts von Philosophie, und von Priestern, die nichts von Religion verstehen; die aber alle lobenswerte Anstrengungen machen, uns in poetischer und nebelhafter Sprache philosophische Ratschläge und religiöse Vorschriften zu erteilen."

In einzelnen Fällen entstanden durch solche automatische Aktivität sogar Werke mit gewissem literarischem Wert. Es erschienen Romane, die angeblich durch mediumistische Inspirationen entstanden (wie beispielsweise von den Damen J. H. Curran und Geraldine Cummins sowie anderen).

Einige dieser automatisch gewonnenen literarischen Erzeugnisse wurden von den Medien in Trance geschrieben, andere im Wachzustand. Natürlich gibt es keine Möglichkeit zu beweisen, daß die Werke wirklich unbewußt entstanden. (Auch die Trance kann gefälscht gewesen sein.) Die ganzen automatischen Aktivitäten sind für uns von keinem sonderlichen Interesse. Sie sind Produkte aus dem Unterbewußten des Mediums und enthalten trotz ihres gelegentlichen künstlerischen Werts im allgemeinen nichts Parapsychologisches (mit Ausnahme jener wenigen Fälle, wo sie Träger für ASW werden können). Wir erwähnten sie wegen ihrer Verbindung mit dem Spiritismus in erster Linie, um zu zeigen, daß sie – so seltsam sie erscheinen mögen – etwas völlig Natürliches sind.

Ein gutes Beispiel für die extremen schöpferischen Möglichkeiten, die das Unbewußte zu entwickeln vermag, liefert der von dem Schweizer Psychologen T. Flournoy geschilderte Fall eines spiritistischen Mediums vom Ende des 19. Jahrhunderts: Helene Smith (Pseudonym).

In Trance wurde sie angeblich vom Geist des berühmten französischen Dichters Victor Hugo geführt, der kurz zuvor gestorben war. Später erschien die Persönlichkeit eines gewissen „Leopold", der sich dann (als Folge einer Suggestion, die dem Medium gegeben wurde) in den Geist des italienischen Magiers Cagliostro aus dem 18. Jahrhundert verwandelte. Die typische schrittweise Entfaltung von Helene Smiths Leistung als Medium verdient es, hier erwähnt zu werden: Der „Cagliostro" erschien dem Medium zuerst in Visionen, doch später begann er ihren Körper zu beherrschen. Anfangs übermittelte er seine Botschaften, indem er mit dem Finger des Mediums klopfte, später beherrschte er die Hand des Mediums und brachte schriftliche Botschaften hervor. (Sogar seine Schrift unterschied sich stark von jener des Mediums.) Er sprach auch durch ihren Mund, in tiefer, männlicher Stimme und mit einem italienischen Akzent (doch französisch, der Muttersprache des Mediums). Schließlich kontrollierte er das gesamte Verhalten des Mediums. Dieses trat dann als ernste Persönlichkeit mit gemessenen Gesten und dem würdevollen Gebaren eines Hohepriesters auf, genau wie in Helene Smiths Phantasie der Charakter des berühmten Magiers gewesen sein mußte. „Cagliostro" war oft anderer Meinung als das Medium und hielt den Bleistift anders, als sie es gewohnt war. Gelegentlich stritten die beiden sogar.

Die „Inkarnation" von Marie Antoinette war eine weitere Episode in Helene Smiths Wirken als Medium. Sie spielte die Rolle der unglücklichen Königin vollendet, mit majestätischer Größe und anmutiger Eleganz. Ihre lebhafte Phantasie erlaubte ihr, viele Details aus dem Leben am Königshof zu halluzinieren, so daß die Demonstration sehr lebendig und überzeugend war.

In einer anderen Episode erschien der „Geist" der Tochter eines arabischen Scheichs, die mit einem indischen Prinzen verheiratet war. Während dieser Inkarnations-Episode nannte sie eine Reihe historischer Tatsachen aus dem Indien des 15. Jahrhunderts und schrieb auch einen Satz auf arabisch, einer Sprache, die das Medium nicht beherrschte.

Nicht einmal diese spektakulären Darbietungen genügten als Beweise für wirkliche geistige Inkarnationen. Flournoy analysierte den Fall sorgfältig, und in seiner Analyse kristallisierten sich mehrere Tatsachen heraus, die eine spiritistische Erklärung sehr zweifelhaft machten. Allein die Tatsache, daß der Geist (Leopold) durch bloße Suggestion in einen anderen Geist (Cagliostro) verwandelt werden konnte, läßt sein wirkliches Vorhandensein als höchst fraglich erscheinen. (Übrigens ist es keineswegs eine Seltenheit, daß „Geister" durch Suggestionen an das Medium verändert werden können.) Es erinnert uns allzusehr an die Möglichkeit, bei hypnotisierten Personen durch Suggestion Persönlichkeiten zu erzeugen und willkürlich zu verändern.

Doch es bestanden noch andere, ernstere Probleme. Helene S. nannte zwar eine Reihe historischer Tatsachen richtig, aber sie machte Fehler, die einem in den damaligen Zeiten lebenden Menschen nicht unterlaufen wären. In ihrer Darbietung von Szenen aus der Französischen Revolution erschienen Menschen, die damals schon tot waren. Auch ihre Schrift unterschied sich von jener der historischen Marie Antoinette. Cagliostro sprach nicht italienisch, wie wir erwarten würden, sondern französisch.

An den Darbietungen war tatsächlich nichts, das über ein normal erworbenes Wissen des Mediums hinausgegangen wäre. Flournoy analysierte die in der Séance aufgestellten historischen Behauptungen und gelangte zu dem Schluß, die gesamten historischen Informationen des Mediums stammten aus einem einzigen historischen Buch, welches es gelesen haben konnte. Sogar der kurze Satz in Arabisch ließ sich auf eine Eintragung des Hausarztes der Smiths (der Arabisch konnte) in ein Buch zurückführen, das Helene zugänglich war. (Helenes Niederschrift wies sogar einige Züge der Handschrift des Arztes auf.) Die Schlußfolgerung lautete: Helene S. hatte in Trance ein erstaunlich präzises Gedächtnis, die Geister waren ein Produkt ihrer Phantasie.

Helene Smith und andere Medien schufen auch mediumistische Zeichnungen, die angeblich Szenen von anderen Planeten darstellten (Mars, Jupiter usw.). Alle diese Zeichnungen zeigten lediglich phantastisch verzerrte Erdenszenen, was wieder ihren Ursprung im Unterbewußten der Medien bezeugte.

Die wohl bewundernswerteste schöpferische Leistung vollbrachte Helenes Unterbewußtes, als eine Persönlichkeit erschien, welche der Geist eines Franzosen zu sein behauptete, der in seiner vorhergehenden Inkarnation auf dem Mars gelebt hatte. Dieser Franzose übersetzte die von den Marsbewohnern gesprochene Sprache angeblich ins Französische. (Beachten Sie, daß der Inhalt mediumistischer Kommunikationen durch die vorherrschenden Zeitungsmeldungen der jeweiligen Zeit beeinflußt werden. Die erwähnten Sitzungen fanden statt, als die allgemeine Öffentlichkeit erregt war von der vorgeblichen Entdeckung der Marskanäle und von sensationellen Spekulationen über eine mögliche Existenz intelligenter Lebewesen auf dem Mars.)

Das Medium produzierte in dieser Episode eine ganz neue Sprache mit eigenem Alphabet und eigener Grammatik – ein Vorgang, der sich mit der Schöpfung des Esperanto vergleichen läßt. Es bediente sich dieser Sprache sowohl mündlich als auch schriftlich voll Ausdauer. So erstaunlich die Schöpfung war, Flournoy zeigte auf, daß die Marssprache zahlreiche Charakteristika des Französischen aufwies (Ähnlichkeit in der Wahl der Sprachlaute und einer Reihe grammatikalischer Regeln wie die aus zwei Wörtern bestehenden Verneinungsformen usw.). Offenbar handelte es sich um nichts anderes als ein phantastisch verzerrtes Französisch – der Muttersprache des Mediums.

Schließlich möchte ich anfügen, daß sogar die Schöpfung einer neuen Sprache keineswegs einmalig ist. Ein anderes Medium, Frau Smead (die von J. Hyslop studiert wurde), entwickelte eine Marssprache, welche sich von jener Helene Smiths unterschied. Der tschechische Psychiater J. Stuchlik schilderte unlängst den Fall eines Psychiatrie-Patienten, der – ohne eine Verbindung zum Spiritismus zu haben – nicht weniger als siebzehn neue Sprachen mit Alphabet, Vokabular und Grammatik schuf. Der Patient schrieb sogar lange literarische Werke in diesen Sprachen (Romane, wissenschaftliche Abhandlungen usw.).

Mit der automatischen Schrift ist das automatische Malen verwandt. Einige Medien verfertigten Zeichnungen und Gemälde, zu denen sie angeblich „von Geistern inspiriert" wurden. Es handelt sich oft nur um hübsch aussehende ornamentale Produkte von geringem künstlerischem Wert, doch häufig auch um Gemälde, die auf Ausstellungen Erfolg hatten und als gute Kunstwerke anerkannt wurden. Immer wieder hört man, daß Medien, die solche Zeichnungen oder Gemälde anfertigen, kein künstlerisches Talent besäßen und nie malen gelernt hätten. Aber solche Behauptungen sind mit Vorsicht zu genießen. Die Behauptung, daß jemand, der ein gutes Gemälde schuf, zuvor „kein künstlerisches Talent" gehabt habe, muß zweifellos mit Vorbehalt aufgenommen werden. Zudem wachsen die mediumistischen Maler in der Regel und entwickeln sich im Laufe ihrer Karriere (wie jeder Maler); sie lernen also durch Übung.

Was bleibt, ist nur die Tatsache, daß die Gemälde in Trance entstanden. Das ist als solches nicht ungewöhnlicher als beispielsweise das Schreiben eines Briefes durch eine hypnotisierte Versuchsperson. Außerdem kann, wie wir bereits erwähnten, die Trance vorgetäuscht sein. Wenn wir dies sagen, wollen wir weder den etwaigen künstlerischen Wert mediumistischer Gemälde abstreiten noch die Möglichkeit, daß ein irgendwie veränderter Bewußtseinszustand die schöpferischen Möglichkeiten des Menschen günstig beeinflussen kann. Wir wollen lediglich zeigen, daß kein Grund besteht, das Geheimnisvolle dieser seltsamen Darbietungen zu übertreiben. Der schöpferische Prozeß ist bislang kaum erforscht, und wir wissen wenig über die Faktoren, die ihn beeinflussen. Doch auf jeden Fall brauchen wir die schöpferische Inspiration nicht als Inspiration des Geistes irgendeines verstorbenen Künstlers zu interpretieren. Und eines ist sicher: Auch das beste von einem Medium in Trance geschaffene Gemälde ist nicht seltsamer (aber ich bin versucht zu sagen: qualitativ weit geringer) als die Sixtinische Madonna von Raffael, die Mona Lisa von Leonardo da Vinci oder Michelangelos Jüngstes Gericht – obwohl diese Werke von den Künstlern im Wachzustand gemalt wurden.

Was die automatischen Bewegungen auf dem Gebiet der motorischen Reaktionen sind, stellen *Illusionen* und *Halluzinationen* auf dem Gebiet der Wahrnehmung dar. Auch sie sind vorwiegend von psychologischem und psychopathologischem Interesse. Für die Parapsychologie gewinnen sie nur dadurch Bedeutung, daß sie manchmal als Träger für ASW dienen.

Verschiedene okkulte Praktiken und Verfahren der Volkstradition, die zur Divination und zum Wahrsagen verwendet werden (wie das

Blicken in die Kristallkugel, in Kaffeesatz oder auf eine Wasserfläche usw.), bewirken im Schauenden sensorische Illusionen (die hellseherische Elemente enthalten können oder nicht).

Veränderungen der Persönlichkeit sind vielleicht das Verblüffendste an spiritistischen Séancen. Das in Trance gesunkene Medium verhält sich, als stünde es unter der „Kontrolle" eines Geistes, und man hat den Eindruck, die Persönlichkeit des Mediums sei in jene des angeblichen Geistes verwandelt worden. Oft sind die Stimme und das gesamte Gehaben zutiefst verändert.

Doch eine solche Veränderung im Verhalten beweist noch lange nicht, daß tatsächlich eine Kontrolle durch einen Geist stattfand. Jeder gute Schauspieler verändert auf der Bühne sein Verhalten gründlich, um seine Rolle so getreu wie möglich zu spielen. Es gibt zahlreiche Geschichten, in denen berühmte Schauspieler erzählen, daß es ihnen – für die Zeit des Schauspiels – sogar gelungen sei, sich selbst zu suggerieren, sie agierten wirklich als die von ihnen dargestellte Person.

Durch richtig gegebene Suggestionen kann man auch bei einem Hypnotisierten erreichen, daß er eine Rolle, die Sie erfinden, durchlebt – und sehr überzeugend spielt. Natürlich muß die erfundene Rolle im Rahmen der physischen Möglichkeiten des hypnotisierten Mediums liegen. Eine weibliche Versuchsperson kann beispielsweise mit männlicher Stimme sprechen, aber nicht tiefer, als ihre Stimmbänder es zulassen. Ein zarte Frau wird niemals die ihr suggerierte Rolle eines Schwergewichtsboxers überzeugend spielen.

In den vergangenen Jahrhunderten und gelegentlich sogar noch heute wurden Fälle sogenannter „Besessenheit" berichtet. Bisweilen behaupteten die Opfer, unter der Kontrolle eines intelligenten Geisteswesens zu stehen. Bevor der Spiritismus seine Popularität erlangte, hielt man die besitzergreifenden Wesen für Dämonen, Vampire, Engel, Teufel und andere Personifikationen übernatürlicher Kräfte. Mit dem Aufschwung des Spiritismus verwandelten sich die Wesen in Geister Verstorbener. Lassen wir jedoch die doktrinären Eigentümlichkeiten des Spiritismus (wie die in spiritistischen Zirkeln üblichen besonderen Zeremonien oder ein gewisses Maß an Kontrolle, welches das spiritistische Medium auf den Ablauf des Geschehens während seiner Trance absichtlich ausübt) außer acht, dann

haben wir genau das gleiche Bild. Die „besessenen" Menschen verloren ihr Bewußtsein, gerieten oft in einen tranceartigen Zustand und
glaubten, unter der Kontrolle eines intelligenten nicht-materiellen
Wesens zu stehen. Ihr Verhalten wurde voll und ganz von der vorherrschenden Meinung über den Charakter des betreffenden Wesens
bestimmt. Ihr Glaube an die Echtheit der Besessenheit war so fest,
daß er ihnen oft genug den Tod auf dem Scheiterhaufen einbrachte.

Die gebräuchlichen gesellschaftlichen Überzeugungen bestimmten
den Status der Besessenen. Lebten sie in Übereinstimmung mit der
orthodoxen Kirche, glaubte man, sie seien gnadenhalber vom „heiligen Geist" besessen und hätten Aussichten, Heilige zu werden. Ge-
fährdeten sie die Autorität der Kirche, waren sie nach allgemeiner
Überzeugung von einem „Dämon" oder „bösen Geist" beherrscht
und wurden entsprechend behandelt.

Könnte ein Arzt unserer Tage einen Fall mittelalterlicher „Besessenheit" behandeln, würde er ihn als Geistesstörung diagnostizieren, die
psychiatrischer Hilfe bedarf. Sogar heute noch finden wir in psychiatrischen Kliniken genug Menschen, die an Bewußtseinsspaltung
leiden. Ein solcher Patient kann je nach seiner inneren Veranlagung
das Gefühl haben, er sei beispielsweise Napoleon, der seine Truppen
in eine Schlacht führt, oder Kaiser Nero, der das brennende Rom
betrachtet, ein Indianerhäuptling, ein Prediger, ein christlicher Mär-
tyrer oder ein großer Erfinder. Er wird die angenommene Rolle der
Spaltpersönlichkeit mit allen Konsequenzen darstellen und von ihrer
Echtheit völlig überzeugt sein.

Es könnte ganz interessant sein, hier zwei Kuriositäten aus der
früheren Literatur über den Hypnotismus anzuführen und zu zeigen,
welch seltsame Phänomene die kranke menschliche Psyche hervor-
zubringen vermag – ohne daß ein Geist beteiligt ist.

Ein alter französischer Psychiater, Dr. Azam, schilderte den Fall
einer jungen Frau namens Félida, die depressiv und hypochondrisch
war. Fast jeden Tag sank sie plötzlich in Schlaf, der nur einige
Minuten währte. Wenn sie erwachte, war sie verändert: heiter, fröhlich, gelöst und impulsiv. Nach einiger Zeit fiel sie in den vorherigen
Zustand zurück. Im heiteren Zustand erinnerte sie sich an das, was
sie im depressiven Zustand getan hatte; sie betrachtete den depressiven Zustand als pathologisch. Im depressiven Zustand erinnerte sie
sich nicht an die Ereignisse, die sie im heiteren Zustand durchlebt

hatte. Beide Zustände lösten einander unregelmäßig ab, und das brachte sie manchmal in unangenehme, peinliche Situationen. Im heiteren Zustand hatte sie ihrem Verlobten nachgegeben, und im depressiven Zustand begriff sie dann ihre Schwangerschaft nicht. Oder sie nahm an einer Beerdigung teil, ihre Persönlichkeit veränderte sich, und sie stellte verwirrt fest, daß sie nicht wußte, wer gestorben war. Sie lernte schließlich, diese Unannehmlichkeiten zu überwinden, indem sie über alles genaue Notizen machte.

Der amerikanische Neurologe Morton Prince schrieb 1906 einen Bericht, *Dissociation of Personality* (deutsch *Die Spaltung der Persönlichkeit,* 1932), über den Fall von Fräulein Beauchamp, ein ruhiges, zurückhaltendes Mädchen mit ernsten Interessen und starken religiösen Gefühlen. Nach einem Nervenzusammenbruch begannen sich mehrere unabhängige Persönlichkeiten abwechselnd in ihr geltend zu machen. Prince bezeichnete sie als B-I (das ursprüngliche Fräulein Beauchamp), B-II, B-III usw. Sie hatten grundverschiedene Charaktere, und sie lösten einander ohne Schwierigkeiten ab. Am typischsten fand Persönlichkeit B-III Ausdruck (die sich selbst Sally nannte). Sie war leichtlebig, frivol, manchmal boshaft, haßte Bücher und Kirchen, liebte Unterhaltung. Sally brachte nach und nach die Situation unter ihre Kontrolle, teilweise deshalb, weil sie ein besseres Wissen über die anderen Persönlichkeiten besaß als diese über sie. Sally wußte unter anderem von B-I, aber B-I wußte nichts von ihr. Es kam zu verwirrenden Situationen, daß zum Beispiel, wenn B-I sich irgendeiner Beschäftigung hingab, B-III (Sally) plötzlich dominierte, die Beschäftigung vereitelte und dann wieder das Feld für B-I räumte.

Um die Dinge noch schlimmer zu machen: Sally haßte B-I und spielte ihr üble Streiche. B-I hatte Angst vor Schlangen und Spinnen. Einmal besorgte sie als Sally mehrere Schlangen und Spinnen und schickte sie in einem Paket an Fräulein Beauchamp. Oder sie fuhr an Orte, die B-I nicht kannte, zog sich am Ziel zurück und ließ B-I dominieren, die dann den Weg nach Hause nicht fand. Oder Sally trennte mutwillig auf, was B-I an Strickarbeit geleistet hatte, sandte ihr kränkende Briefe usw. Es gelang Prince schließlich, die Patientin durch hypnotische Suggestion zu heilen. Er schuf mit Vorbedacht eine Synthese aus den Persönlichkeiten B-I und B-IV. Diese neue

Persönlichkeit gab Sallys Launen nicht nach und fügte sich gut ins tägliche Leben ein.

Wenn wir die komplizierten Fälle veränderter und ineinanderwirkender Persönlichkeiten wie die oben erwähnten betrachten, erscheinen uns zweifellos die Darbietungen von Helene Smith und anderen spiritistischen Medien, die angenommene Rollen von „Geistern" vollendet verkörpern, weit weniger seltsam.

Die spiritistischen und die oben erwähnten pathologischen Persönlichkeitsveränderungen (Transpersonifikationen) sind eng miteinander verwandt. Der Unterschied liegt darin, daß die pathologischen Persönlichkeitsveränderungen das Opfer beherrschen und ihm im Leben Schwierigkeiten in den Weg legen. Spiritistische Persönlichkeitsveränderungen dagegen sind absichtlich herbeigeführt, werden oft sogar durch besonderes Training entwickelt und stellen sozusagen einen Teil des Kults dar. Das Medium hat sie gewöhnlich unter Kontrolle – entweder durch seine vergangene Erfahrung oder durch eigene Absichten und selbstauferlegte Verhaltensregeln. Auch die anderen Teilnehmer an der Séance üben mittels Fragen, Kommentaren und geäußerten Wünschen ihren Einfluß aus.

Spiritistische Persönlichkeitsveränderungen stehen somit unter Kontrolle, sind gewünscht, beschränken sich nur auf die Zeit der Séance und erzeugen gewöhnlich für das Medium im täglichen Leben keine besonderen Probleme. Wenn sie nicht mit einer anderen Störung einhergehen, besteht deshalb kein Anlaß, sie als pathologisch anzusehen – trotz ihrer großen Ähnlichkeit mit den pathologischen Fällen.

Das Phänomen der Hypnose

Automatische Bewegungen und Persönlichkeitsveränderungen lassen sich, wie bereits erwähnt, leicht durch Hypnose herbeiführen. Auch auf dem Gebiet der Hypnose ist die breite Öffentlichkeit gemeinhin völlig desorientiert.

Im Gegensatz zu dem, was mitunter – fälschlicherweise – behauptet wurde, kommt die Hypnose ohne magische Mittel oder einen solchen Einfluß zustande. Sie ist ein normaler physiologischer Zustand, in den fast jedermann versetzt werden kann. Natürlich gibt es individuelle Unterschiede: Manche Menschen lassen sich sehr leicht in tiefe Formen des hypnotischen Zustands versetzen (in welchem sie wie Schlafende aussehen und das Gedächtnis für das verlieren, was ihnen in der hypnotischen Trance widerfährt), andere sind nur mit Mühe zu hypnotisieren und einige vielleicht überhaupt nicht.

Die Hypnose ist auch kein einheitlicher, präzise zu definierender Zustand, sondern hat viele Formen. Ihre Charakteristika hängen bei jedem hypnotisierten Menschen von der angewandten Hypnosemethode ab, vom Hypnotiseur, von den Ansichten des Hypnotisierten über die Hypnose und von dem, was der Hypnotiseur ihn (absichtlich oder unbewußt) über den Hypnosezustand glauben macht.

Die Hypnose wird gewöhnlich eingeleitet, während die Versuchsperson entspannt ist, eine bequeme Stellung einnimmt und die Augen auf einen glänzenden Gegenstand richtet; wir suggerieren der Versuchsperson dann mit tiefer, monotoner Stimme Müdigkeit und Schlafbedürfnis. Ein auf diese Weise Hypnotisierter ähnelt gewöhnlich einem Schlafenden und verhält sich wie ein solcher, aber sein Verhalten und sein Aussehen können durch weitere Suggestionen gründlich verändert werden.

Das charakteristische Merkmal der Hypnose ist eine hochgradige Konzentration oder Aufmerksamkeit des Hypnotisierten. Er richtet seine ganze Aufmerksamkeit auf einen einzigen Erfahrungsbereich aus. (Dieser besteht normalerweise im Hypnotiseur und einem Gegenstand oder Ereignis, auf das der Hypnotiseur seine Aufmerksamkeit gelenkt hat.) Gleichzeitig vernachlässigt (oder wir können sagen: vergißt) der Hypnotisierte alle anderen Erfahrungsbereiche.

Wird die konzentrierte Aufmerksamkeit eines Menschen auf das gelenkt, was ihm der Hypnotiseur (oder auch irgend jemand im täglichen Leben) sagt, denkt er nicht daran, die Richtigkeit des Gehörten nachzuprüfen. Er akzeptiert die erhaltene Information und „vergißt", sie zu bewerten. Aus diesem Grund ist das kritische Urteil in der Hypnose gewöhnlich unterdrückt. (Und deshalb kann man auch erfolgreiche Überredung und große Verkaufsgewandtheit als eine dem Hypnotisieren verwandte Fertigkeit bezeichnen.)

Die ungewöhnliche Fixierung der Aufmerksamkeit ist der Grund für die Vielfalt der mit der Hypnose verbundenen seltsamen Phänomene und für den sogenannten hypnotischen Rapport: der hypnotisierte Mensch hört nur den Hypnotiseur und würde auf eine andere Stimme nicht reagieren; er sieht, hört, riecht usw. nur, was er auf Weisung des Hypnotiseurs wahrnehmen soll.

Haben Sie je ein Buch oder eine Geschichte gelesen, die Sie so fesselten, daß Sie alles um sich herum vergaßen? Jemand trat ins Zimmer, und Sie beachteten ihn überhaupt nicht. Oder Sie befanden sich in irgendeinem Gemütszustand, waren vielleicht ärgerlich oder außer sich vor Freude, und Sie übersahen ein entscheidendes Detail der Situation. Oder Sie waren wegen eines für Sie sehr wichtigen Problems in Gedanken versunken oder machten sich Sorgen, und Sie hörten nicht, was Ihr Freund zu Ihnen sagte.

Fälle dieser Art sind ziemlich häufig. Manchmal nennen wir sie Geistesabwesenheit oder Unaufmerksamkeit; und indem wir ihnen diese Namen geben, glauben wir sie besser zu verstehen. Wir werden zweifellos die Hypnose weniger geheimnisvoll finden, wenn wir uns klarmachen, daß man alle diese Fälle als oberflächliche Anfangsstadien einer Hypnose bezeichnen könnte. Zumindest tritt dabei dieselbe Konzentration der Aufmerksamkeit auf, die in stärkerem Ausmaß bei der Hypnose erfolgt.

Ein anderer mit der Hypnose verwandter Zustand stellt sich ein, wenn wir von Schrecken oder Entsetzen ergriffen werden (und vielleicht erstarren) oder wenn uns irgendein Kunstwerk fasziniert. Auch hier wird unsere aktivierte Aufmerksamkeit auf einen einzigen, bestimmten Gegenstand gelenkt.

Wenn der Mensch dieselbe Aufmerksamkeit den Worten des Hypnotiseurs widmet und seine Aufmerksamkeit fixiert wird, gerät er in den Hypnosezustand: er achtet nur auf das, was der Hypnotiseur wünscht, er nimmt nur das wahr, was der Hypnotiseur ihm in Erinnerung ruft, und er ist unempfänglich für alle anderen Sinnesreize.

Auf diese Weise kann der Hypnotiseur existierende Erfahrungen oder Erinnerungen des hypnotisierten Menschen auslöschen (inhibieren) und sogar künstlich neue schaffen. Das ist der Grund dafür, daß die Hypnose in der psychiatrischen Praxis so nützlich zu sein vermag. Der Arzt kann irritierende Erlebnisse unterdrücken, innere Konflikte des Patienten lindern und eine neue Serie von Erlebnissen und Erinnerungen schaffen, die dazu beitragen, den Patienten in sein Alltagsleben einzugliedern und seine sozialen Kontakte zu erleichtern.

Die Möglichkeit, so tiefen Einfluß auf den hypnotisierten Menschen auszuüben, warf eine Frage auf, die oft erörtert wird: Kann man die Hypnose mißbrauchen? Es wurde behauptet, durch hypnotische Suggestion vermöge man einen Menschen zu einem Verhalten zu bringen, das seinen moralischen Grundsätzen widerspricht. Spekulationen dieser Sorte waren oft das Thema von Sensationsgeschichten übelster Art. Bücher, Zeitschriften, Zeitungen und Filme trugen dazu bei.

Derartige Geschichten führten zu einer unbegründeten Angst vor der Hypnose. Es ist ebenso bedeutsam wie bedauerlich, daß die aufgebauschten Gefahren des Mißbrauchs häufiger erörtert werden als die vernünftige und erfolgreiche positive medizinische Anwendung der Hypnose. (Mit der menschlichen Natur muß etwas in Unordnung sein, wenn negative Anwendungsmöglichkeiten einer Entdeckung, die noch nicht ganz verstanden wird, attraktivere Schlagzeilen und fesselndere Geschichten liefern als die positiven!)

Heute sind die meisten Hypnose-Experten sich darin einig, daß in Hypnose kriminelle Akte begangen werden können – aber nur *von kriminell veranlagten Menschen,* die bereit wären, dasselbe auch im Wachzustand zu tun. (Die Hypnose dient hier eher als Ausflucht; man kann sagen, die Tat begangen zu haben, während man nicht zurechnungsfähig, daher nicht dafür verantwortlich war.)

Mit einem Hypnotisierten können Sie die seltsamsten Dinge machen. Sie können ihm versichern, er vermöge den Arm nicht zu heben oder nicht von seinem Stuhl aufzustehen, und er wird wirklich gelähmt sein, bis Sie die Wirkung Ihrer Suggestion annullieren. Sie können ihn in eine Zitrone beißen lassen und ihm suggerieren, er esse einen Apfel – er wird die Säure der Zitrone nicht schmecken. Sie können ihn an Ammoniak riechen lassen und ihm sagen, es sei Kölnisch-Wasser – er wird den köstlichen Duft preisen. Sie können ihn nicht existierende Schmerzen fühlen lassen oder (was in der Praxis wertvoller ist) ihn unempfindlich gegen existierende Schmerzen machen. Sie können machen, daß er nicht existierende Blumen sieht und riecht, einen nicht existierenden Menschen umarmt, nicht existierende Berge erklimmt, in nicht existierenden Flüssen schwimmt, suggerierte Persönlichkeiten darstellt usw. Doch das alles sind ziemlich triviale Aufgaben, zu denen sich die Versuchsperson, welche die Rolle des Hypnotisierten übernimmt und dem Hypnotiseur vertraut, in stillschweigendem Einverständnis bereitfindet. In Wirklichkeit aber kann der Hypnotiseur den Willen seiner Versuchsperson nicht versklaven. Die hypnotisierte Versuchsperson ist bei wichtigen Angelegenheiten nie eine urteilslose Puppe in den Händen des Hypnotiseurs. Ein völlig wacher liebender Mensch kann für jemand Geliebten durch Hingabe und Selbstaufopferung weit mehr tun, als man je durch hypnotische Suggestion zu erreichen vermöchte.

Folgende amüsante Geschichte trug sich in der Frühzeit der Hypnose zu: Ein Psychiatrie-Professor demonstrierte für seine Studenten die Hypnose. Er brachte eine Patientin in den Hörsaal – eine attraktive Dame –, hypnotisierte sie und wurde dringend weggerufen. Er forderte einen besonders geschätzten Studenten auf, die Demonstration für ihn zu Ende zu führen. Der Professor ging, die Patientin befand sich in tiefer Hypnose, und die Studenten wollten Spaß haben. Der Student gab der Patientin einige peinliche Suggestionen; anstatt aber die Suggestionen auszuführen, erwachte sie, versetzte dem Studenten eine Ohrfeige, und die Demonstration war vorbei.

Man darf auch nicht glauben, daß die Hypnose alle Krankheiten zu heilen vermöge und ein universelles Zauberinstrument sei, das – gleich dem alten *Deus ex machina* – alle Probleme löst. Es gibt Sensationsliteratur eines gewissen Typs, deren Autoren uns glauben machen wollen, man könne sich hypnotisieren lassen oder autohypnotisieren und werde dann über Nacht glücklich, reich, erfolgreich sein und keinerlei Probleme mehr haben. So einfach geht es nicht.

Die Hypnose gleicht in keiner Weise der wunderbaren Berührung mit einer Zaubergerte. Sie ist keine Verzauberung, sondern ein Vorgang, der sich nach und nach entfaltet und die freiwillige Zusammenarbeit der Versuchsperson mit dem Hypnotiseur erfordert. Die Versuchsperson muß mit der Hypnose einverstanden sein, muß die Instruktionen des Hypnotiseurs ausführen und dem seine Aufmerksamkeit zuwenden, was der Hypnotiseur ihr sagt. Tut sie dies nicht, ist die Hypnose schwierig oder unmöglich.

Auch die am weitesten verbreiteten Formen der Suggestion – jene der Werbung oder der politischen Propaganda – nehmen Sie mit stillschweigender Zustimmung an. (Wir setzen sie nicht der Hypnose gleich, obwohl sie mit dieser verwandt ist – siehe Seite 44.) Der Verkäufer überzeugt Sie, daß ein Produkt gut ist, daß Sie es brauchen, daß Sie es haben möchten und daß das Angebot günstig ist – Ihre Zustimmung aber beruht bereits darin, daß Sie überhaupt beschlossen haben, ihn anzuhören.

Die Einleitung der Hypnose kann ein langwieriger Vorgang sein. Dieser Vorgang vollzieht sich schrittweise, und die erste Hypnoseeinleitung dauert viele Minuten oder sogar Stunden. Wird die Versuchsperson wiederholt hypnotisiert, bekommt sie natürlich Übung darin, „in den Hypnosezustand zu geraten". Bei einer dermaßen vorbereiteten Versuchsperson kann die Hypnose durch ein einfaches, kurzes Signal eingeleitet werden. Der Hypnotiseur kann sich mit den zwei Wörtern begnügen: „Schlafen Sie!" Er kann die Stirn seiner Versuchsperson berühren, sein Taschentuch fallen lassen oder ein anderes, beliebiges Signal geben. Die einzig wichtige Bedingung ist, daß die Versuchsperson im voraus darauf vorbereitet ist, durch genau dieses Signal hypnotisiert zu werden. Der Hypnotiseur braucht nicht einmal anwesend zu sein; er kann über Telefon oder mit einem Tonband hypnotisieren. (In außergewöhnlichen Fällen war es sogar möglich, die Versuchsperson aus der Ferne durch ein telepathisches Signal zu hypnotisieren.)

Vor nicht allzu langer Zeit besuchte ich die Vorstellung eines Bühnenhypnotiseurs, der auf der Bühne Menschen innerhalb von

Sekunden hypnotisierte. Eine Frau im Publikum sagte bewundernd: „Er hypnotisiert die Leute wie nichts . . .“ (sie schnippte mit den Fingern, um anzudeuten, wie schnell das ging).

Es war eine gute Show. Der Mann unterhielt das Publikum, erzeugte eine geheimnisumwitterte Atmosphäre, sorgte durch wohldosierte Verbreitung von Angst für Nervenkitzel und Spannung und ließ die Zuschauer schließlich über arme Opfer lachen, die sich auf der Bühne halb auszogen, mit nicht existierenden Partnern tanzten, nicht existierende Speisen aßen und voll Selbstvertrauen, mit großem Pathos und kläglicher Stimme sangen, als sie die Suggestion erhielten, sie seien berühmte Sänger.

Zuschauer wurden auf die Bühne gebeten. Sie erklärten, den Hypnotiseur noch nie gesehen zu haben – und befanden sich nach ein paar Sekunden im Hypnosezustand. (Als ich die Show zum zweitenmal besuchte, waren viele derer, die sich auf der Bühne hypnotisieren ließen, die gleichen wie beim erstenmal – und wieder behaupteten sie, den Hypnotiseur noch nie gesehen zu haben.)

Um genau zu sein: eine große Schar junger Menschen drängte sich auf die Aufforderung des Hypnotiseurs zur Bühne. Er manipulierte sie geschickt (und unauffällig); er suchte jene aus, die er kannte, setzte sie auf gut beleuchtete, gut sichtbare Stühle im Vordergrund, placierte andere in den dunklen Hintergrund und wies viele der ihm Unbekannten zurück. Und wie zu erwarten stand, waren die sensitivsten, am leichtesten hypnotisierbaren Personen jene auf den hell beleuchteten Stühlen. Mit diesen konnte der Hypnotiseur seine unterhaltsamen Tricks ausführen. Zweifellos hatte er zuvor mit ihnen vereinbart, was sie ausführen würden. (Übrigens spielten sie, abgesehen vom Amüsanten ihrer Darbietungen, ihre Rollen weit schlechter als durchschnittliche Schauspieler.)

Es mag ahnungsvolle Neugier meinerseits gewesen sein, aber vor Beginn der Show wollte ich mir unbedingt das Publikum ansehen. Es war ein Publikum besonderer Art: sensationslüsterne Menschen. Sie suchten keine Aufklärung über Hypnose, sondern wollten einmal mehr versichert bekommen, daß die Hypnose etwas Geheimnisvolles, Magisches sei. Sie wollten etwas Aufregendes erleben, über das sie reden konnten. Ich beobachtete vor allem ein Mädchen, das sehr auffallend gekleidet war und sich sehr auffällig benahm. Es war schwierig, sie nicht zu bemerken; sie versuchte zweifellos, Aufmerksamkeit zu erregen. Aus dem ersten, starken Eindruck von ihr drängte sich mir der Schluß auf: Dieses Mädchen will eine Schau abziehen. Es kam dann nicht überraschend für mich, als das Mädchen zum Star der Darbietung wurde. Sie geriet, mitten unter den Zuschauern sitzend, plötzlich in Hypnose, und als man sie auf die Bühne brachte, zeigte sie einige der amüsantesten Dinge. Sie brauchte vom Hypnotiseur nicht bezahlt zu werden; eine vorherige Absprache war unnötig. Ihren Lohn erhielt sie auf andere Weise: sie stand im Mittelpunkt der Aufmerksamkeit des gesamten Publikums.

Ich entschuldige mich bei dem Bühnenhypnotiseur, wenn meine Worte seiner Darbietung den Nervenkitzel und den Glanz nehmen. Aber meiner Meinung müssen in unserer aufgeklärten Zeit Irrglauben und Aberglauben ausgemerzt werden. Eine rationale Betrachtensweise ist hier angebrachter als exaltierte Emotionen. Außerdem vertrete ich die Ansicht, der richtige Ort für die Hypnose seien die Praxis eines Arztes oder die Laboratorien von Wissenschaftlern – und nicht die Bühne!

Ein weiterer Aberglauben über die Hypnose ist, das Erwachen aus dem Hypnosezustand könne manchmal ernste Probleme mit sich bringen. Oft wird die Frage gestellt: Und was geschieht, wenn ich nicht erwache? Befinden Sie sich in der Obhut eines erfahrenen Hypnotiseurs, steht nichts zu befürchten. Wer mit der Hypnose gearbeitet hat, weiß genau, daß es stets schwieriger ist, eine Versuchsperson zu hypnotisieren, als sie aus der Hypnose zu wecken.

Im Grunde ist die Hypnose ein Grenzzustand zwischen Wachen und normalem Schlaf. Wir können sie in einer sehr vereinfachten, populären Weise darstellen: Sie ist ein Zustand, in welchem einige Teile des Gehirns schlafen, während andere hellwach sind. (Ein lebhafter Traum ist der Hypnose verwandt, da er ebenfalls das Vorhandensein einer wachen Aktivität in einem Teil des schlafenden Gehirns umfaßt.) Ein derartiger Grenzzustand kann sich nur in zwei Richtungen entwickeln: entweder zu wirklichem Schlaf oder zum normalen Wachzustand.

Genau dies geschieht, wenn man eine hypnotisierte Versuchsperson sich selbst überläßt. Gewöhnlich hat die Versuchsperson eine vorgefaßte Meinung darüber, wie lange die Hypnose etwa dauern sollte, und erwacht nach Ablauf dieser Zeit von selbst. Oder ihr Hypnosezustand geht in normalen Schlaf über, und die Versuchsperson erwacht nach einiger Zeit genau wie normalerweise aus dem nächtlichen Schlaf.

Dem ist hinzuzufügen, daß ein ungeschickter Amateurhypnotiseur für seine Versuchsperson verschiedene psychologische Komplikationen heraufbeschwören kann, indem er unrichtige oder irritierende Suggestionen gibt. Die Probleme brauchen nicht ernst zu sein (es sei denn, sie betreffen zufällig einen pathologisch vorbelasteten Menschen), aber sie bleiben doch einer der Gründe dafür, daß die Hypnose nicht zu einem Zeitvertreib oder Gesellschaftsspiel werden sollte. In der Praxis eines erfahrenen Hypnotiseurs jedoch ist die Hypnose völlig ungefährlich.

Eines der verblüffendsten Merkmale der Hypnose ist die gesteigerte Suggestibilität hypnotisierter Menschen. Sie können mühelos dazu gebracht werden, künstlich erzeugte Situationen, die nicht aus entsprechenden Ursachen erwuchsen, zu erleben und darauf zu reagieren. Und es kann auch, im Gegensatz dazu, eine Reaktion, die normalerweise auf einen äußeren Reiz folgen würde, unterdrückt werden. Wir wollen uns die beiden oben erwähnten Beispiele ins Gedächtnis rufen: Die heftige Reaktion, die gewöhnlich auf die Reizung der Nasenschleimhaut durch Einatmen von Ammoniak folgt, läßt sich durch hypnotische Suggestion unterdrücken. Und die hypnotische Suggestion kann unempfindlich gegen Schmerz machen.

Fälle dieser Art werden als typische, unnachahmliche Charakteristika der Hypnose angesehen. Doch sie lassen sich in hohem Maße auch ohne Hypnose erreichen, wenn wir den richtigen Weg finden, dem Menschen eine Motivation zu geben (das Versprechen von Bonbons kann bei Kindern besseres Ertragen von Schmerzen bewirken) oder seine Aufmerksamkeit in eine andere Richtung zu lenken (der Arzt kann Ihr Unbehagen, das möglicherweise von seiner Behandlung ausgelöst wird, wesentlich lindern, wenn er Sie in ein Gespräch über irgendein völlig andersartiges Thema verwickelt). Wir dürfen also eine wichtige Feststellung treffen: Sogar die typischsten und seltsamsten Züge der Hypnose sind nichts anderes als intensivierte Reaktionen und Vorgänge, die in weniger ausgeprägter Form im täglichen Leben ziemlich häufig vorkommen.

Für unsere nächsten Darlegungen ist wichtig, daran zu erinnern, daß man die sensitive hypnotisierte Versuchsperson durch richtige Suggestionen sinnliche Halluzinationen erleben und Persönlichkeitsveränderungen vollziehen lassen kann.

Man kann sie nicht existierende Szenen sehen lassen oder verhindern, daß sie existierende Szenen sieht. Man kann sie nicht existierende Töne hören lassen oder, umgekehrt, unempfänglich für existierende Sinnesreize machen. Jeder der Sinne kann angesprochen werden. Die Vielfalt der Erfahrungen, die sich hervorrufen oder unterdrücken lassen, ist schier endlos; die Versuchsperson kann dazu gebracht werden, praktisch alles wahrzunehmen, was die Phantasie des Hypnotiseurs ersinnt.

Wenn die hypnotisierte Versuchsperson bereitwillig Suggestionen annimmt, daß beispielsweise rund um sie, wohin sie auch blicke, nichts als stürmisches Meer sei, warum sollte man sie nicht überzeugen können, sie sei ein Matrose an Bord eines Schiffes? Wenn man ihr das Luftbild irgendeiner Landschaft suggerieren kann, warum sollte sie sich weigern zu glauben, sie sei ein Pilot? Auf diese Weise, durch entsprechende Suggestionen, kann man die Persönlichkeit der hypnotisierten Versuchsperson verändern und sie vorübergehend glauben machen, sie sei jemand anderer. Die Vielfalt der Charaktere, die man so erzeugen kann, hängt wiederum ausschließlich von der Phantasie des Hypnotiseurs ab. Er kann die Versuchsperson alles glauben machen, was er ersinnt. Er kann sie in einen Admiral der Polarflotte verwandeln, in das bemitleidenswerte Opfer eines Verkehrsunfalls, in einen Polizisten, der Räuber jagt, in einen Studenten, der sich über ein bestandenes Examen freut, in eine Wäscherin, in Napoleon, der eine Schlacht befehligt, in einen Neandertaler, eine berühmte Sängerin, einen alten Philosophen oder den Geist eines alten Philosophen – wenn er will, in einen Marsmenschen, den Geist seines Großvaters und so fort. Der Phantasie des Hypnotiseurs sind keine Grenzen gesetzt, sofern er eine genügend sensitive Versuchsperson hat. Sie wird an die ihr suggerierte Rolle glauben, bis der Hypnotiseur sie aufweckt oder ihr die Suggestion gibt, jemand anderer zu werden.

Von besonderem Interesse für uns werden die Experimente mit der sogenannten *hypnotischen Regression* sein. Gleich allem anderen kann man der hypnotisierten Versuchsperson auch suggerieren, sie

werde jünger. Ist die Versuchsperson beispielsweise eine vierzig-
jährige Frau, kann der Hypnotiseur ihr suggerieren, sie sei zwanzig.
Er kann ihr suggerieren, sie befinde sich auf ihrer Geburtstagsparty,
tanze auf ihrem ersten Ball, heirate, liebkose ihr erstes Kind usw. Sie
wird die Rolle erfolgreich spielen, und ihre Verkörperung wird auf
den Erinnerungen basieren, die sie an ihre Jugend hat.

Man kann sogar noch weiter in die Vergangenheit zurückgehen:
Der Hypnotiseur kann ihr suggerieren, daß sie, sagen wir, sieben
Jahre alt ist, und sie wird ihren Namen in kindlicher Schrift schreiben, kindliche Zeichnungen anfertigen oder um ihre Puppe weinen –
und sie wird ihre Rolle ganz realistisch spielen, eben so, wie sie ihre
Kindheit in Erinnerung hat. Zurückversetzt ins Alter von drei Jahren,
wird sie nicht schreiben können und auf dem Papier lediglich kritzeln.

Suggestionen dieser Art müssen nicht immer nur ein sinnloses
Spiel sein. Längst vergessene frühe Erinnerungen der Versuchsperson
können so wiederbelebt werden. Das kann dem Psychiater helfen,
vergangene Erlebnisse vielleicht traumatischer Natur zu entdecken,
die möglicherweise die Ursache späterer Störungen darstellten.

Einige Experimentatoren gingen mit derartigen Experimenten der
Altersregression noch weiter: Sie suggerierten das Alter von zwei
Jahren, einem Jahr, den Augenblick der Geburt und ließen ihre Versuchspersonen sogar die Existenz vor der Geburt, im Uterus der
Mutter, erleben. Die Rolle des Fötus wurde von der Versuchsperson
gemäß der Vorstellung gespielt, die sie vom intrauterinen Leben
hatte.

Bei weitem die beste Übung für die Phantasie der Versuchsperson
ist es (zumindest für eine Versuchsperson, die an das Leben nach dem
Tod und die Reinkarnation glaubt), wenn man ihr suggeriert, frühere
Lebenserfahrungen noch einmal zu erleben.

Die hypnotisierte Versuchsperson, die eine solche Aufgabe erhält,
wird buchstäblich zum Fabulieren getrieben. Die zwingende Kraft
der Suggestion führt dazu, daß sie irgendeine Persönlichkeit konstruiert: sie kombiniert einige Stücke ihres historischen Wissens,
ihres Glaubens, unterdrückter Elemente ihres eigenen Ich, Phantasien
und verborgene Wünsche, fügt ihnen die offenen oder unfreiwilligen
Suggestionen des Hypnotiseurs bei und formt aus diesem Baumaterial
eine neue Persönlichkeit. Geführt durch die akzeptierte Suggestion,

erlebt die Versuchsperson auch ihre Identität mit dieser neu geschaffenen Persönlichkeit.

Oft wird die Suggestion der Reinkarnation nicht bis zur vollen Perfektion akzeptiert. Die Empfänglichkeit für Suggestionen schwankt, und nicht alle Menschen sind so empfänglich, daß sie sämtliche Suggestionen bereitwillig annehmen. Weniger suggestible Versuchspersonen erleben keine vollständige Persönlichkeitsveränderung. In solchen Fällen kann die hypnotisierte Versuchsperson dazu gebracht werden, wenigstens eine „Erinnerung an frühere Existenzen" zu erleben. Eine bekannte Tatsache ist, daß uns das Gedächtnis sogar im täglichen Leben allerhand Streiche spielt (wenn wir uns an etwas zu erinnern glauben, was gar nicht stimmt). Auch in der Hypnose können Elemente der Erinnerung auf suggestivem Weg leicht beeinflußt werden.

In einer Studie, die der Suche nach den Ursprüngen einzelner Elemente der „Phantasie von früherer Existenz" gewidmet war, forderte E. S. Zolik (Journal Clin. Psychology, 1958) seine hypnotisierten Versuchspersonen auf, sich an ihre „früheren Leben" zu erinnern. Sie „erinnerten sich" bereitwillig an verschiedene Persönlichkeiten und stritten jedes Wissen darüber im Wachzustand ab. Die psychologische Analyse zeigte, daß die Versuchspersonen bei der Schaffung dieser fiktiven Persönlichkeiten voll Phantasie Eigenschaften verschiedener Menschen, die sie in ihrer Kindheit gekannt hatten, mit Charaktermerkmalen von Gestalten aus Romanen und Theaterstücken kombinierten.

Viele Menschen glauben, die Erlebnisse aus „früheren Existenzen" seien echte Erinnerungen an einstige Lebenserfahrungen. Das ist ein trügerischer Irrtum. Gewöhnlich kommen die Elemente der „regredierten" Persönlichkeit ausschließlich aus dem Geist der hypnotisierten Versuchspersonen (möglicherweise mit einem gewissen Maß an interferierendem suggestivem Einfluß des Hypnotiseurs). Nur in seltenen Fällen schienen einige Elemente von anderswoher zu stammen: Die veränderte Persönlichkeit bewies gelegentlich ein historisches Detailwissen, welches die hypnotisierte Versuchsperson nicht besitzen konnte. Doch dieses Thema gehört zu einem anderen Kapitel, wir werden darauf noch zurückkommen.

Noch ein weiteres Charakteristikum der Hypnose ist nicht allein auf die Hypnose beschränkt: Bis jetzt haben wir Fälle erörtert, in

welchen die Hypnose das Verhalten und die Gefühle des Hypnotisierten beeinflußte. Die Hypnose kann jedoch auch objektive Prozesse
im Körper des Hypnotisierten beeinflussen. So groß ist die Macht
intensivierter Imagination. Aber hier erzielt die Hypnose wiederum
nur eine Verstärkung von Effekten, die auch im normalen Wachzustand zu beobachten sind.

Im normalen Wachzustand können wir ziemlich häufig beobachten, daß ein Geisteszustand objektive Veränderungen im Organismus
bewirkt. Scham kann beispielsweise Erröten hervorrufen, mit anderen
Worten, die Kapillaren, die feinsten Blutgefäße in der Haut des sich
schämenden Menschen, erweitern. Oder plötzliche starke Emotionen
(Angst, Schrecken usw.) können zu physiologischen Veränderungen
im Organismus führen (Beschleunigung des Pulsschlags und der
Atemfrequenz, Muskelspannung usw.).

Jogaschüler lernen, solche Dinge mit dem Willen zu erreichen. Sie
lernen, ihren Pulsschlag, den Grundstoffwechsel und andere Funktionen, die normalerweise nicht durch Willen zu steuern sind, zumindest bis zu einem gewissen Grad zu beherrschen. Nach einiger
Übung gelingt ihnen dies.

Ich hatte einmal Gelegenheit, einen Zirkusartisten zu interviewen,
der ein spektakuläres Kunststück vorführte. In der Arena wurde ein
Grab ausgehoben, man fesselte dem Artisten die Hände, legte ihn in
einen Sarg, senkte den Sarg in das Grab und bedeckte ihn mit Erde.
Nach einigen weiteren Zirkusnummern öffnete man das Grab, und
er stieg mit freien Händen unversehrt heraus.

Der Trick bestand aus mehreren voneinander unabhängigen Täuschungen: Der eindrucksvolle Knoten, mit dem man ihm die Hände
fesselte, war auf besondere Art geschlungen, so daß er ihn durch einfaches Ziehen lösen konnte, sobald er sich nicht mehr im Blickfeld
des Publikums befand; im Sarg war etwas freier Raum, der eine
ausreichende Menge Atemluft enthielt, vorausgesetzt der Artist lag
entspannt und reglos da; und im Sarg befand sich ein verborgener
Mechanismus, den der Artist auf dem Höhepunkt der Vorstellung
durch Druck auf einen Knopf auslöste; der Sargdeckel öffnete sich,
und der Mann stieg aus dem Grab. Das einzige, was der Artist für
den Trick lernen mußte, war, das Atmen zu drosseln und mit der begrenzten Luftmenge auszukommen, die ihm im Sarg zur Verfügung
stand.

Der Artist erzählte mir, wie er einmal schlimme Minuten durchgestanden hatte. Ein neuer Angestellter beging einen Fehler beim Schlingen des Knotens. Als der Artist später bemerkte, daß er seine Hände nicht befreien konnte, geriet er in Panik und vermochte sich nicht richtig zu entspannen. Bei dem angestrengten Bemühen, die Fessel zu lösen, brauchte er die Luft auf (die normalerweise gut reichte) und kam in ernste Erstickungsgefahr, aus der er im letzten Augenblick gerettet wurde. Nach diesem schrecklichen Erlebnis war er lange nicht in der Lage, seinen Trick zu wiederholen.

Andere Beispiele für die Beeinflussung objektiver körperlicher Prozesse durch psychische Aktivität im Wachzustand sind verschiedene Krankheiten (besonders Herzinfarkt, Magengeschwür usw.), bei denen psychogene Faktoren – wie psychische Spannung und Nervosität – eine große Rolle spielen.

Ähnliche, aber verblüffendere und raschere Veränderungen der Körperprozesse lassen sich durch hypnotische Suggestion bewirken. Bei sensitiven Versuchspersonen wurde beispielsweise wiederholt beobachtet, daß die einfache Suggestion eines auf die Haut der Versuchsperson gelegten heißen Gegenstands sogar zur Bildung einer Blase führte, wie sie bei einer wirklichen Verbrennung entsteht.

Bei im Labor an einer Versuchsperson durchgeführten Hypnoseexperimenten steigerte die Suggestion, sie trinke viel Wasser, deren Diurese (Harnausscheidung). Die Suggestion, sie esse Honig, resultierte in einer Steigerung des Blutzuckergehalts. Die Suggestion, sie bekomme einen Schlag versetzt, rief einen blauen Fleck hervor. Suggerierter Hunger veränderte die Zahl der Leukozyten im Blut. Viele andere somatische Prozesse konnten auf dieselbe Weise beeinflußt werden: die Sekretion von Magensaft oder Galle und der Blutdruck. Die Suggestionen trugen manchmal auch zur Heilung von Hautleiden (z. B. Warzen) bei. So dramatisch diese Suggestionswirkungen gelegentlich sein mögen (z. B. das Auftreten suggerierter Blasen), sie sind nichts anderes als intensivierte Prozesse, die in schwächerer Form im Wachzustand ebenfalls vorkommen können.

Der russische Physiologe K. M. Bykow studierte die somatischen Einflüsse psychischer Vorgänge an Hand der Methode der bedingten Reflexe. Er berührte beispielsweise die Haut des Patienten mit warmen und kalten Gegenständen. Warme Gegenstände verursachten eine Erweiterung, kalte eine Verengung der Blutgefäße. Dann kombinierte er diese Reize mit Worten. Er berührte die Haut des Patienten mit einem warmen Gegenstand und sagte laut: „Heiß." Dann berührte er die Haut mit einem kalten Gegenstand und sagte: „Kalt." Nach mehrmaliger Wiederholung dieser „bedingenden" Prozedur genügten die Worte „heiß" und „kalt", um die entsprechende Reaktion hervorzurufen: die Dilatation und Konstriktion der Blutgefäße.

Dieses Ergebnis war ein deutlicher Beweis für den großen Einfluß psychologischer Vorgänge auf den Körper. Die Methode funktionierte im Wachzustand sehr gut, eine Hypnose war nicht notwendig. Für unsere Untersuchung des Einflusses der hypnotischen Suggestion auf Körperprozesse ist jedoch eine Beobachtung von besonderer Bedeutung: Manchmal kombinierte Bykow einen wirklichen Reiz mit einem Wort, das den gegenteiligen Reiz bezeichnete. Er berührte beispielsweise den Patienten mit einem warmen Gegenstand, sagte aber: „Kalt." Oft stellte er fest, daß der *verbale Reiz stärker* war als der wirkliche Reiz: der warme Gegenstand und das Wort „kalt" bewirkten eine Zusammenziehung der Blutgefäße, also die typische Reaktion auf einen *kalten* Gegenstand.

Wenn bei diesen Experimenten der verbale Reiz (einfach das Wort!) eine stärkere Wirkung haben konnte als der wirkliche Reiz, ist etwas leichter zu verstehen, warum das in der hypnotischen Suggestion gebrauchte simple Wort manchmal so starke physiologische Wirkungen hat.

Eine ähnliche Beobachtung machten Psychiater, die Fälle von Schizophrenie mit „Insulinschocks" behandelten; die Injektion von Insulin senkt bei dieser Behandlung den Zuckergehalt im Blut des Patienten drastisch. Nach vielen Wiederholungen der Prozedur wurde gelegentlich beobachtet, daß schon die Vorbereitung der Injektion genügte, um den Blutzuckergehalt des Patienten zu senken.

Es gibt auch einen Bericht über eine parapsychologische Kuriosität, nämlich Frau Olga Kahl, bei der diese psychophysiologischen Effekte unter Beteiligung einer telepathischen Gabe eintraten: Wenn sich der Experimentator auf einen Namen oder eine einfache Zeichnung konzentrierte, gelang es Frau Kahl manchmal, auf der Haut ihres Arms rötliche Zeichnungen oder Buchstaben erscheinen zu lassen, die dem Gedanken des Experimentators entsprachen.

Aus den oben angeführten Beobachtungen ist die Schlußfolgerung zu ziehen, daß psychische Prozesse, besonders die Suggestion, die objektiven physiologischen Prozesse im Organismus tief beeinflussen können.

Diese Feststellung hilft uns, eine Reihe ungewöhnlicher Heilungen zu erklären: Wenn eine Heilwirkung eintritt, ist sie gewöhnlich nicht auf irgendeine geheimnisvolle Heilkraft des Heilenden zurückzuführen, sondern auf die Imagination des Patienten; der Glaube des Patienten an die Kraft des Heilenden übt eine autohypnotische Wirkung aus und ist für die kontingente, überraschende Heilung verantwortlich. (Beachtenswert sind in diesem Zusammenhang die Worte Jesu: „Dein Glaube hat dir Heilung gebracht." Matthäus, 9, 22.)

Dieselbe Erklärung läßt sich für Fälle von Stigmata geben – blutende Wundmale in Erinnerung an die Kreuzigung –, die gelegentlich (allerdings ziemlich selten) bei religiösen, tief über die Leiden Christi meditierenden Menschen beobachtet werden.

Wir wollen unseren Bericht über die Hypnose mit dem Hinweis auf eine wichtige Tatsache abschließen, die gern übersehen wird: Diverse veränderte Bewußtseinszustände, die in okkulten Lehren und Praktiken eine entscheidende Rolle spielen, sind im Prinzip Variationen des Hypnosezustands. Die Trance eines spiritistischen Mediums, der Zustand eines Wahrsagers, der in echter Versunkenheit auf die Kristallkugel blickt, der Zustand eines Magiers in Beschwörungsriten, mystische Ekstasen (Samadhi), Endstadien der Meditation, des Jogatrainings usw. – sie alle sind Beispiele für verschiedene Formen eines selbst-induzierten Hypnosezustands.

Diese Zustände unterscheiden sich natürlich voneinander. Sie erhalten je nach dem vorherrschenden Glauben der Kultausübenden verschiedene charakteristische Züge (genau wie sich die Hypnosezustände bei verschiedenen Menschen je nach den Suggestionen unterscheiden, die man ihnen gibt). Doch so unterschiedlich die Charakteristika all dieser Formen auch sein mögen, die wesentlichen Merkmale des Hypnosezustandes sind in allen vorhanden – wie die Konzentration der Aufmerksamkeit auf den Kultgegenstand, halluzinatorische Erlebnisse, Persönlichkeitsveränderungen und das Absinken (oder Fehlen) der Empfänglichkeit für normale Sinnesreize.

Außersinnliche Wahrnehmung

Eine der Grundeigenschaften des Lebens ist die Empfindlichkeit oder Sensibilität des lebenden Organismus für Reize, die aus seiner Umgebung kommen. Dank dieser Eigenschaft vermag der Organismus am Leben zu bleiben, Nahrung zu finden und Gefahren aus dem Weg zu gehen.

Die archaischste Form der Sensibilität ist die Reaktion des Protoplasmas auf Kontaktreize wie Hitze oder irritierende chemische Substanzen. Im Lauf der Äonen hat sich die Sensibilität entwickelt, besondere Zellen oder Organe übernahmen in komplexeren Organismen die Funktion, äußere Reize zu empfangen: die Sinnesorgane. Die alte Kontaktsensibilität blieb aber sogar im Menschen erhalten, nämlich in Gestalt der Kontaktsinne: Gefühl (die Sensibilität für Gegenstände, die in unmittelbare Berührung mit der Haut kommen), Geruch (Sensibilität für chemische Substanzen, die in der eingeatmeten Luft schweben) und Geschmack (Sensibilität für lösliche Substanzen, die in den Mund gelangen).

Eine wesentliche Steigerung der Wahrnehmungsmöglichkeiten erfolgte mit der Entwicklung der Entfernungssinne, deren üblichste das Hören (Sensibilität für Schallwellen) und das Sehen (Sensibilität für elektromagnetische Strahlung) sind. Diese Sinne ermöglichen die Wahrnehmung von Gegenständen, die keinen unmittelbaren Kontakt mit dem wahrnehmenden Organismus haben.

Die Fähigkeit, Informationen über ferne Gegenstände zu geben, macht die Entfernungssinne viel einsatzfähiger und wertvoller als die Kontaktsinne. Beim Menschen sind sie so weit entwickelt, daß sie gegenüber den Kontaktsinnen noch einen weiteren Vorteil haben: sie können wesentlich größere Informationsmengen (gemessen in Einzelinformationen pro Zeiteinheit) liefern. Wir erkennen dies deutlich, wenn wir vergleichen, mit welcher Schnelligkeit wir unter Einsatz des

Gesichtssinns lesen und mit welcher Langsamkeit wir Kunststoffbuch-
staben mittels Berühren lesen würden. Die große Wirksamkeit und
der weite Anwendungsbereich haben dem Sehen und Hören beim
Menschen eine absolute Vorrangstellung vor den anderen Sinnen ein-
geräumt, und besonders das Sehen ist zur Basis der menschlichen
Kultur geworden. Wichtige gesellschaftliche Funktionen (Erziehung,
Kommunikation, Technik) erfordern vorwiegend den Einsatz des
Gesichtssinns.

Doch so nützlich die Entfernungssinne auch sein mögen, sie haben
ihre Grenzen und Mängel. Sie unterliegen Irrtümern (Illusionen) und
sind in ihrer Wirksamkeit (in der pro Zeiteinheit erhaltenen Infor-
mationsmenge) beschränkt. Auch ihr Anwendungsbereich ist begrenzt.
So läßt sich beispielsweise der Gesichtssinn für sehr kleine und sehr
ferne Gegenstände nicht einsetzen. Der Mensch hat zwar gelernt,
diese Nachteile durch technische Hilfen (Mikroskop, Teleskop) zu
überwinden; aber ihnen sind im Hinblick auf die Energie, mit der
sie arbeiten, ebenfalls Grenzen gesetzt. (Es ist beispielsweise unmöglich, ein Mikroskop zu konstruieren, mit dem man Gegenstände
sieht, die kleiner sind als die Wellenlänge des Lichts, das sie be-
leuchtet.) Der Gesichtssinn kann nicht für Gegenstände hinter undurchsichtigen Schirmen (die keine Lichtstrahlen durchlassen) verwendet werden.

Die Netzhaut des Auges reagiert nur auf bestimmte Lichtwellen-
längen. Vom breiten Spektrum der elektromagnetischen Strahlungen
verschiedener Wellenlängen, darunter Radiowellen, Wärmestrahlung,
Infrarot- und Ultraviolettlicht, Röntgenstrahlen und radioaktive
Gammastrahlen, vermag das Auge nur einen sehr schmalen Wellen-
längenbereich sichtbaren Lichts wahrzunehmen. Alle anderen elektromagnetischen Strahlungen sind, obwohl im Prinzip von derselben
Art wie das Licht, für das Auge völlig unsichtbar. Energetische radioaktive Strahlung kann den Menschen töten – bleibt aber unsichtbar
und ist auch für die anderen Sinne nicht wahrnehmbar. Es gelang nur
teilweise, diesem Mangel mit technischen Instrumenten abzuhelfen
(photographische Platten, die auf infrarote Strahlen reagieren, Rönt-
genschirme usw.).

Neben den Beschränkungen auf bestimmte Reiztypen können den
Sinnesorganen auch durch ihre Physiologie Grenzen gesetzt sein. (Der

Reiz muß beispielsweise eine minimale Dauer und eine minimale Intensität haben.)

Bei den Tieren sind dieselben Sinne, wie der Mensch sie hat, oft viel sensibler (der Hund hört höhere Töne als der Mensch, doch sein Sehvermögen ist schlecht; der Adler hat schärfere Augen als der Mensch; Bienen sehen ultraviolettes Licht usw.). Manchmal haben lebende Spezies auch Sinne, die auf anderen Signalarten basieren. Die Pflanzen reagieren beispielsweise auf die Schwerkraft (der Mensch ebenfalls). Es gibt Fischarten, die sensibel für das elektrische oder Magnetfeld sind, während dem Menschen diese Sensibilität fehlt. Jeder Energie-Einfluß aus der Ferne kann im Prinzip als Basis für einen Entfernungssinn dienen und auf dieselbe Weise Informationen liefern wie das Licht beim Gesichtssinn. In der Regel jedoch sind lebende Spezies so angelegt, daß sie nur einige Typen und Bereiche von Signalen wahrnehmen.

Verfolgen wir die Geschichte der Entwicklung des Lebens auf Erden, angefangen bei den frühesten Protoplasmaklumpen in prä-kambrischen Meeren durch die unendlich langen geologischen Epochen bis zur Gegenwart, dann stellen wir fest, daß die Kontaktsensibilität den allerersten Kreaturen eigen war, die vor vielleicht einer Milliarde Jahren lebten. Verhältnismäßig bald (in geologischen Begriffen ge-messen) entwickelten sich die Entfernungssinne. Sogar einige Proto-zoen sind empfindlich für Licht. Trilobiten und andere Kreaturen, die vor etwa fünfhundert Millionen Jahren die Urmeere bevölkerten, hatten bereits gut entwickelte Augen. Als die Tiere vom Wasser auf das feste Land stiegen (wo der Gesichtssinn eine besonders wertvolle Hilfe für schnelle Tiere darstellte, die tagsüber Beute jagten), besaßen sie schon Augen, die jenen des Menschen ebenbürtig oder überlegen waren. Und dies vor ungefähr dreihundert Millionen Jahren, eine beträchtliche Zeit vor den ersten Dinosauriern.

Wir sehen, daß die Kontaktsinne und die Entfernungssinne sich in der Entwicklung des Tiers sehr früh entfalteten, und seit dieser Zeit, seit Hunderten Millionen Jahren, verließen sich alle Lebewesen nur auf diese „klassischen" Sinne. Die Tiere paßten ihr Leben diesen Sinnen an, die nach dem vertrauten Schema arbeiten: Der aus der Außenwelt kommende Reiz erregt das Sinnesorgan; die Erregung wird ans Nervensystem weitergeleitet; das Nervensystem erzeugt schließlich eine Reaktion, die den lebenswichtigen Vorhaben des Organismus dient.

Sogar der Mensch stützt sich ganz auf die klassischen Sinne und fand sie bislang für sein Leben völlig ausreichend – jene Sinne, die in rudimentärer, aber einsatzfähiger Form vielleicht schon vor einer Milliarde Jahren in Lebewesen existierten.

In weit jüngerer Zeit fand eine bedeutsame Veränderung statt, die schließlich zur Entstehung der menschlichen Rasse führte: die Entwicklung der Gehirnrinde mit der parallellaufenden Entfaltung der psychischen Aktivität. Paläontologen versichern uns, daß der Mensch in seiner gegenwärtigen Form kaum länger als vierzigtausend Jahre auf der Erde lebe und die menschliche Kultur weniger als zehntausend Jahre alt sei.

Für uns ist die Feststellung wichtig, wie kurz diese Spanne im Vergleich zu den Hunderten Millionen Jahren ist, während derer die „klassischen" Sinne Zeit hatten, sich zu entwickeln. (Auch wenn wir versucht sind, großzügig zu sein und zuzugeben, daß einige höherstehende Säugetiere eine psychische Aktivität haben – die zwar viel primitiver als jene des Menschen, aber doch mit ihr vergleichbar ist – und sogar etwas besitzen, was man als „primitives vages Bewußtsein" bezeichnen könnte, würde die Spanne eines „bewußten" Lebens auf Erden immer noch weniger als rund fünfzig Millionen Jahre betragen. Sogar diese vermutlich zu hoch angesetzte Zeitspanne ist unbedeutend im Vergleich zu einer Milliarde und mehr Jahren, seit denen auf der Erde Leben existiert.)

Höhere psychische Aktivität und höheres psychisches Bewußtsein erschienen in der Entwicklung lebender Spezies erst vor relativ kurzer Zeit. Sie haben besondere Charakteristika und unterliegen besonderen Regelmäßigkeiten, die sich von der Chemie und Physiologie des Lebensprozesses im allgemeinen zutiefst unterscheiden. Ihre kurze phylogenetische Geschichte macht sie bereits anders. Wir dürfen damit rechnen, daß jede menschliche Qualität, die eng mit der psychischen Aktivität verbunden ist, diese besonderen Charakteristika aufweist.

Leider widmen die modernen Psychologen, die das Verhalten des Menschen und seine psychische Aktivität untersuchen, dem Studium seines Bewußtseins wenig Aufmerksamkeit. Das ist natürlich verständlich, denn es fehlt der Psychologie an objektiven Methoden zur

Untersuchung solcher innerer, subjektiver Vorgänge wie der bewußten Erfahrung. Nur einige wenige Psychologen im Westen wagten es, so ketzerisch zu sein, das Bewußtsein in ihre Untersuchungen einzubeziehen – dabei spielte in der Tradition des indischen Denkens die introspektive Untersuchung des Bewußtseins bereits eine vorrangige Rolle. Vielleicht wird die Parapsychologie brauchbare Methoden zur Untersuchung des Bewußtseins liefern. Es scheint durchaus möglich, daß die Parapsychologie, die heute ungewöhnliche Wechselwirkungen zwischen dem Menschen und der Außenwelt (ASW und PK) erforscht, eines Tages zur Untersuchung des Bewußtseins im allgemeinen übergeht oder darin aufgeht.

Wenn wir uns nur auf die Entdeckungen der klassischen Psychologie und Physiologie stützen, finden wir beim Menschen dieselben „klassischen" Sinne, denen wir bei Tieren begegnen. Der Mensch nutzt sie zur Orientierung in seiner Umgebung, genau wie andere Lebewesen, und sein ganzes Leben basiert ausschließlich auf ihrer Anwendung. Er unterscheidet sich von den Tieren hauptsächlich darin, daß er lernte, seine entwickelte Denkfähigkeit zu seinem Vorteil einzusetzen. Er gebraucht das Denken zu einer überlegeneren Verwertung der Sinneseindrücke, die er durch diese „klassischen" Sinne erhielt – und die, wenn man die unterschiedliche physiologische Organisation der jeweiligen Sinnesorgane außer acht läßt, den Tieren gleichermaßen zugänglich sind.

Beschränken wir uns jedoch nicht dogmatisch auf die Entdeckungen der klassischen Psychologie und Physiologie, können wir gelegentlich Beobachtungen machen, die nicht in dieses Bild passen. Die Beobachtungen deuten an, daß der Mensch manchmal Informationen über Ereignisse in der Außenwelt durch Kanäle erhält, die dem klassischen Schema der Kontakt- oder Entfernungssinne nicht entsprechen. Wir dürfen sagen, daß wir Hinweise auf den gelegentlichen Einsatz eines anderen („sechsten") Sinnes haben, der sich von den übrigen Sinnen stark unterscheidet. Der Unterschied liegt beispielsweise im Fehlen eines entsprechenden Sinnesorgans und im Fehlen einer bekannten physikalischen Energie bei der Übermittlung der Information.

Wir möchten, stellvertretend für viele andere, ähnlich gelagerte Fälle, einige Beispiele für solch seltsame Beobachtungen anführen: Herr B. war auf einer netten Party bei Freunden. Plötzlich fühlte er einen unerklärlichen Zwang, nach Hause zu gehen. Er hatte keinen

Grund dazu, doch er ging. Daheim drängte es ihn, sein Bett aus einer Ecke des Zimmers in eine andere zu schieben. Nachdem er es getan hatte, ließ die Spannung nach, und er kehrte unbeschwert zu seinen Freunden zurück. Spät nachts kam er heim und legte sich schlafen. Nicht lange darauf stürzte die Zimmerdecke über dem Teil des Raumes nieder, wo sein Bett ursprünglich gestanden hatte.

Das Ungewöhnliche der „Wahrnehmung" in diesem ersten Fall ist klar erkennbar. Die „klassischen" Sinneswahrnehmungen, die wir bisher betrachteten, basierten auf der Übermittlung irgendwelcher Energie-Impulse, die als informationtragende Signale dienen. Die Wahrnehmung besteht nur im Auffangen dieser Signale durch die Sinnesorgane und in ihrer Verarbeitung durch das Nervensystem. Bei der Sinneswahrnehmung beruhen die Signale in der Regel auf einer physikalisch klar definierten Energie (beim Gesichtssinn auf den Lichtwellen, beim Gehör auf den Schallwellen usw.).

Im obigen Fall sieht es jedoch so aus, als habe das Wissen den Geist unmittelbar erreicht (ohne Einschaltung eines Sinnesorgans). Und ein bisher unbekannter Faktor war offensichtlich für die Übermittlung der Information verantwortlich. Die Information (Warnung) betraf ein zukünftiges Ereignis. Man hatte den Eindruck, die Signale, welche diese Information überbrachten, hätten die Zeitschwelle überquert (sie kamen aus der Zukunft und informierten über das bevorstehende Ereignis). Doch es gibt keine physikalische Energie, die das zu vollbringen vermöchte. Objektiv – und auch subjektiv für den Wahrnehmenden – gesehen, gleicht dieser „Wahrnehmungsprozeß" mehr einer Erinnerung als einer klassischen Wahrnehmung.

In einem anderen, ähnlichen Fall hatte Frau M. einen Alptraum: Ein grausiges Geschöpf nahm sie im Traum bei der Hand und verkündete scheel: „Entweder dein Mann oder deine Tochter muß sterben. Wähle!" Nach einigen schrecklichen Augenblicken entschloß sie sich, ihren Mann zu opfern und ihre Tochter zu retten. Fünf Tage später starb Herr M., der scheinbar kerngesund gewesen war, ganz plötzlich.

Wenn Frau D. über die Zukunft ihres zweijährigen Töchterchens Bettie nachdachte, hörte sie immer wieder eine seltsame Stimme, die zu ihr sagte: „Sie braucht es nicht!" Frau D. wollte beispielsweise für Bettie ein Paar Schuhe kaufen, und die Stimme erklärte: „Sie braucht es nicht!" In mehreren Nächten hatte Frau D. einen Traum, worin sie das Bettchen des Kindes in Flammen stehen sah. Das Bild erschien ihr auch im Wachzustand, und sie roch Rauch, obwohl im Haus kein Feuer brannte. Eines Morgens verfolgte sie der Gedanke, sie müsse alle Zündhölzer aus dem Zimmer wegbringen, in dem sich das Kind aufhielt. Sie war jedoch gerade sehr beschäftigt und beschloß deshalb, es später zu tun. Kurz darauf, als sie das Kind ins Bettchen legte, drängte die vertraute Stimme: „Dreh die Matratze um!" Scherzend antwortete sie, an ihre Tochter gewandt: „Ich drehe die Matratze um, wenn du ausgeschlafen hast." Sie widmete sich ihren Hausarbeiten. Einige Augenblicke später fing das Kinderbett Feuer, und Bettie erlitt tödliche Verbrennungen. Die einzig denkbare Erklärung für den tragischen Unfall war, daß Bettie in ihrem Bettchen ein Zündholz gefunden und angezündet hatte.

Die bisherigen Beispiele waren klar genug, um uns an einen außersinnlichen Wahrnehmungsprozeß denken zu lassen, doch der nächste Fall ist komplizierter: Der Assyrologe Hermann Hilprecht arbeitete einmal hart an der Entzifferung einer Inschrift auf ausgegrabenen Fragmenten. Schließlich glaubte er, die Lösung gefunden zu haben, und veröffentlichte sie – obwohl er damit noch nicht ganz zufrieden war. Eines Nachts hatte er einen Traum: Die Gestalt eines assyrischen Priesters erschien ihm, erzählte ihm die Geschichte der Fragmente und zeigte ihm, wie man sie zusammensetzen mußte, um die Inschrift mühelos lesen zu können. Am folgenden Tag fügte Hilprecht die Fragmente in der angegebenen Weise zusammen. Er konnte dann die Inschrift leicht entziffern, und sie bestätigte, was ihm der Priester im Traum gesagt hatte.

Dieser Fall ist ein erstaunliches Beispiel dafür, wie schöpferische Kräfte im Schlaf die Lösung eines Problems bringen. Man könnte den Eindruck gewinnen, Hilprecht sei irgendwie in der Lage gewesen, unmittelbar aus der Vergangenheit Informationen zu erhalten – möglicherweise vom ursprünglichen Besitzer des Gegenstands. Dies wäre ein glaubhafter Fall von Wahrnehmung, die über die normalen Sinne hinausgeht. Eine derartige Information konnte von keinem der klassischen Sinne stammen. Manch einem drängt sich vielleicht sogar der Gedanke auf, dem „Geist" des assyrischen Priesters sei daran gelegen gewesen, zu erscheinen und die Geschichte der Fundgegenstände zu erzählen.

Wir dürfen jedoch keine voreiligen Schlüsse ziehen. Hilprecht war zweifellos ein kenntnisreicher Spezialist, und die Lösung kann ihm wie ein Blitz aus heiterem Himmel gekommen sein. Sie wurde fraglos vorbereitet, denn er hatte die Fragmente davor lange studiert.

Der schöpferischen Lösung eines Problems geht gewöhnlich eine lange Vorbereitungszeit scheinbar fruchtlosen Forschens voraus. Wir sammeln alle verfügbaren Informationen über das Problem an, stellen sie zusammen, analysieren sie und versuchen das fehlende Zwischenglied durch weiteres Überlegen, durch den Aufbau geistiger Konstruktionen an Hand der bekannten Fakten, zu finden. Wir verarbeiten die gesammelten Daten und verwenden dabei ein Werkzeug, dessen Wirksamkeit erwiesen ist: das System des logischen Denkens. Wir erfinden mögliche Lösungen, prüfen ihre Übereinstimmung mit den bekannten Fakten, verwerfen sie notfalls und suchen nach neuen Lösungen.

Dieser Prozeß erfordert gewöhnlich ein hohes Maß an aufmerksamem Überlegen. Es ist jedoch nicht absolut notwendig, daß wir uns aller Stadien dieses Prozesses voll bewußt sind. Die relevanten Denkschemata sind im Geist des Wissenschaftlers fixiert (ähnlich wie die Reaktionen auf verschiedene Verkehrssituationen im Gehirn des Autofahrers: sie erfolgen ohne seine bewußte Aufmerksamkeit); viele Zwischenstufen, die zur Lösung führen, werden von seinem Gehirn automatisch bewältigt. Wenn sein Geist schließlich vorbereitet ist, zeichnet sich die endgültige Lösung ab. Sie kann uns wie ein Blitz aus heiterem Himmel erscheinen, und der anschließende Gedankenstrom, mit welchem wir sie prüfen, bringt die Bestätigung. Die Spannung, die sich in den vorhergehenden Forschungen und der vergeblichen Suche angestaut hatte, läßt nach, und das erzeugt in uns ein Gefühl der Befriedigung, sogar der freudigen Erregung – ein Gefühl, das so typisch ist und eine so belohnende Begleiterscheinung einer gefundenen Lösung.

Es ist gut möglich, daß Newton das Gesetz der universellen Schwerkraft erkannte, als er den fallenden Apfel sah. Doch dieser Entdeckung ging langes, mühseliges Suchen voraus, das seinen Geist darauf vorbereitete, die von dem fallenden Apfel vermittelte Botschaft zu bemerken.

Der letzte Faktor, der den Geist für die Lösung bereit macht, kann die Entspannung sein oder sogar der Schlaf – der eine Ablenkung durch äußere Reize und eine dominierend-irreführende, den Weg zur richtigen Lösung verbauende Interpretation unterbindet. Wenn die Lösung im Schlaf erscheint, kann sie natürlich durch die Traumphantasie dramatisch verzerrt werden.

Eine Reihe solcher Erlebnisse wurde von den Chronisten wissenschaftlicher Entdeckungen aufgezeichnet. Das berühmteste ist vielleicht Kekules Traum, der ihm ermöglichte, die ringförmige Molekularstruktur des Benzols zu entdecken: Er sah die Atome vor sich tanzen; sie bildeten eine sich bewegende, schlangenartige Formation, und die Schlange biß in ihren Schwanz, bog sich also zu einem geschlossenen Ring zusammen. Der hervorragende französische Mathematiker Henri Poincaré fand auf ähnliche Weise, als er während einer Reise über Mathematik nachdachte, die Lösung zu einem schwierigen mathematischen Problem. In dem Augenblick, da er den Fuß aufs Trittbrett eines Autobusses setzte, kam ihm die Idee urplötzlich mit absoluter Gewißheit. Was er später tat, war nur das routinemäßige, langwierige mathematische Prüfen der Richtigkeit. Genauso kann Hilprecht die Lösung sehr wohl durch seine vorhergehenden Forschungen und Bemühungen gefunden, und die Traumphantasie kann sie zur Gestalt des assyrischen Priesters verzerrt haben.

Andererseits soll dies nicht besagen, daß ein solcher Prozeß, in welchem die Lösung zu einem schwierigen Problem gefunden wird, völlig frei von außersinnlicher Wahrnehmung ist. Wir wissen noch zuwenig über die Intuition – und es wäre denkbar, daß irgendeine außersinnliche, direkte Wahrnehmung der Intuitionsgesetze einen globalen induktiven Einblick bewirkt oder auslöst, der zur Entdeckung genereller Regelmäßigkeiten führt.

Es ist nicht allgemein bekannt, daß möglicherweise auf diesem Weg eine der größten Entdeckungen der modernen Physik gemacht wurde, nämlich der Relativitätstheorie. Zumindest glaubte es ihr Entdecker Albert Einstein. In den Physikbüchern steht gewöhnlich, zur Relativitätstheorie habe das Michelson-Morley-Experiment inspiriert (worin die beiden Wissenschaftler demonstrierten, daß die Lichtgeschwindigkeit konstant und unabhängig von ihrer Quelle ist). Diese logische, vernunftgemäße Erklärung stellt die Entdeckung der Relativitätstheorie als zwangsläufig gesetzmäßig dar, wogegen sich Einstein später jedoch wandte. In seinen unveröffentlichten Briefen, die man nach seinem Tod fand, behauptete er wiederholt, der Einfluß dieses Experiments auf sein Denken sei „unbedeutend" gewesen. In einem Brief, den er erst ein Jahr vor seinem Tod schrieb, heißt es: „Ich erinnere mich nicht einmal, ob ich überhaupt davon (von dem Experiment) wußte, als ich meine erste Abhandlung über das Thema schrieb." Einstein kommentierte den Ursprung seiner Gedanken folgendermaßen: „Es führt kein logischer Weg zur Entdeckung dieser elementaren Gesetze. Es führt nur der Weg der Intuition hin."

Die obige Abschweifung zur Lösung von Problemen in der Wissenschaft sollte die Schwierigkeiten veranschaulichen helfen, denen wir bei unserer Untersuchung begegnen können, und die große Gefahr von Irrtümern aufzeigen, wenn wir voreilige Schlüsse ziehen. Hilprechts Fall läßt sich als Intuition erklären, die auf dem existierenden Wissen und auf vorhergehenden Forschungen basierte. Es handelte sich dabei um einen Vorgang, der bei der Lösung von Problemen bekanntermaßen häufig abläuft. Wenn wir ihn auch nicht ganz verstehen, so ist er uns doch vertraut, und es gibt dafür eine vernunftmäßigere Erklärung als die simple exotische Behauptung, ASW sei im Spiel gewesen oder ein assyrischer Priester lebe im Jenseits fort.

Wenn wir irgendeine neue, seltsame Beobachtung machen, muß es unser Grundsatz sein, zunächst alle Möglichkeiten der Erklärung durch vertraute Prinzipien in Betracht zu ziehen. Wir müssen lernen, das Beweismaterial sehr sorgfältig abzuwägen. Nur wenn wir absolut sicher sind, daß die alten Prinzipien nicht Ursache des Phänomens sein können, geben wir zögernd zu, daß ein neuer Faktor am Werk ist. Wir dürfen (und sollten) kühn sein bei der Suche nach neuen Fakten oder neuen erklärenden Hypothesen, aber endgültige Schlüsse nur mit größter Vorsicht und Zurückhaltung ziehen.

Leider haben wir es hier mit einem Gebiet zu tun, auf welchem allzu viele Menschen bei Phänomenen, die sich oft völlig natürlich erklären lassen, begierig übernatürliche Geheimnisse erfinden oder unkritisch an Übernatürliches glauben. Zahllose Menschen genießen das „Unerklärliche" und empfinden die Geheimnisse des Okkulten als angenehmen Kitzel. Selbstverständlich ist die Parapsychologie nicht das einzige Gebiet, auf dem dies geschieht. Während der neue Wissenschaftszweig Astrobiologie hart arbeitet, um Beweise für etwaige Lebensvorgänge im übrigen Universum zu finden, spekulieren einige Schriftsteller über mögliche Besuche intelligenter Wesen von anderen Planeten auf der Erde. Das ist selbstredend ein aufregendes Thema, besonders heute, da sich der Mensch in Raumfahrten versucht. Doch Beweise für die Möglichkeit eines solchen Ereignisses dürfen nicht auf einigen alten Sagen oder Felszeichnungen fundiert sein, die sich als Darstellungen kosmischer Besucher deuten lassen (wenn man genügend Phantasie hat), aber ebenso leicht in nüchternerer, völlig irdischer Weise zu erklären sind.

Wir wollen hier eine klare Unterscheidung machen: Mysteriöse Dinge taugen für Unterhaltungsromane, sie geben ein ausgezeichnetes Gesprächsthema für Mußestunden ab – doch in der Wissenschaft sind sie nichts anderes als ein verabscheuungswürdiger Mangel an Kenntnissen. Geht es um die mögliche Existenz eines Phänomens oder einer Fähigkeit, die dem Menschen nützlich sein und in der Praxis angewandt werden kann, müssen wir das Reich der Phantasie verlassen und uns auf realistische wissenschaftliche Forschung beschränken. Sie ist zweifellos mühevoller, aber lohnend.

Nach dieser Warnung vor der Versuchung, unnötig Rätselhaftes in kaum erforschte Phänomene hineinzugeheimnissen, können wir zu weiteren Beispielen übergehen, die darauf hindeuten, daß der Mensch eine bislang unbekannte Wahrnehmungsfähigkeit besitzt. Die Beispiele *legen* zumindest eine solche Erklärung *nahe*. Wir möchten jedoch noch einmal darauf hinweisen, wie schwierig es ist zu beweisen, daß eine solche neue Wahrnehmungsfähigkeit wirklich existiert. Wiederholen wir: als Tatsache werden wir sie nur anerkennen, wenn unsere Beobachtungen dermaßen zwingend sind, daß sie keine normalere Erklärung zulassen.

Herr A. erinnert sich an eine Episode, die ihm als Junge widerfuhr. Seine Familie lebte in England, er aber wagte sich auf die hohe See. Als sein Schiff in der Nähe der Insel Java fuhr, fiel er über Bord und wurde im allerletzten Moment gerettet. Im Todeskampf, bevor er das Bewußtsein verlor, schrie er: „Mamma!" Als er wieder zu Bewußtsein kam, erinnerte er sich, daß er seine Familie in England gesehen hatte. Nach der Heimkehr erzählte er die Geschichte, und es stellte sich heraus, daß er richtig gesehen hatte, was seine Mutter, sein Bruder und seine Schwestern zu dieser Zeit taten (der Zeitunterschied zwischen Java und England wurde berücksichtigt). Seine Mutter erinnerte sich auch, daß sie in dem kritischen Augenblick seinen Ruf „Mamma" hörte.

Wenn wir einen solchen Bericht vernehmen, beeindruckt uns die bloße Tatsache, daß der Junge die Vision hatte, nur wenig. Sinnestäuschungen sind ja das Hauptanliegen der Psychologie. Was uns interessiert, ist der *Inhalt* seiner Vision: Inwieweit stellte sie das wirkliche Geschehen (was die Familie in England tat) präzise dar? Und wir sind an der Tatsache interessiert, daß die Mutter seine Stimme *genau im Augenblick seiner Krise* hörte.

Derartige Berichte sollten uns jedoch veranlassen, zusätzliche Fragen, wie die folgenden, zu stellen:

1. Hat Herr A. die Einzelheiten dieses Falls irgendwie aufgezeichnet und wann? Viele Jahre waren zwischen dem Ereignis und seinem Bericht verstrichen, und wir dürfen vermuten, daß ihm sein Gedächtnis einen Streich spielte. (Es ist eine bekannte Tatsache, daß wir, wenn wir dieselbe Geschichte wiederholt erzählen, unwillkürlich dazu neigen, Details einzufügen, die sie interessanter machen, und jene auszulassen, von denen wir meinen, daß sie unseren Standpunkt widerlegen.)

2. Welche Einzelheiten im Verhalten der Familie sah er richtig? (Wären sie zu allgemein, würden sie kaum überzeugen, denn dann hätte er damit rechnen können, daß seine Angehörigen solche Dinge taten. Auch wenn ihr Verhalten ungewöhnlich und überraschend gewesen sein sollte, bestanden wahrscheinlich gar nicht so viele Wahlmöglichkeiten für ihr Tun; folglich ist ein zufälliges Zusammentreffen zwischen Erlebnis und Geschehen nicht unmöglich.)

3. Wie konnte er die Details des Erlebnisses während der Monate bis zu seiner Heimkehr im Gedächtnis bewahren? (Oder schrieb er das Erlebnis auf? Wie detailliert?) Dasselbe gilt für seine Mutter. (Wie konnte sie sich präzise daran erinnern, was sie ein paar Monate zuvor in einem bestimmten Augenblick getan hatte?)

4. Wie wurde die zeitliche Übereinstimmung festgestellt? Wurde sie überhaupt exakt ermittelt? (Als die Matrosen den Jungen aus dem Wasser retteten, kümmerten sie und er sich kaum um die genaue Zeit; und wie konnte die Mutter rückblickend genau bestimmen, zu welchem Zeitpunkt sie seine Stimme gehört hatte? Wenn sie nicht aus einem gewissen Grund die Zeit notierte, dürfte ihr dies kaum möglich gewesen sein.) Die zeitliche Übereinstimmung wurde folglich bestenfalls ungefähr ermittelt. Es erhebt sich sogar die Frage, ob die Mutter seine Stimme überhaupt hörte. Man kann nicht ausschließen,

daß es sich hier nur um ein fabriziertes Detail handelt, an das sie sich „erinnerte", als sie die Geschichte ihres Sohnes vernahm. Vielleicht machte sie sich nur große Sorgen um ihren Sohn, wie bestimmt auch oft davor und danach, und als er seine Geschichte erzählte, glaubte sie, seine Stimme tatsächlich gehört zu haben. Das wäre unter den Umständen nicht ungewöhnlich.

Aus diesen Erläuterungen können wir entnehmen, wie wichtig es für eine spätere Bewertung ist, möglichst detaillierte Aufzeichnungen über eine ungewöhnliche Beobachtung zu machen. Werden nicht sämtliche Fragen dieser Art zu unserer vollen Zufriedenheit beantwortet, können wir einen derartigen Fall kaum als überzeugend gelten lassen.

In einem anderen Fall träumte Herr Marius G. von einer älteren Dame, der er sehr zugetan war, die er aber lange nicht gesehen hatte. Der lebhafte Traum verwandelte sich nach und nach in ein visuelles Erlebnis, in welchem er – halb schlafend, halb wach – die Dame an seinem Bett stehen sah. Später erfuhr er, daß die Dame genau in dem Augenblick gestorben war, da er die seltsame Vision gehabt hatte. Einige Minuten vor ihrem Tod hatte sie die bei ihr Weilenden gebeten: „Sagt Marius, daß ich an ihn gedacht habe."

Diesen Fall könnte man folgendermaßen auslegen: Ein irgendwie gearteter Einfluß überdauerte den Tod der Dame und wirkte auf Herrn M. G. ein. (Die Tatsache, daß ein Wunsch der sterbenden Dame offenbar durch Herrn G.s Erlebnis erfüllt wurde, steigert die Überzeugungskraft dieser Erklärung.) Einige Leser neigen vielleicht sogar dazu, die Erscheinung als den fortlebenden „Geist" der Dame zu deuten, der Marius tatsächlich besucht habe. Doch das Fortleben nach dem Tod ist ganz entschieden nicht die einzige, zwangsläufige Deutung für ein solches Erlebnis. Es gibt eine einfachere und deshalb plausiblere Erklärung, die auf dem bereits vorhandenen Wissen über ASW basiert: Durch irgendeinen außersinnlichen Erkennungsprozeß erhielt Marius Nachricht vom Tod der Dame; die Information wurde von der Traumphantasie verzerrt, und Marius erlebte sie verkleidet, als Erscheinung der Dame.

Der nächste Fall ist in diesem Zusammenhang besonders wichtig, denn er zeigt, daß dasselbe Erlebnis auch auftreten kann, wenn die betroffene Person nicht stirbt. Eines Abends las Fräulein L. in ihrem

Zimmer, als sie plötzlich den Eindruck hatte, es sei jemand herein-
gekommen. Sie sah zuerst niemanden, doch nach einigen Augenblicken fühlte sie einen langen, zärtlichen Kuß auf der Stirn. Sie
wandte sich um und erblickte ihren Verlobten. Er verschwand kurz
darauf. Am selben Tag erlitt ihr Verlobter einen sehr unglücklichen
Unfall. Er stürzte vom Pferd und verletzte sich schwer. Er verlor das
Bewußtsein und lag lange im Krankenhaus, erholte sich aber wieder.
Während des Sturzes dachte er an Fräulein L. Und bevor er ohn-
mächtig wurde, hatte er Zeit zu stammeln, er wolle nicht sterben,
ohne sie noch einmal gesehen zu haben.

Die nächsten beiden Fälle wurden bei dem französischen spiritistischen Medium Frau Briffaut beobachtet und sind bezeichnend für
das, was man in spiritistischen Séancen erleben kann: es herrschen die
typische Atmosphäre und das charakteristische Beschäftigtsein mit den
Toten vor. Das Medium gab in beiden Fällen Informationen, die es
normalerweise kaum wissen konnte; doch die Informationen waren
sehr bruchstückhaft.

Frau M. besuchte Frau Briffaut, der sie völlig unbekannt war. Das
Medium sagte zu ihr: „Ich sehe jemanden, dessen Name mit L an-
fängt . . ., ist es Louis?" (Frau M. nickte zustimmend.) „Ist er Ihr
Sohn?" („Ja.") „Fand er im Krieg den Tod?" („Nein.") „Aber er gibt
mir ein Zeichen, daß er plötzlich an einem heftigen Schlag starb."
Louis M. wurde vom Blitz erschlagen.

Wir wollen die Bedeutung einer solchen Beobachtung kurz erörtern.
Die Behauptung, das Medium habe den Sohn „gesehen", ist absolut
unwichtig (falls es nicht sein Aussehen richtig beschrieben hat); möglicherweise war das „Sehen" nur eine Halluzination. Was den Inhalt
von Frau Briffauts Äußerungen betrifft, so möchten wir genauer wissen, wie Frau M. ihr vorgestellt wurde (um sicherzugehen, daß sie
dem Medium wirklich unbekannt war). Frau Briffauts erste Behauptung: „L", nur der Anfangsbuchstabe eines Namens, ist in solchen
Situationen typisch, aber nicht sehr überzeugend. Wir müssen immer
argwöhnen, daß das Medium zu raten wagte und dann Frau M.s
Reaktion beobachtete. Hätte es Enttäuschung auf ihrem Gesicht bemerkt, wäre es mühelos zu einem anderen Buchstaben übergegangen.
War dagegen die Reaktion ermutigend (wie in diesem Fall), machte
das Medium weiter. Louis ist in Frankreich ein sehr häufiger Name;
daß das Medium diesen Namen nannte, nachdem es mit dem An-

fangsbuchstaben „L" Zustimmung fand, ließ sich logischerweise erwarten. Die richtige Behauptung, daß Louis Frau M.s Sohn sei, kann erfolgreiches Raten gewesen sein (es gab nicht allzu viele Möglichkeiten: Sohn, Ehemann, Bruder – und das Verhalten der Mutter lieferte vielleicht zusätzliche Hinweise).

Die Behauptung über den Tod des Sohnes sieht überzeugender aus. Der tragischen Art seines Sterbens schien sich das Medium ziemlich sicher zu sein. (Leider erkannte es den Tod durch Blitzschlag nicht präzise.) Aber hier lag nahe, daß der Sohn plötzlich gestorben war. Der Fall trug sich kurz nach dem Ersten Weltkrieg zu, und das Medium konnte logischerweise damit rechnen, daß der junge Mann nicht durch Krankheit, sondern plötzlich, durch äußere Einwirkung, den Tod gefunden hatte. Tod durch Blitzschlag paßte zufällig auf die gegebene Schilderung.

Wir möchten auch festhalten, daß damals (im Nachkriegseuropa) viele Familien männliche Angehörige verloren hatten. Wenn das Medium betrügen wollte, konnte es sehr wohl darauf bauen, daß der junge Mann unversehens gestorben war. Entweder stimmte dies, und der Treffer wurde dem Medium positiv angerechnet, oder es stimmte nicht, und in dem Falle machte es die allgemeine Atmosphäre dem Medium leicht, zu einem anderen Thema überzuwechseln, ohne Verdacht zu erregen. (Heute geht, vergleichsweise, ein Medium in einer wohlhabenden Gesellschaft kein großes Risiko ein, wenn es ein populäres Thema anschneidet und einem unbekannten Besucher zum Beispiel sagt, er habe aufgehört zu rauchen oder – bei einer Frau – sie müsse auf ihr Gewicht achten und halte Diät. Oder auch, sie hätten vor kurzem ihr Haustierchen verloren; nur bei wenigen trifft dies nicht zu.)

Unsere Schlußfolgerung lautet deshalb, daß die Behauptungen des Mediums, obwohl sie richtig waren, in keiner Weise verblüffend sind. Die Aussagen des Mediums gingen nicht wesentlich über das hinaus, was man durch scharfe Beobachtung oder glückliches Raten erreichen kann.

Etwas eingehendere Informationen lieferte das Medium in dem (ebenfalls kurz nach dem Ersten Weltkrieg berichteten) Fall von Herrn A. de Gramont, der Frau Briffaut unter falschem Namen aufsuchte. Sie sagte ihm, er habe seinen Sohn im Krieg verloren. Dies konnte man erwarten; doch das Medium fuhr fort: „Er starb an einer

Kopfwunde. Er stürzte aus großer Höhe ab. Er war Pilot. Ich sehe seinen Namen, S . . . mont." (Alles stimmte. Sein Name lautete Sanche de Gramont.)

Phänomene dieser Art beschränken sich keineswegs auf spiritistische Sitzungen. Verschiedene Hellseher oder Sensitive, die nie behaupteten, irgendeine Verbindung mit „Geistern" zu haben, vermögen dieselben oder sogar bessere Resultate zu erzielen. Auch hier wollen wir als typische Beispiele, stellvertretend für viele andere, einige Beobachtungen anführen, und zwar mit dem deutschen Sensitiven Ludwig Aub und dem polnischen Hellseher Stephan Ossowiecki.

Herr K., ein Medizinstudent, kam zu Aub und stellte sich mit falschem Namen und falscher Berufsangabe vor. Der Sensitive sagte ihm sofort: „Sie studieren Medizin, Sie sind besonders an Psychologie und Okkultismus interessiert, Sie haben ein ausgeprägtes Gefühl für Musik . . ." (er faßte sich theatralisch an die Schläfen), „ . . . Sie lieben Mozart ganz besonders. Ihr Vater war auch Arzt, Ihr Großvater war Arzt im Regierungsdienst in Stettin." Sämtliche Behauptungen trafen zu.

Einem anderen Besucher, Dr. O., sagte Aub richtig: „Ihr Vater war ziemlich klein und hatte eine Neigung zur Philosophie. Ihre Mutter spricht gut deutsch, aber sie ist nicht deutscher Geburt. Es ist da etwas Süddeutsches oder Österreichisches, sie ist Engländerin, wuchs aber vermutlich in Österreich auf. Sie sind erst seit kurzem verheiratet. Ihre Frau ist im Rheinland geboren. Sie übt einen künstlerischen Beruf aus, der sie völlig befriedigt. Als Student fielen Sie in zwei Physikexamen durch, aber im Abschlußexamen schnitten Sie gut ab."

Dr. S. gegenüber machte er folgende zutreffende Aussage: „Ich sehe ein großes Gemälde in Ihrer Wohnung, in Öl, aus der Zeit von Albrecht Dürer, in herrlichen Farben. Sie sind stolz darauf, es ist das kostbarste Stück in Ihrem Besitz." (Es war ein venezianisches Ölgemälde aus dem 16. Jahrhundert.)

Auch hier sind nicht alle Behauptungen gleich überzeugend. Herr K. kann trotz seiner falschen Berufsangabe wie ein Student ausgesehen haben. Hätte er sich nicht für Psychologie oder Okkultismus oder beides interessiert, wäre er vermutlich nicht zu dem Sensitiven ge-

kommen. Einige weitere Aussagen des Hellsehers ließen sich an-
greifen. Wir können immer vermuten, daß Eigentümlichkeiten im
Aussehen, in der Sprache oder dem Verhalten des Besuchers (die im
Bericht nicht erwähnt sind und deren sich der Besucher nicht bewußt
ist) für einen geschickten Hellseher zur Richtschnur werden – wenn
er scharf zu beobachten versteht, praktische Menschenkenntnis hat
und jemanden hereinlegen will. Dr. O. hat vielleicht mit einem Akzent
gesprochen. Außerdem enthält der Bericht nichts darüber, wie viele
Behauptungen des Sensitiven falsch waren. (Glaubt die Person, die
den Bericht schreibt, an die ungewöhnliche Fähigkeit des Sensitiven,
neigt sie ganz natürlicherweise dazu, Fehler auszulassen, da diese für
sie und die Leser „weniger interessant" sind.)

Wie wir bereits erkannten, besteht jede Bewertung der Behauptungen von Medien und Sensitiven im wesentlichen darin, Behauptungen aufzuspüren, die detaillierte und richtige Informationen über
ein unerwartetes und ungewöhnliches Ereignis enthalten, von welchem
der Sensitive auf normalem Weg unmöglich erfahren haben kann.
Die folgenden Fälle mit Stephan Ossowiecki kommen – obwohl sie
ebenfalls noch Mängel aufweisen – dieser Kategorie etwas näher.

Ossowiecki saß einmal in seinem Arbeitszimmer in Warschau, als
sich ihm plötzlich die Vision aufdrängte, daß in der Weichsel mehrere
Menschen ertränken. Gleichzeitig hatte er den Eindruck, er sehe ein
Ereignis, das sich in naher Zukunft abspielen werde. Er beschloß,
den Versuch zu unternehmen, diesen Unfall zu verhindern. Rasch lief
er aus dem Haus, und da er ziemlich weit vom Fluß entfernt wohnte,
nahm er einen Pferdewagen. Als er in höchster Eile am Fluß an-
langte, ertrank dort niemand; nur eine Gruppe Soldaten badete und
schwamm fröhlich am jenseitigen Ufer. Ossowiecki sprang in ein
Boot, das in der Nähe festgemacht war, und verlangte, ans andere
Ufer übergesetzt zu werden. Bevor sie die Flußmitte erreichten, gerieten einige der Soldaten in Schwierigkeiten. Ossowiecki hatte Zeit,
hinzurudern und drei Männer in sein Boot zu ziehen. Der vierte
Soldat jedoch ertrank.

Herr und Frau L. ersuchten Ossowiecki um Informationen über
ihre beiden Söhne, die in Rußland verschollen waren; seit einigen
Jahren hatten sie kein Lebenszeichen mehr gegeben. Herr und Frau
L. reichten Ossowiecki Mützen und Kleider der beiden, was für nützlich bei der Herstellung des Kontakts mit den Söhnen gehalten

wurde. Nachdem er die Gegenstände einige Augenblicke in Händen gehalten hatte, sagte Ossowiecki, er sehe die Söhne. Er beschrieb den Tod des älteren Sohnes durch Typhus und erklärte, der jüngere sei auf dem Rückweg nach Polen. Er nannte eine ganze Reihe Einzelheiten über die Reise des Sohnes und kündigte an, der junge Mann werde in etwa zwei Monaten eintreffen. Der Sohn kam wirklich zwei Monate später heim und bestätigte die Einzelheiten seiner Reise sowie die Umstände, unter denen sein Bruder an Typhus gestorben war.

Im folgenden Experiment kam keine bestimmte Information zutage, aber es gelang Ossowiecki offensichtlich, einen Mann aus der Ferne ohne jede sensorische Kommunikation zu beeinflussen. Ossowiecki weilte mit einer Gruppe von Freunden zu einem gemütlichen Beisammensein bei Herrn und Frau Mayer in Warschau. Sie wußten, daß der mit ihnen befreundete Pianist Orlow am selben Abend in einem anderen Haus zu Gast war. Man beschloß, ein Experiment zu machen: Ossowiecki würde durch geistige Konzentration versuchen, Orlow in das Haus der Mayers zu rufen. Es wurde vereinbart, das Experiment sei als gelungen zu betrachten, wenn Orlow innerhalb von acht Minuten erscheine. Einer der Herren hielt die Zeit fest, Ossowiecki konzentrierte sich auf Orlow und schilderte seine Visionen. Er sagte, er sehe Orlow das Haus verlassen, wo er zu Besuch gewesen sei, und zu seinem Wagen gehen. In diesem Augenblick, so erklärte er, habe er geistigen Kontakt mit Orlow aufgenommen und ihm geistig den Befehl gegeben, zu den Mayers zu kommen. Ossowiecki führte weiter aus, Orlow sei müde und habe ursprünglich nach Hause gehen wollen, jedoch seine Absicht geändert und sich auf den Weg zu den Mayers gemacht. Als sich die Achtminutenfrist dem Ende näherte und Ossowiecki den Versammelten versicherte, der Pianist komme wirklich, gingen alle zur Eingangstür – und da erschien Orlow in größter Eile, fast im Laufschritt. Er sagte, er habe seinen vorhergehenden Gastgeber sehr müde verlassen und nach Hause fahren wollen, doch dann sei etwas Unerklärliches geschehen: er habe das Gefühl gehabt, als ziehe ihn irgendeine Kraft zum Haus der Mayers. Nun, da er hier war, ließ die Spannung nach, und er fühlte sich vollkommen wohl.

Dieser interessante Fall, der in Ossowieckis Autobiographie „Die Welt meines Geistes" (Übersetzung des polnischen Titels) beschrieben ist, erweist sich als sehr lehrreich für uns. Auch er zeigt, wie wichtig es ist, alle sachdienlichen Fakten so vollständig wie möglich zu berichten. Ein unvollständiger Bericht kann die wirkliche Bedeutung des Ereignisses verzerren. Oft läßt er den Fall dramatischer und wichtiger erscheinen, als dieser in Wirklichkeit war.

Aus der Schilderung des obigen Falles wird ersichtlich, daß die Gäste der Mayers genau wußten, um welche Zeit Orlow seine anderen Gastgeber verlassen wollte. Offenbar beschlossen sie, ihn nach seinem Weggang zu den Mayers kommen zu lassen. Doch das wird in dem Bericht nicht erwähnt. Der Bericht läßt die Auslegung zu, der Pianist sei mitten aus einer angenehmen Unterhaltung abberufen worden oder habe wichtige Verpflichtungen plötzlich abbrechen müssen. Tatsächlich machte er nur auf der Heimfahrt einen kleinen Umweg. Er wußte zweifellos, wo das Haus der Mayers stand. (Auch dies wurde in dem Bericht nicht erwähnt, wodurch der Eindruck entstehen kann, er sei an einen unbekannten Ort gefahren.) Er wußte vielleicht auch, daß sich einige seiner Freunde bei den Mayers trafen – genau wie diese von seiner Einladung wußten –, und es ist sehr gut möglich, daß er einfach beschloß, zu ihnen zu stoßen. Übrigens können beide Häuser nicht sehr weit voneinander entfernt gewesen sein, wenn es ihm möglich war, in acht Minuten von einem zum anderen zu gelangen. Als nächstes erhebt sich die Frage, wie außergewöhnlich es war, daß Orlow beim Ehepaar Mayer erschien. Vielleicht schaute er oft unangemeldet bei ihnen hinein, wenn er sich in der Nähe befand. In diesem Fall wäre sein Besuch alles andere als ungewöhnlich. Schließlich möchte ein skeptischer Beobachter auch noch wissen, wer von den Versammelten vorgeschlagen hat, Ossowiecki solle versuchen, Orlow herbeizurufen. (Wußte der Betreffende vielleicht, daß Orlow ohnehin kommen wollte?)

Legen das Medium oder der Hellseher das Thema für ihre Aussagen selbst fest, dürfen wir immer argwöhnen, daß etwas nicht stimmt. Deshalb schätzen wir Fälle, wo der Hellseher in einer Experimentalsituation unter genauer Kontrolle und als Reaktion auf ein Ersuchen seitens des Experimentators richtige und detaillierte Informationen liefert. Diese Bedingungen waren in den folgenden beiden Versuchen erfüllt, in welchen Ossowiecki aufgefordert wurde, zu lesen, was die Experimentatoren auf ein versiegeltes Stück Papier geschrieben hatten. Ossowiecki stand unter genauester Kontrolle, eine Manipulation mit dem Papier war völlig unmöglich (siehe Seite 18).

Der Experimentator schrieb in Ossowieckis Abwesenheit folgenden Satz auf ein Blatt Papier: „Das Meer ist nie größer, als wenn es ruhig ist. Seine Zornesausbrüche machen es kleiner." Das Blatt wurde gefaltet und in einen undurchsichtigen Umschlag gesteckt, den man versiegelte und Ossowiecki reichte. Er hielt ihn etwa zehn Minuten in der Hand, konzentrierte sich und sagte dann. „Ich sehe überall viel Wasser. So viel Wasser. Es ist das Meer. Sie möchten dem Meer einen Gedanken aufzwingen – einen Gedanken, den ich nicht richtig sehe. Das Meer ist groß, so daß zusätzlich zu seinen Bewegungen . . . Nein, ich sehe nichts weiter."

Während der obige Fall offenbar Telepathie war (der Experimentator wußte, was auf dem Papier stand), handelte es sich bei folgendem ähnlichen Fall vermutlich um Hellsehen. Der berühmte französische Physiologe und Parapsychologe Charles Richet schrieb einmal auf einen Bogen Papier das Zitat: „La vie nous semble belle, parce que nous la savons éphémêre! Sarah Bernhardt." (Das Leben erscheint uns schön, weil wir wissen, daß es vergänglich ist! Sarah Bernhardt.) Das Papier wurde gefaltet und in einen undurchsichtigen Umschlag gesteckt. Ossowiecki erklärte: „La vie semble humble (armselig) – weil es Haß gibt – nicht ‚Haß', sondern ein französisches Wort, das ich nicht verstehe und das acht Buchstaben hat. Ein Rufzeichen steht da und die Unterschrift Sarah Bernhardt."

Die obigen Fälle sind nur einige wenige Beispiele und stehen stellvertretend für zahllose Berichte, die darauf hindeuten, daß der Mensch eine Art neuen Sinn besitzt: eine neue Wahrnehmungsfähigkeit, welche außerhalb der normalen Sinneskanäle arbeitet. Damit ist nicht unbedingt eine vollkommene, universale Fähigkeit gemeint, die sich in Verbreitung und Wirksamkeit mit anderen Sinnen vergleichen läßt. Die obigen Beobachtungen weisen vielmehr auf eine unvollkommene Fähigkeit hin, die nur wenige Menschen in erkennbarem Maß besitzen und die auch nicht stabil ist. Selbst jene, die mehr davon zu haben scheinen als andere Menschen, vermögen sie nicht immer zu kontrollieren. Das Vorhandensein richtiger Bedingungen ist notwendig (aber es gibt keine präzisen Angaben darüber, welches diese Bedingungen sind). Wir bezeichnen die unbekannte

Fähigkeit als außersinnliche Wahrnehmung (ASW), um ihren außersinnlichen und ihren wahrnehmenden Charakter aufzuzeigen.

Wir hielten es für angebracht, zwischen zwei Formen von ASW zu unterscheiden: *Hellsehen*, wenn die ASW dazu eingesetzt wird, Informationen über objektive Dinge und Geschehnisse (Inhalt von undurchsichtigen Behältern, weit entfernte Szenen usw.) zu erhalten, und *Telepathie*, wenn mittels der ASW Informationen über subjektive Geistesprozesse (Gedanken, Emotionen usw.) erlangt werden sollen.

Berichte wie die obenstehenden sind sehr häufig. Vermutlich jeder hat in seinem Leben ein solches Erlebnis selbst gehabt oder zumindest von Freunden darüber gehört. Doch leider scheint die dabei ins Spiel tretende Fähigkeit so unvollkommen zu sein, daß man sie in ihrem alltäglichen Auftreten nur schwer ausmachen kann. Wir sahen, daß *jeder einzelne Fall, für sich genommen, nicht ganz überzeugend* ist. Immer kann man einen Einwand erheben: unvollkommene Berichterstattung, ungenaue Ergebnisse, unbefriedigende Bedingungen, die Möglichkeit von Zufallstreffern. Nur wenn wir die Berichte in ihrer Gesamtheit betrachten, veranlassen sie zwangsläufig zu Fragen, die beantwortet werden müssen. Solche Dinge geschehen viel zu oft, als daß sie unbemerkt bleiben könnten. Und sie gleichen einander in einem Maße, daß ein typisches Muster verwandter Regelmäßigkeiten sichtbar wird.

Die oben angeführten Fälle wurden offensichtlich alle ehrlich berichtet, in *gutgläubiger* Absicht. Doch wir konnten feststellen, daß sogar solche Fälle bei der Bewertung große Schwierigkeiten bereiten. Probleme entstehen aus der Glaubwürdigkeit der Zeugen (selbst bei ehrlichen Berichterstattern), Gedächtnislücken, dem Übersehen wichtiger Einzelheiten, unvollständigen Berichten, der Gefahr von Leichtgläubigkeit und Übertreibung, Schwierigkeiten beim Ausmerzen aller sinnlichen Wahrnehmung und Einschaltungen des Verstandes sowie schließlich aus der Frage, wie man die mögliche Rolle des Zufalls beurteilen soll. Zusätzlich zu alldem besteht noch die Möglichkeit, daß einige (oder vielleicht viele) dieser Berichte auf dem Irrtum von Menschen beruhen, die aufrichtig überzeugt sind, eine seltsame Fähigkeit zu besitzen, sich jedoch mangels Erfahrung oder Kritik Selbsttäuschungen hingeben.

Noch vergrößert werden unsere Schwierigkeiten dadurch, daß nicht alle Menschen sich mit löblichen Absichten auf unser Gebiet begeben. (Wie gut haben es Physiker oder Chemiker, denn sie untersuchen leblose Materie, die nicht betrügen kann!) Es gibt zahlreiche Individuen, die ganz bewußt und ohne jede Scham Fähigkeiten vortäuschen, über die sie nicht verfügen. Ich spreche hier von den Wahrsagern, Handlesern, Kartenlegern, geistigen Beratern usw. – oft sind sie sehr populär und werden allgemein empfohlen –, die behaupten, ASW zu haben, deren einzige außergewöhnliche Fähigkeit jedoch darin besteht, ihren gutgläubigen Kunden voll Geschick hohe Honorare abzuknöpfen.

Die Hellseherin Frau Z., die ich als junger Student aufsuchte, gehört zu dieser Kategorie von Betrügern. Dennoch brachte sie es fertig, mich zu beeindrucken – zumindest eine Zeitlang. Ich war ungefähr neunzehn und studierte an der Prager Universität Chemie, interessierte mich aber bereits sehr für Hypnose, ASW und verwandte Dinge. Ich strebte nach praktischer Erfahrung auf diesem Gebiet.

Frau Z. wohnte in einem alten, schäbigen Mietshaus am Rande Prags. Ich mußte sie in aller Heimlichkeit aufsuchen, da das Praktizieren von Hellsehen in der Tschechoslowakei damals verboten war. Ich hatte eine Empfehlung von einem guten Freund. Als ich durch das muffige, gewundene Treppenhaus hinaufstieg und in der Ecke eines dunklen Gangs an ihre Tür klopfte, war ich sowohl wegen der mysteriösen Kräfte erregt, die ich herbeirufen würde, als auch wegen des Verstoßes gegen das Gesetz.

Die Tür ging auf, ich flüsterte den Namen meines Freundes als Losung, Frau Z. bat mich hinein und drängte sofort voller Aufrichtigkeit: „Sagen Sie mir nichts über sich! Ich will nichts hören. Meine übersinnlichen Kräfte sagen mir alles. Ich habe bereits mit Ihren Vibrationen Kontakt aufgenommen."

Ich wußte damals bereits einiges über wissenschaftliche Methodologie und Logik, kannte den Wert klarer Ausdrücke für richtiges Denken und empfand instinktiv Abneigung gegen das Wort „Vibrationen". Meiner Meinung nach war es ein protziges Wort, das in diesem Zusammenhang keinerlei Bedeutung besaß. Waren mein Charakter, meine Vergangenheit und meine Zukunft in irgendwelchen mysteriösen „Vibrationen" verborgen? Was für Vibrationen? Würde sie ein erhebendes Gefühl beim Anblick eines schönen Gemäldes auch als „Vibrationen" bezeichnen? Oder den bedrückenden, muffigen Geruch in ihrem Treppenhaus? Später fand ich heraus, daß das Wort „Vibrationen" von Hellsehern und Medien in allen Ländern häufig verwendet wird, und ich wurde regelrecht allergisch gegen diesen fachmännisch klingenden, aber nichtssagenden Ausdruck. Wenn ich etwas hasse, dann „Vibrationen". Seinerzeit jedoch überwand ich meine erste Abneigung. Worte waren unwichtig, mir ging es um Fakten.

Wir setzten uns, und Frau Z. ergriff die Initiative: „Sie möchten etwas von mir wissen." (Natürlich wollte ich das!) – „Sagen Sie mir jetzt nur die Frage, die Sie stellen möchten." Ich hatte ein großes Problem, das damals für mich lebenswichtig war. Eine einzige Frage quälte mich mehr als alles andere. Ich stieß hervor: „Ich arbeite an einem Experiment, wissen Sie. Wird es erfolgreich sein?"

Nun war Frau Z. an der Reihe. Sie begann langsam, beschleunigte ihr Tempo schrittweise und sprudelte die letzten Sätze so schnell hervor, daß ich dem Wortschwall kaum folgen konnte: „Sie sind Student – Sie studieren Chemie – Sie interessieren sich seit vielen Jahren schon dafür, Ihr Interesse setzte ziemlich früh ein, schon in der Realschule, Sie wollten auf die Universität, wollten immer mehr wissen, Sie haben zu Hause einige Experimente gemacht, aber Ihre Eltern wollten nicht, daß Sie diese Experimente zu Hause machen, es hätte eine Explosion geben oder gefährlich sein können. Ich sehe Sie viele Bücher lesen – – ja, Ihr Experiment wird erfolgreich sein. Natürlich wird es nicht leicht sein. Sie müssen es beharrlich versuchen. Es können einige Hindernisse auftreten, die müssen Sie überwinden. Wenn Sie aufgeben, könnte das schlecht sein. Aber Sie werden erfolgreich sein, Ihr Experiment ist ein Erfolg. Vielleicht wird das bald sein, aber vielleicht wird es noch einige Zeit dauern und noch einige Mühe kosten. Doch in den Vibrationen, die ich von Ihnen bekomme, ist Erfolg."

Sie sagte noch mehr, und ich war erstaunt. Alle ihre Äußerungen über mich stimmten völlig. Sie klang überzeugend, selbstsicher. Ich wußte genau, mein Freund hatte ihr nichts über mich erzählt. Und ich selbst hatte keine Zeit dazu gehabt. Der Schluß ihrer Rede klang beruhigend. Natürlich würde ich nicht aufgeben! Ich würde die Hindernisse überwinden!

Mir war unerklärlich, wie Frau Z. von meinem Studiengebiet und den Einzelheiten aus meiner Vergangenheit erfahren haben konnte. Ich fragte sie atemlos: „Woher wissen Sie soviel über mich?" Frau Z. sah mich mit erhabener Überlegenheit an: „Wissen Sie, meine Gabe. Es ist diese übersinnliche Kraft. Es ist wichtig, die richtigen Vibrationen zu erhalten."

Ich verließ sie in tiefster Verwunderung. Während ich die Straße entlangging, dachte ich über das Erlebnis nach. Plötzlich, blitzartig, kam mir die Erkenntnis: Meine Frage! Ich hatte sie gefragt, wie mein Experiment ausgehen würde. Kein Wunder, daß meine Erwähnung des Experiments sie auf den Gedanken brachte, ich sei Chemiker. Als ich meinen Besuch bei ihr nun in der Retrospektive betrachtete, klang ihre erste Behauptung nicht mehr so selbstsicher wie direkt aus ihrem Mund. Sie hatte offensichtlich geraten, und als sie in der kurzen Pause, die sie machte, die Bestätigung erhielt (vielleicht hatte ich genickt), konnte sie ungefährdet fortfahren. Ihre Äußerungen trafen auf jeden Chemiker zu. Nachdem sie die Chemie bestätigt bekommen hatte, konnte sie das übrige als gegeben voraussetzen: mein frühes Interesse, die Experimente, die ich als Junge in Mutters Küche und im Keller machte, unangenehme Gerüche und Rauch, womit ich meine Eltern von Zeit zu Zeit ärgerte, und sogar eine Explosion in unserem Keller. Frau Z. sprach in vorsichtigen, allgemeinen Worten, doch meine erregte Phantasie ließ ihre Rede richtig und äußerst charakteristisch klingen. Und sie erfrechte sich zu sagen, sie habe es von meinen Vibrationen!

Die Geschichte hatte einen Höhepunkt, der sie zu einer regelrechten Komödie machte: Frau Z. sprach die ganze Zeit über Chemie. Ich war Chemiker, so weit, so gut. Aber als ich meine Frage stellte, dachte ich *nicht* an ein chemisches Experiment. Was ich plante, war eine spezielle Untersuchung auf dem Gebiet der Hypnose, das der Chemie so fern steht wie nur irgend etwas. Frau Z. hatte den wichtigsten Punkt nicht erkannt! Meine Schlußfolgerung wurde zum Urteil: Sie hatte mir überhaupt nichts Ungewöhnliches gesagt, doch so getan, als sei dies der Fall, und ihr Honorar kassiert. Sie war eine Betrügerin ... Meine Behexung verflog.

Frau Z.s Darbietung ist ein Beispiel dafür, wie ein geschickter Hellseher seinen Besucher beeindrucken kann, ohne auch nur die geringste ASW erkennen zu lassen. Der Scharlatan scheitert selten, wenn er sich an folgendes Verfahren hält: Er überrascht seinen Besucher am Anfang mit irgendeiner richtigen, detaillierteren Behauptung (die gewöhnlich so allgemein gehalten ist, daß sie auf die Mehrheit der Menschen zutrifft); dann fährt er mit ein paar Banalitäten fort (die ihm Zeit verschaffen, den Besucher zu taxieren und aus den Reaktionen des Besuchers mehr über diesen zu erfahren); schließlich läßt er die Darbietung darin gipfeln, daß er ein paar typische Hinweise gibt (in denen die Informationen, die er zuvor vom Besucher erhielt, in geziemend veränderter Form an diesen zurückgehen).

Während er die Reaktionen des Besuchers scharf beobachtet, schneidet er seine nächsten Behauptungen maßgerecht für ihn zu. Unbestimmte Behauptungen, voll Beredsamkeit vorgebracht (was dem Besucher unmöglich macht, alles Gesagte aufzunehmen), in populäre Wendungen gekleidet und mit hochmütiger Mysteriösität umgeben, erzeugen den Eindruck von Kenntnisreichtum. Protzige Werbung und glaubhafte Referenzen tragen dazu bei, das Bild eines hellsehenden Wundermenschen entstehen zu lassen.

Der Ruhm eines Hellsehers wächst dank eines Gesetzes, das ihn zwangsläufig wachsen läßt, unabhängig von der Qualität der Leistungen. Es ist ein absurdes Gesetz, doch es funktioniert. Wir könnten es als „Gesetz des akkumulierten Erfolges" oder „Gesetz der vergessenen Fehlschläge" bezeichnen.

Erfüllt sich die Vorhersage, die Ihnen ein Hellseher machte, erzählen Sie es Ihren Freunden. Natürlich handelte es sich um ein interessantes Erlebnis, das Erwähnung verdient. Geht dagegen die Vorhersage nicht in Erfüllung, brennen Sie kaum darauf, sie irgendwo zu erwähnen. Der Fehlschlag ist entschieden weniger interessant und angenehm als der Erfolg. Und sie schämen sich vielleicht sogar ein bißchen, weil Sie Ihre Zeit bei dem betrügerischen Hellseher vergeudet und ihm vertraut haben. Es ist, als würde man sagen: „Ja, ich habe es versucht, aber ich bin gescheitert." Etwas ganz anderes ist es, wenn man sagen kann: „Ja, ich habe es versucht, und sehen Sie sich das phantastische Ergebnis an!" Die Menschen hören somit durch natürliche Auslese nur die positiven Fälle und erfahren nie von den vielen negativen Resultaten. Kennen Sie eine Wahrsagerin, die ihre Fehlschläge aufzählt? Sie spricht immer nur von ihren Erfolgen.

Man hört Geschichten von berühmten Hellsehern oder Hellseherinnen, die fast im Rufe der Unfehlbarkeit stehen. Einige sollen wichtige politische Ereignisse (gewöhnlich die dramatischsten – das macht die Geschichte aufregender) richtig vorhergesagt haben, andere kündigten Naturkatastrophen an, wieder andere halfen bei der Aufklärung mysteriöser Verbrechen (oder wußten zumindest „im voraus", wie das Verbrechen begangen wurde). Solche berühmte Voraussagen haben den schwachen Punkt gemeinsam, daß sie erst nach ihrer Erfüllung veröffentlicht werden. Wir lesen erstaunliche Berichte über das, was vorhergesagt wurde, doch gewöhnlich immer erst, nachdem das „vorhergesagte" Ereignis eingetreten ist.

Es geschieht nur selten, daß diese Wundermenschen genauere öffentliche Voraussagen machen, aber wenn sie es wagen, haben sie gewöhnlich unrecht. Ich vernahm dramatische veröffentlichte Weissagungen wie etwa: der Präsident der Vereinigten Staaten würde in einem bestimmten Jahr ermordet (er wurde es nicht), Russen beträten als erste Menschen den Mond (sie taten es nicht), Kalifornien würde durch ein verheerendes Erdbeben verwüstet. Man nannte mir sogar das genaue Datum der drohenden Katastrophe und das Gebiet, das zerstört werden sollte, damit ich rechtzeitig abreisen könne, wenn ich wolle. (In dem kritischen Jahr traten in Kalifornien tatsächlich einige kleinere Erdbeben auf – womit man immer rechnen durfte –, doch zu wirklich schweren Erdbeben kam es ganz woanders: in der Türkei und in Äthiopien; außerdem ereigneten sich auf der ganzen Welt Überschwemmungen und Tornados, die weit mehr Opfer forderten als die Beben, doch in den Prophezeiungen nicht erwähnt worden waren.) Falsche Vorhersagen werden bald vergessen und nie mehr erwähnt.

Die Prophezeiungen eines Erdbebens in Kalifornien für 1969 sind ein gutes Beispiel. Das Thema war 1968/69 äußerst populär, und viele Hellseher erklärten übereinstimmend, eine verheerende Katastrophe drohe. Hätte sich damals in Kalifornien ein größeres Beben ereignet, wäre dies die beste je öffentlich gemachte Vorhersage geworden. Doch kein Erdbeben, keine Publicity. Das Thema geriet mittlerweile in Vergessenheit.

Um eine erfolgreiche Vorhersage wirklich zuverlässig zu belegen, müßte man sie im voraus in allen Einzelheiten aufschreiben und von einem verläßlichen Zeugen bestätigen lassen oder, besser noch, veröffentlichen. Dann müßte man das Ereignis, wie es sich abspielte, mit dem Wortlaut der Vorhersage vergleichen, um sicherzustellen, daß nichts hinzugefügt oder verändert wurde, nachdem sich das Ereignis zutrug. Um die voreingenommene Auswahl erfolgreicher Fälle auszuschalten, müssen wir auch darauf bestehen, daß das vorhergesagte Ereignis, wenn es wirklich eintrat, mit dem genauen Wortlaut *aller* Prophezeiungen verglichen wird, die der Hellseher ja zu diesem Thema machte. Wir müssen immer alle erfolgreichen und nicht erfolgreichen Ergebnisse in Betracht ziehen.

Es gibt natürlich auch Vorhersagen, bei denen keine ASW im Spiel ist und die sich dennoch erfüllen. Der Erfolg kann auf verschiedenen Faktoren beruhen:

1. Einige Vorhersagen erfüllen sich zumindest teilweise, gleichgültig, wie eine Sache ausgeht. Wenn Ihnen die Hellseherin „Erfolg mit Hindernissen und Schwierigkeiten" voraussagt und Sie haben Erfolg – nun, sie hat es ja prophezeit. Haben Sie keinen Erfolg – so hat sie auch das vorhergesagt: sprach sie nicht von Hindernissen und Schwierigkeiten?

2. Einige Ereignisse können einfach erraten werden. Je vager und allgemeiner die Vorhersage ist, desto eher erfüllt sie sich.

3. Viele Ereignisse (wie politische oder wirtschaftliche) lassen sich auf der Basis guten Wissens über die augenblickliche Situation und durch Einschätzung der wahrscheinlichsten künftigen Tendenzen vorhersagen.

4. Auch viele persönliche Prophezeiungen können eintreffen, wenn sie auf scharfer Beobachtung des Besuchers beruhen. Praktische Menschenkenntnis hilft einer Wahrsagerin viel. Hat sie ein junges Mädchen vor sich, das an Liebe und Heirat interessiert ist, wird sie ihm viel eher eine glückliche Ehe prophezeien als Erfolg im Studium; sie wird einem Farmer kaum eine Beförderung vorhersagen und einer Sekretärin kaum eine gute Ernte. Eine mütterlich aussehende alte Frau kann eher eine Vorhersage über Glück mit Enkelkindern erwarten als eine über Erfolg in einem geschäftlichen Abenteuer.

5. Einige scheinbar erfolgreiche Voraussagen werden durch Mißdeutung nachträglich konstruiert. Die Vorhersage von einem „Geldbetrag, der in Bälde eingeht" ist ziemlich populär. Sie gefällt dem Besucher und erfüllt sich mit ziemlicher Wahrscheinlichkeit bei jedermann. Es muß damit nicht unbedingt eine große Erbschaft oder ein

hoher Lotteriegewinn gemeint sein, sondern es kann sich auch nur um den Gehaltsscheck, eine Rückzahlung, ein kleines Geschenk, einen gefundenen Geldschein, einen günstigen Verkauf, Rabatt bei einem Kauf, Gehaltserhöhung, eine höher dotierte Stellung usw. handeln. Wenn Sie nach einer Erfüllung suchen, werden Sie mühelos eine finden.

6. Manche Prophezeiungen erfüllen sich durch Selbstverwirklichung. Wenn Ihnen ein Hellseher Erfolg weissagt, regt er Sie zu gesteigerten Anstrengungen an, erfüllt Sie mit Selbstvertrauen und größerer Gemütsruhe, so daß Sie leichter durch Ihre eigenen Bemühungen Erfolg erzielen.

Eine Vorhersage kann gelegentlich eine psychologisch wohltuende (oder je nach dem Fall schädliche) Wirkung haben. Ich erinnere mich an eine wohltuende Wirkung, die ich als Student erlebte. Ich schwamm gern lange Strecken. Eines Tages schwamm ich über einen ziemlich großen See. Ich blieb lange in der Seemitte, lag auf dem Wasser und genoß das Gefühl der Einsamkeit. Plötzlich kam scharfer Wind auf, die Wellen wurden höher, und ich ermüdete. Da das Ufer zu beiden Seiten sehr weit weg war, beschlich mich die Angst, ich würde bei dem Wind nicht ans Land kommen. Panik packte mich, und ich drohte unterzugehen. In diesem Moment fiel mir mein Besuch bei der Hellseherin Frau B. ein (ich werde später noch auf diesen meinen Besuch zurückkommen). Ich war vor kurzem bei ihr gewesen, und sie hatte mir Voraussagen für eine spätere Zeit gemacht. Damit hatte sie ja zum Ausdruck gebracht, daß ich noch länger leben würde. Ich beruhigte mich, begann kräftesparender zu schwimmen und erreichte das Ufer verhältnismäßig leicht.

Viele Fälle der richtigen Voraussage künftiger Ereignisse können, wie wir sahen, als reine Erfindung, als rationale Folgerung oder als selbstverwirklichend bezeichnet werden. Keine dieser Kategorien interessiert uns hier. Gelegentlich begegnet uns jedoch auch die wirkliche Fähigkeit, Informationen über künftige Ereignisse auf irgendeinem außersinnlichen, nicht rationalen Wege zu erlangen. Hierbei handelt es sich um *Präkognition,* die seltsamste ASW-Form und die am schwersten erklärliche, denn sie stößt unsere herkömmliche Vorstellung von Zeit und Kausalität um.

Wenn wir uns bewußt geworden sind, welche Mühe das Suchen kleiner Stückchen Wahrheit unter den Phantasien ehrlicher, doch irregeleiteter Menschen und den Tricks schamloser Betrüger bereitet, drängt sich uns eine Frage auf: Ist es überhaupt möglich, zuverlässig herauszufinden, ob ein Hellseher eine echte ASW-Fähigkeit besitzt?

Es ist schwierig, aber glücklicherweise haben wir einige Richtlinien:

1. Trauen Sie keiner Prahlerei über vergangene Leistungen; Sie sind nicht an dem interessiert, was eine Hellseherin in der Vergangenheit für unbekannte Menschen tat; Sie interessieren sich für das, was die Frau für Sie tut. Geschichten wie: „Letztes Jahr sagte ich Botschafter X . . ., und Professor Y bestätigte" sind ausgewählte Fälle übertriebener erstklassiger Erfolge und sollen Sie beeindrucken. Kein Hellseher wird Ihnen je die Fälle nennen, in denen er versagte.

2. Trauen Sie eindrucksvollen, vielversprechenden Worten in aufsehenerregenden Anzeigen nicht.

3. Trauen Sie Hellsehern nicht, die bei Anzeichen von Mißtrauen Ihrerseits beleidigt sind und sich gegen vernünftige Kontrollen wehren, durch die Betrug verhindert werden soll. Sie sollten sich voll und ganz davon überzeugen, daß der Hellseher nicht insgeheim seine Sinne einsetzt und nicht aus seinem Wissen oder aus Zeichen, die Sie ihm unwillkürlich geben, erraten kann, was er Ihnen sagt. Sie müssen sehr erfinderisch im Ersinnen von Kontrollen und sehr aufmerksam sein – da Hellseher oft sehr erfinderisch im Ersinnen von Tricks sind. Wenn Sie Waren oder Dienstleistungen kaufen, wollen Sie nur einwandfreie Qualität. Warum nicht auf derselben Qualität bestehen, wenn man einen Hellseher aufsucht? (Oder kaufen Sie von ihm vielleicht nur die Illusion des Geheimnisvollen, ohne auf den Wert zu achten?) Der Hellseher verkauft ebenfalls Ware: seine Leistung. Und es ist an ihm zu beweisen, daß er gute Qualität liefert. Wenn er überhaupt selbst an seine Fähigkeit glaubt, wird er bereitwillig mit Ihnen zusammenarbeiten, um diesen Beweis zu erbringen. Eine Weigerung läßt nur eine einzige Auslegung zu: Der Schwindler weiß ganz genau, daß er den Beweis nicht erbringen kann.

4. Trauen Sie jenen nicht, die Ihnen eine genaue Aufzeichnung der gesamten Konsultation verwehren wollen. Machen Sie es sich zur Regel, alles niederzuschreiben oder, besser noch, auf Tonband aufzunehmen, was gesprochen wird.

5. Geben Sie sich nie mit allgemeinen Behauptungen zufrieden. Fragen Sie nach Einzelheiten, die der Hellseher in klaren, unzweideutigen Worten äußern soll. Lassen Sie sich nie mit scheinbar bedeutungsvollen Hinweisen abspeisen. Fragen Sie immer nach Einzelheiten. Einen begabten Hellseher stört oder kränkt es keineswegs, wenn Sie ihn freundlich unterbrechen und um eingehendere Information über die Fragen bitten, die für Sie von höchstem Interesse sind.

6. Machen Sie es sich zur Regel, den Hellseher nach Einzelheiten seiner Impressionen zu fragen. Bitten Sie ihn zu erklären, warum er dies oder jenes behauptet, ob er von seiner Meinung überzeugt ist, in welchem Maße und warum, aus welchem Grund er die andere Alternative für falsch hält usw. Sie können auf diese Weise Einblick in seine Arbeit erhalten, und das kann dazu beitragen, Ihr Vertrauen in ihn zu stärken.

7. Ich persönlich traue nie Wahrsagern, die bei der Deutung ihrer Zeichen feste Schemata haben (diese Linie in Ihrer Hand bedeutet dies . . ., jene Karte an dieser Stelle besagt das . . ., ein solcher Traum heißt immer, daß . . . usw.). ASW arbeitet nicht in einer so kindisch einfachen Weise.

8. Wenn Sie einen Hellseher aufsuchen, fragen Sie auch nach Einzelheiten aus Ihrem gegenwärtigen und vergangenen Leben, die Sie sofort nachprüfen können. Die direkte Prüfung der Leistungsqualität eines Hellsehers empfiehlt sich besonders, wenn Sie im Zusammenhang mit einer wichtigen Entscheidung seinen Rat suchen. (Fällen Sie jedoch nie eine wichtige Entscheidung ausschließlich auf den Rat eines Hellsehers hin!)

9. Trauen Sie niemals Ihrem ersten Eindruck von Ihrer Unterredung mit dem Hellseher. Warten Sie mit Ihrem Urteil, bis Sie Zeit hatten, seine Behauptungen, wie sie während der Konsultation aufgezeichnet wurden, noch einmal durchzugehen. Trauen Sie bei dieser Überprüfung Ihren Notizen immer mehr als Ihrem Gedächtnis.

Vielleicht haben Sie das Gefühl, die obigen Regeln seien zu streng, und nur wenige Wahrsager würden einen darauf basierenden Test bestehen. In letzterem stimme ich Ihnen bei: es gibt nicht viele professionelle Hellseher, die das Prädikat verdienen, wirklich begabt zu sein. Aber, offen gesagt: Wäre es nicht besser für die Wissenschaft und die Menschen, wenn es – anstatt Tausender von Scharlatanen – nur einige wirklich begabte Hellseher mit gutem Leumund gäbe, die man vernünftig konsultieren könnte? Und was Sie persönlich betrifft: ich bin sicher, es ist besser, überhaupt keinen Rat eines Hellsehers zu erhalten, als sich auf einen Rat zu verlassen, den man von einem Schwindler erhielt.

Selbst wenn Sie einen ehrlichen Hellseher finden, haben Sie noch Probleme genug. Manche Hellseher sind besser als andere, und keiner ist absolut perfekt. Auch wenn Sie sich von seiner Ehrlichkeit überzeugt haben, möchten Sie wissen, wie gut er ist und inwieweit Sie seinem Rat vertrauen können. Leider dürfen Sie nicht erwarten, daß irgendein Hellseher Ihnen alles richtig sagt. Noch niemand ist bislang in der Kontrolle über ASW derart weit fortgeschritten. Es liegt in der Natur dieser Fähigkeit (wie sie gegenwärtig beobachtet wird), daß der Hellseher eine Mischung aus richtigen Behauptungen, krassen Fehlern und halbrichtigen Äußerungen von sich gibt. Deshalb ist es so schwer, seine Leistung zu bewerten. (Hätte er immer recht, stellte seine Fähigkeit keinerlei Problem dar. Im Grunde geht es bei der Bewertung lediglich darum, herauszufinden, ob die Zahl seiner richtigen Behauptungen das übersteigt, was er durch normale Fertigkeiten erreichen könnte, und ob man bei ihm überhaupt ASW voraussetzen muß.)

Die Beachtung folgender methodischer Vorschläge wird Ihnen helfen, bei der Beurteilung der Leistung eines Hellsehers Fehler zu vermeiden.

Beim Aufsuchen des Hellsehers muß Ihre erste Sorge sein, jede Möglichkeit auszuschalten, daß er seine Informationen durch Beobachtung Ihrer Reaktionen erhält. Wenn Sie die richtige Antwort auf das erörterte Problem wissen, ist die Gefahr immer groß, daß Ihre unwillkürlichen Reaktionen Sie verraten und Hinweise für den scharf beobachtenden Hellseher durchsickern lassen. Man braucht Erfahrung und Training, um während der ganzen Sitzung ein undurchdringliches Gesicht machen zu können. Sie sollten es zu lernen versuchen, bevor Sie zu einem Sensitiven gehen.

Wenn Sie die Möglichkeit haben, folgen Sie dem Weg, der bei der wissenschaftlichen Untersuchung von Hellsehern und Medien häufig beschritten wird: suchen Sie jemanden, der an Ihrer Stelle zu dem Hellseher geht. (Sie können der betreffenden Person eine Haarsträhne von sich geben, einen Ring, ein Kleidungsstück, einen Zettel mit ein paar von Ihnen geschriebenen Wörtern usw. Das müßte dem Hellseher helfen, mit Ihnen in Kontakt zu kommen. Wollen Sie sicherstellen, daß der Gegenstand dem Hellseher keinerlei Aufschluß gibt, stecken Sie ihn in einen undurchsichtigen Umschlag.) Es ist empfehlenswert, daß die Person, die statt Ihrer den Hellseher aufsucht, möglichst wenig über Sie weiß (damit keine Informationen über Sie durchsickern). Diese Person muß *jede Einzelheit* der Behauptungen des Hellsehers genauestens aufzeichnen.

Haben Sie die (entweder von Ihnen oder von jemand anderem) niedergeschriebenen Aussagen des Hellsehers, beginnt erst der wichtigste Teil der Prüfung: die Analyse und Bewertung seiner Behauptungen. Diese sollte sehr sorgfältig, ohne Eile, in der ruhigen Atmosphäre Ihres Heims vorgenommen werden. Einzig das Resultat Ihrer Bewertung wird Ihnen erlauben, sich eine zuverlässige Meinung über die Gaben des Hellsehers zu bilden. (Trauen Sie nie Ihrem ersten Eindruck!)

Unterteilen Sie die Aussagen des Hellsehers in einzelne Behauptungen. Nehmen Sie jede Behauptung *für sich* und bewerten Sie sie nach folgenden Gesichtspunkten:

1. Ist sie richtig oder nicht (soweit Sie die Richtigkeit nachprüfen können).

2. Wenn die Behauptung für richtig befunden wurde (oder wenn es sich um eine Voraussage handelt, deren Zuverlässigkeit Sie abschätzen wollen), betrachten Sie sie unter nachstehenden beiden Gesichtspunkten:

a) Welche Wahrscheinlichkeit besteht, daß der Hellseher bei der Erlangung der Information seine normalen Sinne benutzte?

b) Welche Wahrscheinlichkeit besteht, daß der Hellseher durch die logische Deduktion von Tatsachen, die er kannte, zu dieser Information kam? (Konnte er die Information nicht beispielsweise aus Ihrem Äußeren ableiten, aus dem, was Sie ihm sagten, aus Ihrem Verhalten, aus Ihrer Reaktion auf seine vorhergehenden Behauptungen, oder konnte er sie nicht von gemeinsamen Freunden wissen usw.?)

3. Wenn Sie Gewißheit über die vorstehenden Punkte haben, versuchen Sie zu beurteilen, ob der Erfolg nicht auf zufälliges Erraten

zurückzuführen war. Stellen Sie fest, wie allgemein oder detailliert die Behauptung ist. (Je ausführlicher und einmaliger eine Behauptung ist, desto mehr Wert hat sie. Je ungewöhnlicher und charakteristischer sie ist, desto geringer wird die Wahrscheinlichkeit, daß der Hellseher sie zufällig erraten hat.)

4. Nachdem Sie über jede der Behauptungen einzeln die obigen Urteile gefällt haben, können Sie an die Gesamtbewertung der Leistung des Hellsehers gehen:

Wie viele Fehler hat er gemacht?

Wie viele Behauptungen sind richtig? (Und waren wirklich bei allen die Sinneswahrnehmung und das Eingreifen des Verstandes ausgeschlossen?)

Wie bestimmt waren diese richtigen Behauptungen? (Könnte er sie nicht erraten haben?)

Nur wenn Sie eine eindrucksvolle Zahl richtiger Behauptungen ermitteln, die unter guten Bedingungen gemacht wurden, und wenn Sie es für unwahrscheinlich halten, daß glückliches Erraten *die* Erklärung dafür ist, nur dann verdient der Hellseher Ihre Anerkennung. Und bitte bedenken Sie eines, etwas sehr Wichtiges: Soll Ihre Bewertung zuverlässig sein, muß sie sorgfältig vorgenommen werden; sie ist kein spannendes Spiel, sondern eine Arbeit, die peinliche Genauigkeit verlangt.

Bleiben wir noch ein wenig beim Problem der Beurteilung, ob jede einzelne Behauptung des Hellsehers richtig ist oder nicht. Die Aufgabe erscheint einfach, doch in der Praxis ist sie viel schwieriger, als man auf den ersten Blick meint. Nehmen wir beispielsweise einen Hellseher, der einen Gegenstand erhält (sagen wir eine Armbanduhr) und über den Eigentümer erklärt: „Der Besitzer ist ein älterer Mann mit dunklem Haar, und er ist ziemlich groß."

Wir haben hier vier getrennte Behauptungen: 1. der Besitzer ist ein Mann, 2. er ist „älter", 3. er hat dunkles Haar und 4. er ist „ziemlich groß". Wir wollen diese Behauptungen einzeln bewerten:

1. Die Behauptung, der Besitzer sei ein Mann, könnte geraten sein. Es gibt nur zwei Möglichkeiten, Mann oder Frau, also ist eine richtige Antwort kein sonderlicher Erfolg. Außerdem könnten Form und Größe der Uhr Hinweise auf das Geschlecht des Besitzers gegeben haben.

2. Der Besitzer ist „älter". Bei welchem Alter beginnt „älter"? Manche Menschen fühlen sich mit dreißig alt, andere fühlen sich mit siebzig jung. In meinen Jünglingsjahren kam mir ein Dreißigjähriger alt vor; heute beneide ich ihn um seine Jugend.

3. und 4. Dasselbe Problem ergibt sich bei den Behauptungen „dunkles Haar" und „ziemlich groß". Wo beginnt dunkles Haar und wo ziemlich groß? Ein nachsichtiger Beobachter würde zugeben, daß jeder nicht sehr kleine Mensch, sagen wir von einsfünfundsechzig aufwärts, in diese Kategorie paßt. Für ihn wären viel mehr Menschen „ziemlich groß" als für einen überkritischen Beurteiler, der eine Größe von über einsachtzig verlangen würde. Andererseits wäre einsneunundachtzig sehr groß und nicht ziemlich groß.

Wir sehen hier, daß die Subjektivität unserer Meinungen bei unserer Bewertung zu einem großen Vorurteil werden kann. Jedes wirklich gültige Urteil muß jedoch objektiv sein. Wir wollen einige Wege zur Erlangung der erstrebten Objektivität untersuchen.

Der einfachste Weg ist, mehrere Personen unabhängig voneinander ihr Urteil abgeben zu lassen. Herrscht Einmütigkeit, ist dies ein Zeichen für die Richtigkeit des eigenen Urteils.

Es gibt einen noch besseren Weg, die Qualität der Aussagen eines Hellsehers zu beurteilen, aber er ist komplizierter. Nehmen Sie sich die Aussagen eines Hellsehers für mehrere Personen vor, teilen Sie jede Aussage in einzelne Behauptungen auf und mischen Sie alle diese Behauptungen zusammen. Natürlich schreiben Sie auf, welche Behauptung für welche Person galt, aber das sagen Sie niemandem. Sie bereiten also eine lange Liste gemischter Behauptungen vor, die verschiedene Personen betreffen. Dann laden Sie mehrere Beurteiler ein (die alle die betroffenen Personen kennen, aber nicht wissen, was der Hellseher für jede einzelne von ihnen sagte) und fragen sie, auf wen ihrer Meinung nach die Behauptungen zutreffen. Sie sehen dann, wie oft die Beurteiler die Behauptungen den richtigen Personen zuordnen, und vergleichen diese Zahl mit jener der falschen Zuordnungen. (Statt der Beurteiler können Sie die betroffenen Personen selbst bitten, die Bewertung vorzunehmen, vorausgesetzt natürlich, daß sie nicht wissen, welche Behauptungen für sie selbst gedacht waren.)

Denken Sie daran: die Beurteiler müssen die Personen kennen, für die der Hellseher seine Aussagen machte (andernfalls könnten sie kein Urteil abgeben). Es ist jedoch wichtig, daß sie nicht wissen, für welche Personen die einzelnen Behauptungen aufgestellt wurden. Wissen sie es nicht, kann kein persönliches Vorurteil ihr Urteil beeinflussen.

Wenn Sie keine aufgezeichneten Kontrollaussagen des Hellsehers für andere Personen besitzen, können Sie selbst einige Behauptungen in Ihre Liste einfügen. In dem oben erwähnten Fall würden Sie beispielsweise eine Liste mit folgenden Behauptungen aufstellen:

Der Besitzer ist ein Mann.
Der Besitzer ist eine Frau.
Der Besitzer ist sehr klein.
Der Besitzer ist ziemlich klein.
Der Besitzer ist mittelgroß.
Der Besitzer ist ziemlich groß.
Der Besitzer ist sehr groß.
Der Besitzer ist jung.
Der Besitzer ist älter.
Der Besitzer hat eine Glatze.
Der Besitzer hat dunkles Haar.
Der Besitzer hat helles Haar.
Der Besitzer ist grauhaarig.
Der Besitzer hat rotes Haar.

Dann bitten Sie andere Personen, die den Uhrenbesitzer kennen, zu prüfen, welche Behauptungen auf ihn zutreffen. Jeder Beurteiler muß dies für sich tun, ohne die Meinung der übrigen zu kennen, denn keiner soll den anderen beeinflussen. Notwendige Voraussetzung ist natürlich, daß keinem der Beurteiler gesagt wird, welche Behauptungen von dem Hellseher stammen und welche Sie hinzugefügt haben. Stellen Sie beispielsweise fest, daß sich die Mehrheit der Beurteiler darin einig ist, der Besitzer sei ein Mann, mittelgroß, älter und dunkelhaarig, dann fällen Sie das Urteil, daß Ihr Hellseher mit drei Behauptungen recht hatte (Mann, älter, dunkelhaarig) und mit einer Behauptung unrecht (ziemlich groß). Eine solche Bewertung vermittelt Ihnen zumindest ein ungefähres Bild von der Qualität der Leistung des Hellsehers. (Für eine genauere Bewertung wäre eine komplizierte statistische Analyse erforderlich.)

Wie der Leser bemerkt haben wird, resultiert das größte Problem bei der Bewertung von Behauptungen eines Hellsehers aus der Tatsache, daß in der Regel nur ein Teil richtig ist; andere sind halb richtig, und schließlich kann jede richtige Behauptung durch bloßes Erraten zustande gekommen sein. (Bei unserem obigen Beispiel ist es nicht unmöglich, die ganze Aussage „ein älterer, großer Mann mit dunklem Haar" richtig zu erraten.)

Derartige Probleme erschweren natürlich die Lieferung überzeugender Beweise. Deshalb war die ASW so lange umstritten, und deshalb zweifeln auch heute noch angesehene Wissenschaftler überhaupt an ihrer Existenz. Völlig neue methodische Untersuchungen waren erforderlich, um den endgültigen Beweis für das Vorhandensein der ASW zu erbringen: *quantitative Versuche.*

Rekapitulieren wir, was zur Demonstration des außersinnlichen Charakters von Aussagen eines Hellsehers erforderlich ist:

1. Zuverlässig jede Möglichkeit auszuschalten, daß der Hellseher seine Informationen durch normale Sinne erhielt.

2. Zuverlässig die Möglichkeit auszuschalten, daß der Hellseher seine Informationen durch rationale Folgerung aus Fakten erhielt, die er kannte.

3. Ein zuverlässiges Maß für das zu finden, was zufällig erraten worden sein könnte.

Dies mußte zu einer gründlichen Veränderung im Versuchsverfahren führen: Der Hellseher (oder jede andere getestete Versuchsperson) durfte nicht länger frei die ganze Vielfalt seiner Impressionen schildern, die richtig, falsch oder halb richtig, die erraten oder durch Geschick beobachtet worden sein konnten. Statt dessen erhielt er genau umrissene Aufgaben, die er entweder richtig oder überhaupt nicht erfüllen konnte (ein teilweises Erfüllen war unmöglich).

Er wurde beispielsweise ersucht, die Farben auf bunten Karten in undurchsichtigen Umschlägen anzugeben oder Gegenstände in undurchsichtigen Schachteln zu identifizieren oder ein geometrisches Zeichen zu benennen, das aus einer begrenzten Zahl von Wahlmöglichkeiten ausgewählt worden war, oder zu sagen, was für eine Zahl auf einem gefalteten Blatt Papier stand, oder anzugeben, welchen Geschmack die Substanz hatte, die Sie in den Mund steckten, oder welche Zahl erscheinen würde, wenn man einen Würfel warf usw. Unserer Phantasie im Erfinden von Aufgaben für quantitative Versuche sind keine Grenzen gesetzt, wenn folgende Bedingungen erfüllt werden: 1. es muß immer eine festgesetzte Zahl von Wahlmöglichkeiten geben; 2. der Test muß unter gleichen Bedingungen mühelos wiederholt werden können; 3. die Testbedingungen müssen so adaptiert werden können, daß sie zuverlässig jede Sinneswahrnehmung ausschalten; 4. das Ergebnis jedes Versuchs muß mühelos nachzuprüfen sein.

Die gemeinsamen Charakteristika der quantitativen Versuche sind:

1. Die Versuchsbedingungen werden voll und ganz vom Experimentator kontrolliert; er kann diejenigen Bedingungen und Kontrollen bestimmen, die absolut sicherstellen, daß eine Sinneswahrnehmung ausgeschlossen war. (Dies ist ein wichtiger Punkt, der jedoch selten – wenn überhaupt je – in Sitzungen mit Medien und Hellsehern erfüllt wurde.)

2. Auch rationales Folgern ist ausgeschlossen. Dies wird durch entsprechend festgelegte Versuchsbedingungen garantiert, beispielsweise durch sorgfältiges Mischen der zu erratenden Karten (damit jedes Schema in ihrer Reihenfolge verhindert wird) oder indem man eine dritte Person die undurchsichtigen Päckchen mit den Zielobjekten vorbereiten läßt (so daß nicht einmal der Experimentator diese kennt). Die Versuchsperson darf nur eines wissen: unter welchen Möglichkeiten sie wählen kann – doch alle Möglichkeiten sind gleich wahrscheinlich; die Versuchsperson bekommt keinerlei Hinweis darauf, welches unter all den Möglichkeiten die richtige Wahl ist.

3. Wir führen immer eine lange Reihe Tests unter identischen Standardbedingungen durch und zählen die richtigen und die falschen Antworten. Wir wissen, wie viele Wahlmöglichkeiten die Versuchsperson hatte (wir kennen die Zahl der Farben auf den verwendeten Karten, die Zahl der Gegenstände in unseren Schachteln, die Zahl der möglichen geometrischen Zeichen, die zehn verschiedenen Zahlen, die auf ein Blatt Papier geschrieben werden konnten, die Zahl von vier leicht unterscheidbaren Geschmacksrichtungen – sagen wir: süß, bitter, sauer, salzig – und die sechs Seiten des Würfels). Die Zahl der Wahlmöglichkeiten entscheidet über die Wahrscheinlichkeit richtigen

Erratens durch Zufall. Wenn wir die Zufallserwartung und die Zahl der richtigen und falschen Antworten unserer Versuchsperson kennen, können wir eine einfache Formel des Wahrscheinlichkeitskalküls anwenden und erhalten einen genauen Wert der möglichen Zufallstreffer.

4. Last but not least sind wir nicht mehr so verzweifelt abhängig von den (manchmal launischen) Medien und Hellsehern. Wir können jede Versuchsperson testen, die bei unseren Experimenten mitmachen will, und dürfen begründete Hoffnung auf Erfolg hegen. Das empfindliche Werkzeug der statistischen Analyse ermöglicht es uns, sogar schwache ASW-Talente aufzuspüren, wenn sie vorhanden sind.

Gibt die Versuchsperson in einer langen Reihe von Einzelversuchen mehr richtige Antworten, als Zufallstreffer zu erwarten waren, bedeutet dies, daß sie zumindest eine gewisse Menge Information über die Dinge erhielt, nach denen sie gefragt wurde – mit anderen Worten: sie nahm sie wahr. Geschah das unter kontrollierten Versuchsbedingungen, die uns überzeugten, daß keine Sinneswahrnehmung und keine rationale Folgerung aus bekannten Fakten möglich waren, dann schließen wir, daß die Information auf außersinnlichem Weg erlangt wurde. Läßt unser statistischer Wert der Zufallserwartung den Zufall als denkbare Erklärung nicht zu, dann schließen wir, daß eine Information auf nichtsinnlichem Weg empfangen wurde – d. h. daß ASW auftrat.

Auf diese Art und Weise haben Parapsychologen den Beweis für die Existenz von ASW erbracht: sie führten gut kontrollierte quantitative Versuche durch, in denen die Versuchsperson viel mehr richtige Antworten gab, als man bei zufälligem Erraten erwarten durfte. ASW war die einzige denkbare Erklärung.

Wenn wir behaupten, der Beweis für ASW sei erbracht, so darf dies nur in dem begrenzten Sinn verstanden werden: ASW kommt vor, bislang allerdings in unvollkommener Form, nur bei einigen Menschen und nur manchmal, wenn geeignete Bedingungen für ihr Auftreten herrschen. (Leider sind diese Bedingungen nicht ganz bekannt, und jene, die bekannt sind, lassen sich schwer herstellen; folglich ist ASW bisher unvollkommen und unbeständig.)

Gäbe die Versuchsperson in einem quantitativen Versuch nur richtige Antworten, würde das bedeuten, daß sie alle wichtigen Informa-

tionen perfekt erhielt. Entspricht die Zahl der richtigen Antworten
den zu erwartenden Zufallstreffern, dann zeigt das Resultat das
Fehlen einer Wahrnehmung an (es wurde keine Information erhalten). Liegen ihre richtigen Antworten nur wenige Prozent über der
Zufallserwartung (und ist der Rest falsch), dann heißt dies, daß ihre
Wahrnehmungsfähigkeit unvollkommen und nicht wirksam genug
ist, um alle wichtigen Informationen wahrzunehmen. Und genau das
erleben wir bei quantitativen ASW-Versuchen. Trotzdem, eine unvollkommene Wahrnehmung bleibt immer noch eine Wahrnehmung.

Wir könnten die unvollkommene ASW-Leistung mit der Anwendung des Gesichtssinns bei Dunkelheit vergleichen. Stellen wir uns –
als Beispiel – vor, wir hätten weiße und hellgelbe Karten und würden
aufgefordert, sie mittels unseres Gesichtssinns zu unterscheiden. Bei
guter Beleuchtung ist das eine recht einfache Aufgabe. Nimmt jedoch
die Lichtstärke ab (oder bei farbigem Licht), wird die Aufgabe immer
schwerer. Ein korrektes Unterscheiden erfordert viel größere Aufmerksamkeit. Wenn Sie müde oder unaufmerksam sind, werden Sie
eine Menge Fehler machen. Schließlich bringt uns die weiter ab-
nehmende Lichtstärke zu dem Punkt, wo wir die farbige Karte überhaupt nicht mehr von der weißen unterscheiden und nur noch raten
können. ASW arbeitet heute auf demselben Niveau wie der Gesichtssinn unter sehr schlechten Lichtverhältnissen.

Dieser Vergleich zwischen Gesichtssinn und ASW ist sehr treffend,
doch ein bemerkenswerter Unterschied besteht: Der Gesichtssinn ist
uns vertraut, und wir erkennen den Augenblick, wo er unzuverlässig
wird, gewöhnlich gut; doch mit der ASW sind wir nicht vertraut, und
wir erkennen nicht, wann sie zuverlässig und wann sie unzuverlässig
ist. Doch bleiben wir beim obigen Beispiel: Wenn das Licht so
schwach ist, daß es zum Sehen gerade nicht mehr reicht, und wenn
wir uns anstrengen, um wenigstens einige der Karten zu erkennen,
sind wir uns des Gesichtssinns auch nicht sehr sicher. In den ASW-
Prozeß haben wir keinen bewußten Einblick, was offensichtlich auf
die Tatsache zurückzuführen ist, daß er noch nicht Zeit hatte, sich zu
der Funktionszuverlässigkeit zu entwickeln, mit welcher andere Sinne
arbeiten. Die ASW hatte eine andersgeartete phylogenetische Geschichte.

Wegen des Fehlens zuverlässiger bewußter Erfahrung, das charakteristisch für das Arbeiten der ASW ist, erhoben verschiedene Psycho-

logen Einwände gegen den Ausdruck „Wahrnehmung"; sie wollten ihn nicht für eine Funktion verwenden, die man nicht immer bewußt als Erwerb von Wissen erlebt. Das ist jedoch lediglich eine semantische Frage, bei der es um die Definition des Wortes „Wahrnehmung" geht. Sollen wir die Verwendung des Ausdrucks auf Fälle beschränken, bei denen das bewußte Erleben des wahrgenommenen Ereignisses mitspielt? (Womit sollen wir dann die sensorischen Fähigkeiten so primitiver Tiere wie Würmer oder Protozoen erklären?) Oder sollen wir uns darauf einigen, daß die Wahrnehmung ein Prozeß ist, in welchem der Organismus Informationen über seine Umgebung erhält? Der Organismus kann diese erhaltene Information dann durch eine Reaktion zum Ausdruck bringen – gleichgültig, ob sie bewußt erlebt wurde oder nicht. Wir verstehen die ASW besser, wenn wir das Wort „Wahrnehmung" in diesem weiteren Sinn verwenden.

Infolge der Unvollkommenheit der ASW wird ihr Auftreten im täglichen Leben oft nicht als solche erkannt. Das ASW-Erlebnis nimmt häufig erst ASW-Charakter an, nachdem es überprüft und bestätigt wurde. Normalerweise können wir uns auf ASW-Erlebnisse nicht im selben Grad verlassen wie auf Erlebnisse, die uns andere Sinne vermitteln. Doch wenn der Organismus die Information über das äußere Ereignis erhielt (ob sie als solche erkannt wurde oder nicht), dann *war* es eine Wahrnehmung.

Ähnlich ist es bei den quantitativen Versuchen des Kartenratens: die Versuchsperson weiß in den Einzelversuchen oft nicht, ob sie recht oder unrecht hat. Bewußt erlebt sie einzig das Gefühl zu raten. Und doch kann sie eine weit über dem Durchschnittswert liegende Trefferzahl erreichen. Ist dies der Fall, besagt ihre Leistung, daß sie die Karten wahrnahm. Ihr Organismus erhielt die Information über die Karten und reagierte gemäß dieser erhaltenen Information. Das bewußte Erleben ist lediglich eine entbehrliche Zugabe, die den Höhepunkt des Wahrnehmungsprozesses bildet.

Wenn Sie versehentlich einen heißen Gegenstand berühren, reagieren Sie sofort und ziehen die Finger zurück – lange bevor der Schmerz die Bewußtseinsebene erreicht und Sie Zeit haben, Ihre Finger durch absichtliche Aktion in Sicherheit zu bringen. Der brennende Schmerz wurde wahrgenommen (wie die Aktion zeigt), bevor Sie ihn bewußt spürten. Tieferliegende Ebenen Ihres Nervensystems lösten eine schnelle Reaktion aus, die Ihre Finger rettete; erst später erreichte der Reiz die Ebene bewußten Erlebens.

In Experimenten mit schlafenden Versuchspersonen berührte der Experimentator die Fußsohle des Schläfers mit einem Stück Eis oder einem anderen kalten Gegenstand; der Schlafende träumte dann beispielsweise, er gehe barfuß im Schnee. Auch das war Wahrnehmung – wenngleich das Erlebnis durch die Traumphantasie stark verzerrt wurde.

Unterschwellige Wahrnehmung (von Reizen, die zu schwach oder zu kurzdauernd sind) ist ebenfalls eine Wahrnehmung, obwohl wir uns ihrer nicht bewußt sind. Ich sah einmal einen populärwissenschaftlichen Film, der mit einem Quiz endete. Mehrere Gesichter wurden gezeigt, und die Zuschauer wurden gefragt: Welches dieser Gesichter haben Sie schon gesehen? Die Zuschauer erklärten übereinstimmend, ein Gesicht komme ihnen bekannt vor; sie hatten das Gefühl, es schon gesehen zu haben, wußten aber nicht wo. Sie erhielten bald die Erklärung: Genau dieses Gesicht war in dem vorausgegangenen Film wiederholt gezeigt worden. Man hatte es während des ganzen Films immer wieder als isoliertes Bild unter andere Bilder eingestreut. Obwohl es immer nur für den Bruchteil einer Sekunde gezeigt worden war und bewußt nicht gesehen werden konnte, entstand das unbestimmte Gefühl der „Vertrautheit", was aufzeigt, daß die Zuschauer das Gesicht *wahrnahmen*.

Genauso handelt es sich auch bei der ASW, wenn die Versuchsperson eine Information über die Außenwelt erhält (was an ihrer Reaktion zu erkennen ist), um eine Wahrnehmung, selbst wenn diese nicht als solche erlebt wird. Außerdem ist die Unbewußtheit keine zwangsläufige, typische Begleiterscheinung der ASW. Menschen, die ein höheres Maß an ASW haben, lernten oft, ihre ASW-Impressionen durch besondere subjektive Assoziativerlebnisse zu erkennen.

Die obigen Beispiele atypischer Fälle von Sinneswahrnehmung wurden absichtlich ausgewählt, um einen kleinen Einblick in die Funktionsweise der Sinneswahrnehmung zu geben. Der normale Prozeß läuft folgendermaßen ab: der äußere Reiz stimuliert das Sinnesorgan. Diese Stimulierung wird durch die Nerven ins Gehirn getragen, wo die Information verarbeitet und schließlich bewußt erlebt wird. (Leider wissen wir gegenwärtig noch nicht, was das Erlebnis bewußt macht.)

Der Stimulus muß jedoch nicht unbedingt direkt zum Gehirn kommen und in seiner eigentlichen Bedeutung erlebt werden. Manchmal wird er am Gehirn vorbeigeleitet und offenbart sich durch eine motorische Reaktion, die unbewußt ist, aber sekundär bewußt erlebt werden kann (Reflexe bei der Sinneswahrnehmung; Wünschelrutenreflex bei der ASW). Andere Male wird er in verzerrter Form bewußt erlebt (Illusionen und Traumerlebnisse bei der Sinneswahrnehmung; Symbole bei der ASW). Wieder andere Male, wenn der Stimulus nur unterschwellig wirkt, kann er in der Sinneswahrnehmung ein unbestimmtes Gefühl der Vertrautheit erzeugen; und in der ASW kann er vage Ahnungen oder unerklärliche Verhaltensimpulse bewirken.

Die Erbringung des Beweises für das Vorhandensein der ASW war natürlich nur der Anfang ihrer wissenschaftlichen Erforschung. Der nächste Schritt bestand in der Untersuchung ihrer Eigenschaften. Parapsychologen beobachteten individuelle Manifestationen von ASW (in spontanen Fällen, wie auf den Seiten 65 bis 67 erwähnt, und in Darbietungen von Hellsehern und Medien), wobei sie besonderes Augenmerk auf die Bedingungen, unter denen die ASW auftrat, auf die Erlebnisarten und auf die Qualität der erhaltenen Informationen legten. Wir führten auch quantitative Versuche unter absichtlich veränderten Bedingungen durch und verglichen die Leistungen der Versuchspersonen unter den verschiedenen Bedingungen. Auf diese Weise gelang es uns, einige Informationen darüber zu erhalten, wie die ASW arbeitet. Sogar einige Grundgesetze wurden bereits erkennbar, die uns verstehen lassen, warum ASW ihre seltsamen Eigenschaften hat und warum man damit rechnen sollte, daß sie sie hat.

Diese Arbeit steckt noch im Anfangsstadium. Doch wir sammeln immer mehr Feststellungen über Regelmäßigkeiten der ASW, in der Hoffnung, daß wir schließlich imstande sein werden, sie zu erklären, unter Kontrolle zu bringen und dann auch praktisch anzuwenden. Keine dieser Aufgaben gelang uns bisher vollkommen, doch unser Wissen nimmt zu. Je mehr wir lernen, desto deutlicher erkennen wir, daß die ASW Gesetzen gehorcht, und das läßt uns voll Optimismus hoffen, daß der Erfolg in Reichweite ist und unser Wissen auf dem

Gebiet der Parapsychologie sinnvoll in den Rahmen unserer Kenntnisse auf anderen Wissensgebieten integriert werden kann.

Da die ASW eine neue Wahrnehmungsfähigkeit zu sein scheint – wir können auch sagen: ein neuer Sinn, der dem Menschen neben anderen Sinnen verfügbar zu werden beginnt –, wird sie uns helfen, einige Übereinstimmungen und Unterschiede zwischen ihr und der Sinneswahrnehmung aufzuzeigen.

Jede Sinneswahrnehmung erfolgt in zwei Grundphasen: I. Ein äußeres Ereignis erzeugt Energiesignale (Lichtstrahlen beim Sehen, Schallwellen beim Hören), die Informationen über dieses Ereignis übertragen. Wir sehen beispielsweise die Glühbirne, weil sie Lichtquanten aussendet, die auf die Netzhaut unseres Auges treffen. Oder wir hören den Ton der Violine, weil die vibrierende Saite in der Luft Schwingungen verursacht hat, die an die inneren Organe unseres Ohrs stoßen. Diese Signale bewegen sich im Raum (wenn notwendig), bis sie das Sinnesorgan erreichen. Aufprallende Signale stimulieren das Sinnesorgan, und diese Stimulation wird durch die Nerven zum Gehirn geleitet. II. Die eingehende Information wird im Gehirn verarbeitet. Anschließend wird sie bewußt erlebt (und es kann auf sie eine absichtliche, bewußte Reaktion erfolgen), oder sie erzeugt eine Reflexreaktion des Organismus.

Derselbe allgemeine Prozeß läuft allem Anschein nach auch bei der ASW ab. Sie erfolgt ebenfalls in zwei Phasen:

Phase I: Informationen über ein äußeres Ereignis gelangen zum Organismus. Es ist üblich, von *Hellsehen** zu sprechen, wenn die wahrgenommene Szene oder der wahrgenommene Gegenstand ein objektives Ereignis in der Außenwelt sind (Objekte in undurchsichtigen Hüllen, Bewegungen ferner Personen und vieles andere). Von *Telepathie* reden wir, wenn das wahrgenommene Ereignis ein subjektives Erlebnis irgendeiner Person ist (Gedanke, Emotion usw.).

Auf ein seltsames Merkmal der ASW können wir gleich hier hinweisen: sie arbeitet nicht nur mit materiellen Objekten wie der

---

* „Hellsehen" bedeutet für uns außersinnliche Wahrnehmung objektiver Ereignisse. In der älteren Literatur über das Thema hatte dieses Wort eine andere Bedeutung: Es zeigte ASW an, wenn es in visueller Form erlebt wurde (als Visionen); der Ausdruck „Hellhören" bezeichnete ASW, die in auditiver Form erlebt wurde (als Stimmen).

Sinneswahrnehmung, sondern auch mit „immateriellen", beispielsweise den Gedanken anderer Menschen.

Ein weiteres seltsames Charakteristikum ist die Art, wie die informationtragenden Signale vom wahrgenommenen Ereignis zur wahrnehmenden Person gelangen. Bei den normalen Sinnen bewegen sich die Signale durch den Raum. Bei der ASW bewegen sie sich gleichfalls durch den Raum, doch außersinnliche Signale können sich zudem auch durch die Zeit bewegen. Wir unterscheiden deshalb zwischen der regulären ASW, die gegenwärtige Ereignisse betrifft, und ASW in der Zeit: die sogenannte *Retrokognition* (ASW vergangener Ereignisse: retrokognitives Hellsehen und retrokognitive Telepathie) und eine noch seltsamere Fähigkeit, die *Präkognition* (ASW künftiger Ereignisse: präkognitives Hellsehen und präkognitive Telepathie).

Ein mit ASW begabter Mensch kann die ASW einsetzen, um zu erfahren, was ein Mensch an einem anderen Ort gerade tut, was er irgendwann in der Vergangenheit getan hat oder was er in der Zukunft tun wird. Dieses Wissen erlangt er durch den direkten Akt des Wahrnehmens, nicht durch Deduktionen von Tatsachen, von denen man in der gegenwärtigen Zeit weiß, daß sie existieren.

Während wir bei den anderen Sinnen die Energiearten kennen, die uns die wahrzunehmende Information übermitteln, ist uns leider der Informationsträger der ASW unbekannt. Wir können über ihn nur Spekulationen anstellen. Höchst überraschend ist, daß keine in der Physik bekannte Energie als Träger von ASW-Signalen zu dienen vermag.

Die Tatsache, daß ASW-Signale sich genauso durch die Zeit wie durch den Raum zu bewegen vermögen, deutet darauf hin, daß die ASW auf einer bislang unbekannten und sehr seltsamen Art von Energie basiert. Keine der bekannten Energien läßt sich durch die Zeit übermitteln, denn die Zeit stellt für alle bekannten physikalischen Aktionen eine unüberwindliche Barriere dar; so seltsam es klingen mag, für die ASW ist die Zeit kein derartiges Hindernis.

Wenn wir bedenken, daß von der ASW Gedanken genauso wahrgenommen werden können wie objektive materielle Ereignisse, gelangen wir zwangsläufig zu dem Schluß, die für ASW verantwortliche Energie (oder das Agens) müsse irgendwie mit „materiellen" Ereignissen sowie mit Gedanken (Bewußtsein) zusammenhängen (oder der

Interaktion fähig sein). Eine Verbindung mit „materiellen" Ereignissen wäre nur natürlich; die Physik hat die Verbindung zwischen Materie und verschiedenen Formen der „physikalischen" Energie hinlänglich demonstriert. Verwirrend ist hier nur ihre Verbindung mit Gedanken (oder Geist oder Bewußtsein).

Die Parapsychologen haben für diese neue Energie oder dieses Agens einen Namen vorgeschlagen: *Psi-Energie.* Ihre Verbindung sowohl mit materiellen als auch immateriellen Objekten deutet an, daß sie einen einigenden Faktor zwischen Materie und Bewußtsein bilden kann. Dieses geheimnisvolle Etwas, das in Beziehung zur Materie und auch zum Seelisch-Geistigen zu stehen scheint, birgt offenbar den Schlüssel zur Lösung des uralten Seele-Körper-Problems, das die Philosophen seit den Zeiten Descartes' leidenschaftlich diskutierten und das selbst die modernen Psychologen vor Rätsel stellt.

Die ASW hat noch eine weitere Eigentümlichkeit: Sie ist ein Sinn, für den kein Sinnesorgan entdeckt wurde. Wir haben Grund zu der Annahme, daß die ASW-Reize das Gehirn direkt beeinflussen, ohne Vermittlung irgendeines somatischen Sinnesorgans.

Phase II der ASW entspricht der zweiten Phase der Sinneswahrnehmung. Dies ist das Stadium, in dem die erhaltene Information im Organismus verarbeitet wird. Die Art der Verarbeitung hängt voll und ganz vom Zustand des Organismus ab.

Die erhaltene Information kann in den vielfältigsten Formen bewußt erlebt werden, allerdings mit anderer Klarheit: angefangen von vagen Ahnungen und anderen unbestimmten Gefühlen bis zu lebhaften Halluzinationserlebnissen wie dem Sehen klarer Visionen oder dem Hören deutlicher Stimmen. Wird die Information bewußt erlebt, geschieht dies gewöhnlich in der Form, für welche das Gehirn (oder der Geist) des wahrnehmenden Menschen vorbereitet ist. Die psychologische Veranlagung des Wahrnehmenden kann die eingehende Information verzerren, die dann in symbolischer Form erlebt wird. Oder die eingehende Information braucht überhaupt nicht bewußt erlebt zu werden und löst nur irgendeine Reaktion des Wahrnehmenden aus: Es kann sich um ein impulsives Verhalten handeln (wie es beispielsweise im Fall von Herrn B. auf Seite 65 war), um eine Wünschelrutenreaktion usw. Andere Male kann mangelndes Vorbereitetsein des Geistes der wahrnehmenden Person die ein-

gehende Information völlig abblocken, und es findet überhaupt keine
ASW statt. (Dem entspricht bei der Sinneswahrnehmung das Übersehen durch Unaufmerksamkeit.)

Die Form des ASW-Erlebnisses hängt letztlich also vom Grad des
Vorbereitetseins und vom Typ der Psyche des Wahrnehmenden ab:
Ist er ein visueller Typ, wird er vermutlich Visionen haben, während
ein auditiver Typ Stimmen hören und ein motorischer Typ eher zu
einer motorischen Reaktion angeregt werden wird. Auch die Art und
das Ausmaß der symbolischen Verzerrung hängen von der psychologischen Struktur des Wahrnehmenden ab.

Wichtig ist hier die Feststellung, daß die ASW (offensichtlich wegen
ihrer anderen phylogenetischen Geschichte) kein spezifisches Assozia-
tiverlebnis kennt. Wenn wir etwas sehen oder mit einem anderen
Sinn wahrnehmen, erkennen wir dies sofort. Wir können Gesehenes
leicht von Gehörtem unterscheiden. Mit jedem Sinneserlebnis geht ein
sehr spezifisches Empfinden einher. Auch wenn sich die Beobachtungsbedingungen verschlechtern (wie durch schwache Beleuchtung, störende Geräusche usw.), sind wir uns gewöhnlich sehr wohl des
Augenblicks bewußt, von dem an unsere Wahrnehmung nicht mehr
zuverlässig ist. Dieses Merkmal fehlt der ASW. Sie kennt keine spezi-
fische Form des Begleiterlebnisses, und außersinnliche Impressionen
können, wenn sie das Bewußtsein erreichen, subjektive Ähnlichkeit
mit jeder Sinneswahrnehmung annehmen. Gewöhnlich ist es auch
unmöglich (oder zumindest äußerst schwierig), genau zu erkennen,
wann die ASW zu funktionieren aufhört.

Wir haben bereits erwähnt (Seite 99), daß diese Eigenschaft der
ASW auf ihre Unvollkommenheit in ihrem gegenwärtigen rudimentären Entwicklungsstadium zurückzuführen ist. Präzise gesprochen,
Menschen mit einem höheren Maß an ASW lernen durch Übung, ihre
ASW-Impressionen zu unterscheiden. Es gelingt ihnen oft (wenn nicht
sogar immer), die Impressionen an irgendwelchen subjektiven Merkmalen zu erkennen. Diese Menschen sagen in der Regel, das Eintreffen einer ASW-Information fühle sich ganz anders an als eine
Sinneswahrnehmung, ähnele aber der Erinnerung. Diese wichtige Beobachtung kann anzeigen, daß die Funktion der ASW mit dem Ge-
dächtnismechanismus (genauer: dem Erinnerungsvermögen) verwandt
ist. Und sie ist ein weiterer Hinweis auf den engen Zusammenhang
zwischen ASW und höherer psychischer Aktivität.

Die vielleicht verblüffendste Form, in der ASW erlebt werden kann, ist das sogenannte *reisende Hellsehen* (manchmal irreführend als „Astralprojektion" oder „Reisen im Astralleib" bezeichnet).* Reisendes Hellsehen kann spontan auftreten, beispielsweise in Träumen. So können Sie träumen, daß Sie in Ihrem Körper an einen fernen Ort reisen und Zeuge dessen sind, was dort vorgeht. Sie erinnern sich an das, was Sie sahen, und stellen später fest, daß Ihr Traumerlebnis an dem Ort wirklich geschah, obwohl Sie auf normalem Wege davon nichts wissen konnten. Der auf Seite 71 angeführte Fall von Herrn A. ist ein Beispiel für ein solches Erlebnis, und es gibt viele ähnliche aufgezeichnete Fälle. Der britische Forscher Robert Crookall schrieb allein über dieses Thema mehrere Bücher. Ein anderer Autor, Sylvan J. Muldoon, berichtete, es sei ihm wiederholt gelungen, dieses Erlebnis in sich auszulösen. Bevor er zu Bett ging, erteilte er sich selbst den Befehl, im Traum an einen fernen Ort zu reisen; oft träumte er wirklich von fernen Ereignissen und stellte dann später fest, daß sie tatsächlich geschehen waren.

Reisendes Hellsehen läßt sich in der Hypnose verhältnismäßig leicht hervorrufen. Man suggeriert der hypnotisierten Versuchsperson, sie reise an einen fernen Ort. Wenn sie diese Suggestion annimmt und das Empfinden hat, an dem fernen Ort körperlich anwesend zu sein, fordert man sie auf, um sich zu blicken und zu beschreiben, was dort vor sich geht. Man kann sie auf diese Weise nicht nur an eine weit entfernte Stätte, sondern auch in die Vergangenheit oder die Zukunft führen. Sie wird sich dann an dem anderen Ort (der räumlich und genauso zeitlich weit entfernt sein kann) körperlich gegenwärtig fühlen und Szenen schildern, die sie erlebt.

Hier ist der Hinweis wichtig, daß wir bei Erlebnissen dieser Art unterscheiden müssen zwischen dem sogenannten „Erlebnis außer-

---

* Die beiden letzteren Ausdrücke haben ihren Ursprung vermutlich im alten aristotelischen Bild vom Universum, welches die Astronomie des Mittelalters beherrschte. Die Menschen glaubten, die Erde liege im Zentrum des Universums und sei von Himmelskörpern, den Planeten und Sternen, umgeben. Man glaubte, die Sterne bestünden aus „feinerem Stoff", der sich von der irdischen Materie unterscheide: dem „Astralstoff". Der Ausdruck „Astralleib" entstand aus der Spekulation, daß der Mensch zusätzlich zu seinem stofflichen Körper und der religiös aufgefaßten Seele etwas Dazwischenliegendes habe, von dem man glaubte, es bestehe aus demselben feineren Stoff, aus dem sich nach damaliger Ansicht die Sterne zusammensetzten.

halb des Körpers" (das lediglich im subjektiven Erlebnis besteht, anderswo zu sein als der eigene Körper) und dem „reisenden Hellsehen" (das stattfindet, wenn man eine ASW-Information in der Verkleidung eines Erlebnisses außerhalb des Körpers erhält).

Das Erlebnis außerhalb des Körpers muß nicht unbedingt ein parapsychologisches Phänomen sein. Es kann sich dabei auch nur um das bizarre Produkt einer Suggestion (oder Autosuggestion) handeln – das zur selben Kategorie gehört wie Halluzinationen oder Persönlichkeitsveränderungen (siehe Seiten 39 und 40). Und es kann Produkt der Phantasie der Versuchsperson sein, wobei keinerlei ASW auftritt.

Uns interessieren nur jene Erlebnisse außerhalb des Körpers, die richtige Informationen über ein fernes Ereignis bescheren, von dem die Versuchsperson zweifelsfrei nichts wußte. Das heißt, Fälle, in denen ein irgendwoanders im Raum und möglichst auch anderswo in der Zeit gelegenes Ereignis durch ASW wahrgenommen und als Erlebnis außerhalb des Körpers erlebt wird. Nur in einem solchen Fall können wir sagen, der Wahrnehmende habe reisendes Hellsehen angewandt.

Das Erlebnis außerhalb des Körpers als solches ist nur eine von vielen möglichen subjektiven Formen, in denen ASW-Informationen erlebt werden können. Wir könnten beispielsweise der Versuchsperson genausogut suggerieren, daß sie jemanden die Ereignisse an dem fernen Ort schildern hört oder daß sie eine Zeitung liest, die berichtet, was dort vorgeht. Das Erlebnis der Versuchsperson würde der gegebenen Suggestion entsprechen; doch die Form des Erlebnisses ist unbedeutend: uns geht es in erster Linie um die Richtigkeit der erhaltenen Information.

Bei jeder Untersuchung der ASW muß es unsere Hauptsorge sein, Fälle, in denen ASW stattfand, von Berichten über Erlebnisse ohne jedweden ASW-Gehalt zu trennen. Das Kriterium ist immer, ob der Bericht eine Information enthält, die nachgeprüft werden konnte und sich als richtig erwies.

Es gibt beispielsweise eine besondere, große Gruppe von Erlebnissen ekstatischer oder mystischer Natur, die von den Menschen manchmal mit ASW in Verbindung gebracht werden. Oft haben diese Erlebnisse für die betreffenden Menschen starke subjektive Bedeutung, und häufig sind sie so emotionsgeladen, daß sie den Menschen, der ein derartiges Erlebnis hat, für den Rest seines Lebens prägen. Als Beispiel für ein solches Erlebnis zitiere ich den Bericht von Frau D. aus meinen eigenen Akten:

„Ich war ruhig und liebevoll, als wir uns redend in der Art einer religiösen Gemeinschaft versammelten. Ich wünschte sehnlich eine geistige Gemeinschaft der Menschen. Unvermittelt war ich ohne normale Sinne und normalen Willen. Ich ‚sah‘ innerlich. Ich gewahrte meinen Körper, eine durchsichtige Körperform – ein Stückchen Weg, und sah in mein Fleisch. Ein kleines, ovales, sich bewegendes, dunkelhelles Zentrum begann sich im ‚Schoß‘ zu bilden. Aus diesem Zentrum kam ein sanfter Strom mächtigen ewigen Lichts, um dies dunkle Fläche – und davon ein stärkeres Ausströmen von Strahlung – wieder eine dunkle Fläche und ein weiterer Lichtstrom, der sich ausbreitete, um meinen Körper zu umhüllen, die Durchsichtigkeit und das Fleisch. Ich ging in dem ewigen Licht auf. Das Erlebnis war vorbei, und ich gewahrte sofort alle anderen, fühlte mich erleichtert, daß niemand das Vorgefallene bemerkt hatte. Aber ich hatte den Faden des Gesprächs verloren und kam mir töricht vor, als sich jemand über meine Unmanierlichkeit äußerte. Ich hatte eine photographische Erinnerung an mein normales Sehen während der ‚Vision‘. Als sich das Erlebnis entfaltete, prägte sich meinem Wissen die Tiefe der Bedeutung ein – eingegebene Betrachtung Gottes. Danach war ich so ergriffen, und da ich überhaupt nichts über mystische Phänomene wußte, behielt ich das, was mir widerfahren war, viele Monate lang für mich, doch dies war eine Zeit großer Freude, denn ich hatte ein Potential, von dem ich nie geträumt hatte. Meine Gedanken und mein Studium wandten sich später unserem tieferen Ich zu.“

Erlebnisse dieser Art sind oft schwer zu beschreiben. Sie beinhalten häufig das Gewahren intensiven Lichts, das Gefühl der Einheit mit einem Universalprinzip oder mit Gott und intensive Freude, verbunden mit dem subjektiven Gefühl größerer Erleuchtung. Sie treten manchmal spontan auf, gewöhnlich jedoch bei Menschen, deren Geist durch Meditation vorbereitet wurde; ähnliche Erlebnisse lassen sich sogar durch psychisch wirkende Drogen auslösen.

Erlebnisse dieser Art können für den, der sie hat, sehr eindrucksvoll sein und Bedeutung für die Formung seiner religiösen Ansichten haben, aber wir müssen eines klarstellen: Für die Erforschung der

Eigenschaften von ASW sind sie uninteressant. Sie enthalten nichts, was sich objektiv nachprüfen ließe; nichts beweist, daß tatsächlich eine richtige Information empfangen oder ein objektives Ereignis wahrgenommen wurde. Erlebt werden lediglich ungewöhnliche emotionale Zustände ohne jede Korrelation mit nachprüfbaren objektiven Ereignissen. Einige dieser Erlebnisse mögen in spezieller Hinsicht aufschlußreich (und deshalb für die Religion von Bedeutung) sein, aber wir dürfen nicht vergessen, daß viele ganz einfach bloße Einbildung sind – und daß es keinerlei Möglichkeit gibt, die vielleicht auftretenden (vermutlich sehr seltenen) wichtigen Einblicke zu identifizieren. Wir müssen Erlebnisse dieses Typs deshalb als bedeutungslos ansehen, wenn eine strenge, objektive Untersuchung der ASW unser Hauptanliegen ist.*

Die rätselhafteste Eigentümlichkeit der ASW ist vielleicht ihre Unabhängigkeit von physikalischen („materiellen") Bedingungen. Es scheint keine Grenzen in der Vielfalt von Gegenständen und Ereignissen zu geben, die durch ASW wahrgenommen werden können. Während unser Gesichtssinn nur Licht, Farben, Formen sowie Bewegungen und unser Gehör nur Geräusche wahrnimmt, kann durch ASW offenbar alles erkannt werden, einschließlich der „immateriellen" Gedanken. Zumindest fand man bis jetzt keine Grenzen, welche den für ASW zugänglichen Ereignisbereich einschränken. Und es scheint auch keinerlei physikalische Behinderung für die Funktion der ASW zu bestehen. ASW kann über große Entfernungen im Raum wirken, sie vermag undurchsichtige Schirme zu durchdringen, und sie wird von der Zeitgrenze nicht aufgehalten. Bis jetzt war nicht festzustellen, daß irgendein physikalischer Faktor sie in ausgeprägter Form beeinflußt.

Dagegen ist die ASW äußerst empfindlich gegen Veränderungen der psychischen Situation. Scheinbar triviale Faktoren wie Aussichten, Vorlieben, vorübergehende Stimmungen usw. haben deutlichen Einfluß auf die ASW-Leistung. Faktoren, die allgemein günstig für psy-

---

* Später (auf Seite 132) werden wir Gelegenheit zu der Feststellung haben, daß in den mystischen Erlebnissen dennoch irgendein ASW-Element vorhanden sein kann. Doch bei der Untersuchung der ASW-Eigenschaften sind wir gezwungen, auf der Überprüfung zu bestehen. Nicht überprüfbare Erlebnisse können für uns keinen praktischen Wert haben. Die Überprüfung religiöser Erlebnisse wirft besondere Probleme auf, die wir noch behandeln werden (Seite 132).

chische Aktivität sind (wie ein Gefühl des Wohlbefindens, der Behaglichkeit, eine freudig optimistische Stimmung usw.), beeinflussen die ASW positiv. Und Faktoren, die sich negativ auf die psychische Aktivität auswirken (psychische Spannung, Nervosität, Angst, Langeweile, Sorgen, Zerstreutheit, Ermüdung und andere deprimierende Einflüsse), zerstören die ASW. Dies zeigt uns wiederum die enge Verbindung von ASW und psychischer Aktivität (sprich Bewußtsein).

ASW läßt sich, genau gesagt, am besten mit den höchsten Formen psychischer Aktivität vergleichen: mit schöpferischer Aktivität. Das Abschreiben einer Adresse aus dem Telefonbuch ist ebenso eine psychische Aktivität wie das Verfassen eines Gedichts. Doch die ASW hat mehr Ähnlichkeit mit letzterem. Genauso ist sie dem Erfinden verwandter als bloßem Maschineschreiben und dem Lösen wissenschaftlicher Probleme als einfachem Auswendiglernen usw. Generell können wir sagen, daß Bedingungen, die für schöpferische Arbeit günstig sind, sich auch auf die ASW günstig auswirken.

Interessanterweise war diese Beziehung bereits in den alten Zeiten bekannt, als man künstlerische Talente für besondere Geschenke der Götter hielt. Prophetische Talente galten als gleichwertig mit künstlerischen. Die Orakel gingen mit einem Gotteskult einher, in welchem die Priesterin (die Wahrsagerin, wenn Ihnen die heutige Terminologie lieber ist) ihren Gott anbetete – genau wie Dichter und Sänger, die Musen um Hilfe bei ihren künstlerischen Schöpfungen anflehten.

Unsere bisherigen Ausführungen über die ASW lassen uns verstehen, wie schwierig es sein muß, sie unter Kontrolle zu bringen. Wenn wir auch immer mehr über die Faktoren lernen, die ihr Auftreten fördern, so zeigt uns doch die Entdeckung des sogenannten *Psi-missing* (das Begehen von Fehlern durch ASW), welche unvorstellbaren Überraschungen wir erleben können. Es veranschaulicht uns, wie die seltsamen tiefen Schichten der menschlichen Psyche das Arbeiten der ASW zu beeinflussen vermögen.

Mehrere Parapsychologen haben untersucht, wie sich die Einstellung der Versuchspersonen zur ASW auf ihre ASW-Leistung auswirkt. Wir möchten, um die Vielfalt der Probleme in der Parapsychologie aufzuzeigen, darauf hinweisen, daß ein solches Untersuchungsthema einen Physiker kaum reizen würde; er ist es gewöhnt, Naturgesetze zu studieren, die nicht von der Einstellung beteiligter Personen abhängen. Die Einstellung darf keinerlei Rolle spielen – überlegen Sie nur, was geschehen würde, wenn unsere Einstellung zur Elektrizität deren Gesetze beeinflussen könnte oder unsere Einstellung zur Schwerkraft den Flug von Flugzeugen. (Festzuhalten ist freilich: Ihre Einstellung zur Gewehrkugel verhindert zwar nicht, daß Sie getroffen werden, aber Ihre Einstellung zu Ihrem Arzt kann manchmal Ihre Genesung beschleunigen: wenn Sie ihm vertrauen, fühlen Sie sich zumindest erleichtert. Auch die Einstellung eines Studenten zu seinem Professor kann sein Lernen und seine Leistung im Examen beeinflussen.)

So seltsam es im Lichte anderer wissenschaftlicher Disziplinen erscheinen mag, Tatsache ist, daß sogar ein derart trivialer Faktor wie die Einstellung der Versuchsperson zur ASW oder zur anderen Person in ihrer ASW-Leistung eine große Rolle zu spielen vermag. Das soll nicht heißen, daß die ASW keinen Gesetzen gehorcht. Sie hat ihre Gesetze, die objektiv und vom Beobachter (der diese Gesetze studiert) unabhängig sind. In dem Punkt darf der Physiker beruhigt sein. Doch es ist eine besondere Eigentümlichkeit der ASW, daß diese *objektiven* Gesetze die subjektive Psychologie des Menschen, der die ASW-Fähigkeit besitzt, und sogar seine sozialen Beziehungen und Bindungen umfassen.

Der Glaube an ASW ist ein positiver Faktor und müßte – gemäß dem vorher Gesagten – die ASW stimulieren. Andererseits müßte eine negative Einstellung (beispielsweise Zweifel an der ASW) sie zerstören. In quantitativen Versuchen zur Erforschung dieses Problems zeigt sich das Vorhandensein von ASW durch eine Leistung, die über der Durchschnittserwartung liegt. Das Fehlen von ASW äußert sich in einem Ergebnis, welches der Durchschnittserwartung entspricht. Parapsychologen verglichen die Leistung einer Gruppe von Versuchspersonen, die an ASW glaubten, mit der Leistung einer Gruppe von „Ungläubigen". Die Gläubigen erbrachten – wie zu erwarten war – Resultate über der Zufallserwartung und zeigten so, daß sie über ASW verfügten. Das Resultat der Ungläubigen jedoch lag nicht einmal bei der Zufallserwartung, was auf das Fehlen von ASW hingedeutet hätte, sondern wesentlich darunter: sie gaben weniger richtige Antworten, als Zufallstreffer zu erwarten standen. Dieses Ergebnis zeigt, daß die Versuchspersonen tatsächlich ASW hatten, die sich jedoch in verzerrter Form manifestierte: Wegen des Negativismus der Versuchspersonen arbeitete ihre ASW sozusagen verkehrt herum: sie *verhinderte* richtige Antworten. (Dieses Phänomen ist ein weiteres Beispiel für die vielen Launen unseres Unterbewußten, das uns zu abwegigem Verhalten veranlaßt, wenn wir uns unangenehmen Aufgaben gegenübersehen. Wir können z. B. auch vergessen, einen unerfreulichen Brief aufzugeben, den Namen eines unsympathischen Menschen falsch schreiben, einen Gegenstand verlieren, der uns ärgert, oder eine uns lästige Sitzung versäumen.)

Die Abhängigkeit der ASW von psychologischen Faktoren erklärt auch, warum diese Fähigkeit noch so unstabil und scheinbar launisch ist. So können Sie an einem Tag eine sehr gute ASW-Leistung erleben, und am nächsten Tag kann die gleiche Person Sie unter scheinbar gleichen Bedingungen völlig enttäuschen. Doch in Ihrer Enttäuschung über die Leistung haben Sie vielleicht übersehen, daß es eben am nächsten Tag nicht mehr *die gleiche* Person war. Möglicherweise hatte sie inzwischen schlechte Nachrichten erhalten, oder sie macht sich Sorgen über etwas, das sie geheimzuhalten wünscht (so daß Sie es nie erfahren), oder sie fühlt sich unbehaglich usw. Diese scheinbar trivialen Einflüsse reichen aus, um die ASW-Leistung der Versuchsperson zutiefst zu verändern. Genauso kann sogar ein gut vorbereiteter Student bei einem Examen durchfallen, wenn er nervös ist oder sich nicht wohl fühlt.

Die Parapsychologen sind generell der Ansicht, daß die ASW in der menschlichen Rasse weit verbreitet ist (wie die Fälle von spontaner ASW zeigen, die praktisch bei jedermann auftreten kann). Damit ist allerdings eher eine *potentielle* ASW-Fähigkeit gemeint, die unter Umständen sichtbar wird, wenn geeignete Bedingungen es erlauben.

Ein Vergleich scheint hier angebracht: Wird ein Kind geboren, hat es das potentielle Talent, Lesen und Schreiben zu lernen – wenn es heranwächst und zur Schule geht. Viele Kinder haben jedoch keine Möglichkeit, Schulen zu besuchen, und können dieses Talent ihr Leben lang nicht entwickeln. Bei zahllosen Menschen wird die ASW nicht sichtbar, da infolge ihrer Lebensweise keine geeigneten Bedingungen dafür entstehen. Gelegentlich mag es geschehen, daß ein besonderes Zusammenwirken von Ereignissen einen Menschen in eine Konstellation psychologischer Faktoren bringt, die ASW stimulieren. Dann treten spontane ASW-Erlebnisse auf (siehe Seite 67 ff.). Nur sehr wenige Menschen haben gelernt, diese günstigen Faktoren besser zu kontrollieren; sie können dann öfter ASW haben und deren Auftreten manchmal sogar steuern.

Schließen wir einen anderen Vergleich an: Von den Kindern, die Schreiben lernen, lernen es einige besser, andere schlechter; und nur ein paar werden schließlich begabte Schriftsteller. Doch nicht einmal von einem genialen Schriftsteller darf man erwarten, daß er ein Meisterwerk auf Bestellung schreibt. Er kann auf Verlangen eine technisch perfekte Routinearbeit liefern – aber für ein geniales Werk bedarf er einer besonderen Vorbereitung und Inspiration. Genauso kann auch ein begabter Hellseher oft seine ASW-Fähigkeit nicht auf Verlangen demonstrieren. Spezielle Bedingungen, die seinem psychologischen Innenleben entsprechen, sind erforderlich, doch sie sind nicht immer gegeben oder können nicht immer erzeugt werden.

Die mangelnde Stabilität der ASW ist natürlich bei der Forschung ein großes Hindernis und macht auch eine umfassendere praktische Anwendung der ASW unmöglich. Oft klagten die Forscher darüber, daß sich parapsychologische Experimente nicht wiederholen lassen. Das Ideal der Wissenschaft ist es, das zu untersuchende Phänomen völlig unter Kontrolle zu haben und es ganz nach Belieben – wann immer man wünscht – hervorrufen zu können, wie es gewöhnlich in der Physik und Chemie möglich ist. Doch sogar in diesen „exakten" Wissenschaften, die sich für andere Wissenschaften als Beispiele verwenden lassen, ist die Wiederholbarkeit ein nicht immer erreichtes Ideal. Das Kernproblem der Wiederholbarkeit liegt stets in der Frage, ob wir alle wichtigen Bedingungen kennen und diese nach Wunsch erzeugen können. Geht mit irgendwelchen wichtigen Bedingungen etwas schief, verlieren wir die Kontrolle über das Phänomen. Einfache Experimente mit der Elektrizität, die Schülern im Physikunterricht vorgeführt werden, mißlingen unter Umständen, wenn die Luft zu feucht ist. Chemische Reaktionen können überraschend verlaufen, wenn wir chemische Stoffe von ungenügender Reinheit verwenden oder es versäumen, die Temperatur oder andere erforderliche Bedingungen zu kontrollieren. (Leider ist unsere Lage in der Parapsychologie ungünstiger, weil wir noch nicht alle Bedingungen kennen, die für die perfekte Kontrolle des von uns untersuchten Phänomens notwendig sind.)

Es gibt eine Anekdote über den berühmten französischen Physiker A. M. Ampère, der im 19. Jahrhundert zu den Entdeckern der Grundgesetze der Elektrizität zählte. Einmal demonstrierte er vor einem wissenschaftlichen Komitee seine Entdeckung der elektromagnetischen Induktion. Er hatte zu diesem Zweck einen einfachen Apparat konstruiert; er schaltete Strom ein, die Nadel, die das zu demonstrierende Phänomen anzeigen sollte, bewegte sich, und das Komitee war zufrieden. Nicht so Ampère: „Meine Herren, erlauben Sie mir, das Experiment zu wiederholen!" – „Warum? Wir haben es doch bereits gesehen." Ampère gab nicht nach. Er wiederholte das Experiment zur Zufriedenheit des Komitees und zu seiner eigenen. Dann erklärte er: „Sehen Sie, meine Herren, an meinem Apparat war ein kleiner Defekt, beim erstenmal hat er nicht richtig gearbeitet, so daß ich die Nadel mit dem Finger leicht anstoßen mußte. Doch beim zweitenmal arbeitete er einwandfrei."

In der Physik und der Chemie, wo die untersuchten Regelmäßigkeiten vergleichsweise einfach sind, können wir gewöhnlich alle wichtigen Faktoren kontrollieren, und die Experimente sind wiederholbar. Dennoch führt meist ein langer Weg von der Entdeckung eines Phänomens zu seiner kontrollierten technischen Anwendung.

In der Biologie, wo wir es mit vielfältigen Lebenssystemen und viel komplizierteren Regelmäßigkeiten zu tun haben, gibt es keine absolute Wiederholbarkeit mehr. Wir wollen dies an einem Beispiel aus der Medizin veranschaulichen: Ein und dasselbe Mittel, sagen wir das bekannte Penicillin, kann einen Patienten heilen und bei einem anderen eine unangenehme allergische Reaktion verursachen. Je komplizierter das Objekt unserer Untersuchung ist und je kompliziertere Regelmäßigkeiten ins Spiel kommen, desto schwieriger wird es, eine präzise Wiederholung des untersuchten Experiments sicherzustellen.

Noch größere Probleme bestehen in der Psychologie, wo die Regelmäßigkeiten so kompliziert sind, daß zwei biologisch identische Individuen wegen ihrer Abhängigkeit von scheinbar so trivialen Faktoren wie vergangenen Erlebnissen völlig unterschiedlich reagieren können. (So vermag beispielsweise ein neckendes Wort je nach den Umständen fröhliches Gelächter hervorrufen, gleichgültige Nichtbeachtung, überhaupt keine oder eine verärgerte Reaktion: defensives Weinen oder einen offensiven Angriff.)

Parapsychologische Beobachtungen sind noch weniger voraussagbar, weil die Einflüsse noch komplizierter und die Wirkungen noch subtiler sind. Ich werde das anhand einer der jüngsten Entdeckungen der Parapsychologie zu veranschaulichen versuchen, der sogenannten *geistigen Imprägnation* (manchmal auch „Fokuseffekt" genannt).

Stellen Sie sich vor, Sie haben zwei weiße Karten, die gleich aussehen und auf die ein Kreuz gedruckt ist. Ihre Versuchsperson mit ASW-Fähigkeit wird sich die erste Karte ansehen und die Assoziation haben: „Kreuz als religiöses Symbol." Dann sieht sie sich die andere Karte an und hat die Assoziation: „Mathematisches Pluszeichen." Sonst geschieht nichts. Die Karten bleiben nach allen nur denkbaren Maßstäben gleich – aber dennoch, wenn die Versuchsperson sie nächstesmal sieht, lösen sie in ihr verschiedene Assoziationen aus, je nach der Bedeutung, die ihnen die Versuchsperson aufgeprägt hat. Die erste Karte wird die Versuchsperson an die Religion denken lassen, die zweite an Mathematik. (Dieses Phänomen hängt von keiner sensorischen Eigenschaft der Karten ab; es tritt auch auf, wenn die Karten in undurchsichtigen Umschlägen stecken.)

Wir begegnen hier einer seltsamen neuen Tatsache: vergangene bewußte Erlebnisse, die mit irgendeinem vertrauten Gegenstand assoziiert sind, können diesen (nur vom parapsychologischen Standpunkt) verändern. Haben Sie beispielsweise eine blanke weiße Karte und stellen sich die schwarze Farbe darauf lebhaft vor, ist sie zwar das gleiche physikalische Objekt wie vorher, hat die gleiche chemische Zusammensetzung wie vorher und die gleichen psychologischen Eigenschaften (sie bleibt für jeden regulären Betrachter die gleiche blanke weiße Karte), doch ihre parapsychologischen Eigenschaften *haben sich verändert:* die Karte wird künftig eine andere parapsychologische Reaktion auslösen.

Ein aufschlußreiches Beispiel für die Schwierigkeiten der parapsychologischen Experimentation bieten auch die Versuche, mit denen die Existenz von „reinem Hellsehen" zum Unterschied von „reiner Telepathie" bewiesen werden sollte.*

---

* Seinerzeit war diese Frage von großer theoretischer Bedeutung; um 1900 glaubten Parapsychologen mehrere Jahrzehnte lang nicht an die Existenz von reinem Hellsehen, sie versuchten jedwede ASW mittels Telepathie zu erklären und boten als Alternativerklärung das Fortleben nach dem Tod an.

Stellen Sie sich einen quantitativen Versuch vor: Sie haben eine Serie Karten mit einigen Symbolen, schauen eine nach der anderen an, und die Versuchsperson wird aufgefordert, die Kartensymbole durch ASW in der Reihenfolge zu bestimmen, in der Sie sie sehen. Dies ist ein Test für die sogenannte „allgemeine außersinnliche Wahrnehmung", der den Einsatz beider ASW-Formen (Telepathie und Hellsehen) ermöglicht. Die Versuchsperson kann sich entweder der Telepathie bedienen und (ohne auf die Karten zu achten) Ihr Wissen aus Ihrem Geist „ablesen", während Sie auf die Symbole blicken; oder sie kann mittels Hellsehen die gewünschte Information direkt von den Karten ablesen (ohne auf Ihre Gedanken zu achten).

In einem Telepathietest, wenn Sie die Möglichkeit des Hellsehens ausschließen wollten, würden Sie keine Karten verwenden, sondern die Versuchsperson auffordern, Ihre Gedanken zu lesen, während Sie sich die einzelnen Symbole „vorstellen". Doch hier ergibt sich eine Komplikation: Sie benutzen zwar keine Karten, aber die Versuchsperson muß Ihnen ihre Antworten schriftlich oder mündlich mitteilen, Sie müssen ihre Behauptungen zur späteren Auswertung aufzeichnen, und Sie müssen auch die Symbole registrieren, die Sie sich vorgestellt haben. Die Worte oder Notizen der Versuchsperson und Ihre Aufzeichnungen sind jedoch objektive Ereignisse und dem Hellsehen zugänglich. Wie Sie sehen, läßt sich der störende Einfluß des Hellsehens nicht so leicht ausschalten.

Es kann auch sein, daß Sie das Hellsehen ohne die Mitwirkung der Telepathie testen wollen. Das einfachste Verfahren bestünde darin, die Karten in undurchsichtige Umschläge zu stecken; wenn niemand den Inhalt der Umschläge kennt, darf man vermuten, daß die Versuchsperson zur Bestimmung des Inhalts das Hellsehen einsetzt. Im praktischen Experiment ist das jedoch nicht so einfach. Wenn Sie mit der Auswertung des Ergebnisses beginnen, müssen Sie prüfen, ob die Behauptungen der Versuchsperson richtig waren oder nicht. Sie öffnen die Umschläge und sehen sich den Inhalt an. Damit tritt das Wissen vom Inhalt der Umschläge in Ihr Bewußtsein, Ihren Geist, aus dem es durch Telepathie „abgelesen" werden kann. Bedenken Sie nun, daß die ASW auch in der Zeit zu arbeiten vermag. Daher könnte die Versuchsperson theoretisch immer noch die Telepathie einsetzen, den Inhalt der Umschläge überhaupt außer acht lassen und statt dessen Ihre Gedanken in dem zukünftigen Augenblick lesen, da Sie den Inhalt der Umschläge nachprüfen.

Um diesen störenden Einfluß auszuschalten, wurden vor kurzem Maschinen gebaut, die automatisch die Richtigkeit der Antworten einer Versuchsperson prüfen, ihre Treffer und Fehler zählen und am Ende des Tests die Gesamtzahlen der Fehler und Treffer angeben. Dies erlaubt, das Resultat des Versuchs zu bewerten und dennoch die Bedingung zu erfüllen, daß beim Prüfen der Antworten einer Versuchsperson kein bewußtes Wissen mitwirkte und somit jede Möglichkeit der Telepathie ausgeschlossen war.

In der Parapsychologie sind wir oft nicht in der Lage, die untersuchten Phänomene zu kontrollieren, weil wir noch nicht alle wichtigen Faktoren kennen; und sogar die bekannten – die von komplizierten psychologischen Variablen abhängen – lassen sich nicht immer in ihrer ganzen Vielfältigkeit herbeiführen. Solche Schwierigkeiten sind natürlich auf jedem wissenschaftlichen Gebiet, das sich in den Anfangsstadien befindet, an der Tagesordnung.

In unserer Situation könnten wir sogar etwas Verständnis für die Scharlatane und Schwindler aufbringen, die meist die Leichtgläubigkeit anderer ausnutzen und Fähigkeiten oder Kenntnisse vortäuschen, über die sie gar nicht verfügen. Das Fehlen faktischen Wissens auf dem Gebiet ermutigt sie noch. Wir sind natürlich zu Recht erbost über den Betrug und die Schwindeleien falscher Sensitiver und Wahrsager, aber wir wollen doch nicht vergessen, daß auch andere Wissenschaften – vor Jahrhunderten – dieses Stadium durchmachten. Die Astronomie entwickelte sich Hand in Hand mit der Astrologie, und sogar die berühmtesten Astronomen, wie Brahe oder Kepler, verdienten ihren Lebensunterhalt mit der Erstellung von Horoskopen.

Wenn wir die Entstehungsgeschichte der modernen Wissenschaft bis in die Renaissance zurückverfolgen, können wir das Umhertasten und Irren nicht übersehen, das mit diesem intellektuellen Gärungsprozeß einherging. Wandernde Gelehrte und Wanderlehrer verschiedener Qualität und Bildung, Aufwiegler gegen orthodoxen Dogmatismus und Magier, die seltsame Philosophien predigten, wetteiferten mit den üblichen Betrügern um die Gunst der Reichen und Mächtigen – wobei es manchem mehr um finanziellen Gewinn als um wirkliches Wissen ging. Übertreibungen, Geheimnisse, vielsagende Halbweisheiten, gekonnte Reklame und prahlerische Versprechungen waren schon vor drei oder vier Jahrhunderten wirksam – nicht weniger als heute.

Folgendes Beispiel aus den Anfangszeiten der Chemie ist typisch: Primitives Wissen über die chemischen Prozesse wurde von Alchimisten angewandt – und oft mißbraucht. Einige versuchten ihre spärlichen Mittel zur Erlangung umfassenderen Wissens und größerer Meisterschaft in ihrem Handwerk einzusetzen. Andere waren hemmungslose Betrüger. Die eitlen Versprechen, Grundmetalle in Gold zu verwandeln und das Lebenselixier sowie den Stein der Weisen herzustellen, ernüchterten viele. Doch wir wollen nicht übersehen, daß die wissenschaftliche Methode die Alchimie in Chemie verwandelte, die unser Leben grundlegend veränderte und für die moderne Zivilisation unentbehrlich ist. (Übrigens, warum nur jene Gebiete anschwärzen, auf denen Unwissenheit zu Betrug ermutigte? Sogar heute noch werden – trotz unserer modernen wissenschaftlichen Kenntnisse – manchmal von verantwortungslosen Fabrikanten Waren erzeugt oder Dienstleistungen angeboten, die dem Benutzer mehr Schaden zufügen als Vorteile bringen. Der Fehler liegt im Menschen selbst.)

Es steht dafür, einige Charakteristika der seinerzeitigen Inangriffnahme menschlicher Probleme anzuführen: übertriebene Selbstgefälligkeit und ein Übermaß an Selbstvertrauen, basierend auf unzulänglichem Wissen; fehlendes Verständnis von inneren Zusammenhängen zwischen Ereignissen; und die dilettantische Hoffnung, große Erfolge seien leicht zu erreichen, ohne entsprechenden Fleiß und Mühe. Diese unkritische, oberflächliche Denkweise ließ die Menschen glauben, um ewige Jugend zu erlangen, brauche man lediglich einen Schluck von einem Zaubertrank zu nehmen. Oder man könne durch Goldmachen reich werden – indem man einfach ein Stückchen von einer wunderbaren Substanz in Blei werfe.

Diese primitive Denkweise existiert sogar noch heute. Vielleicht erinnern Sie sich an die kurzlebige Sensation unserer Tage, als durch ein ebenfalls einfaches – wenn auch etwas modernisiertes – Verfahren der Zauber ewiger Jugend versprochen wurde: durch die Einpflanzung von Geschlechtsdrüsen. Und die hypnotische Suggestion wird oft als eine Art Wundermittel für alle Probleme angesehen: sie soll die verschiedensten Krankheiten heilen, schlechte Gewohnheiten ausmerzen, abnehmen helfen, großen Erfolg im Leben bescheren oder mediale Kräfte erwecken – einfach so, ohne jede Anstrengung, auf

den bloßen Befehl des Hypnotiseurs hin. Wenn Sie nicht in der Lage
sind, durch eigene Kraft und Anstrengung etwas zu erreichen, nun,
dann lassen Sie es eben den Hypnotiseur für Sie tun, durch die magische Kraft seiner Worte! (Das soll beileibe nicht heißen, daß die
Hypnose wirkungslos sei; aber man darf sie nicht als allmächtiges
Allheilmittel ansehen.) Viele Verfechter des Okkultismus und des
Supranaturalismus glauben, wunderbare Wirkungen seien durch
irgendwelche Zaubermittel und Rituale zu erzielen – sollen doch Gott
oder irgendwelche geheimnisvollen Kräfte für sie tun, was sie, müßten
sie es allein bewältigen, zu schwierig und anstrengend fänden.

Auf solche Art wird jedoch kein wirklicher Erfolg errungen; er
stellt sich durch Wissen und Anstrengung ein. Die Wissenschaft hat
den alten Traum der Alchimisten verwirklicht: die Transmutation der
Elemente. Aber bevor die Wissenschaftler das vollbrachten, mußten
sie immense Kenntnisse auf dem Gebiet der Kernphysik ansammeln
und komplizierte Maschinen bauen, von denen sich die alten Alchimisten nicht träumen ließen. Epidemien wurden verhindert – nicht durch
Zaubermittel und Amulette, sondern durch lange, geduldige und oft
gefährliche Forschungen auf dem Gebiet der Mikrobiologie.

Oder nehmen wir beispielsweise die pharmakologisch wirkenden
Substanzen in Pflanzen. Vor Jahrhunderten wurde das primitive
Wissen über sie dazu benutzt, sie mit Magie und geheimnisvollen
Riten zu umgeben und daraus Zaubertränke oder Wundersalben zu
bereiten. Manchmal wirkten sie, manchmal nicht, und manchmal
waren sie so wirksam, daß sie den Benutzer vergifteten. Einmal er-
zielte Wirkungen ließen sich nicht leicht wiederholen, was man den
Launen zürnender Götter zuschrieb. Zunehmendes pharmakologi-
sches Wissen erlaubte später die Isolierung dieser Substanzen aus den
Pflanzen; heute können viele sogar synthetisch hergestellt werden und
lassen sich zu kontrollierter Anwendung genauestens dosieren. Wir
wissen heute natürlich, daß die Unwiederholbarkeit der Wirkung von
Zaubertränken keine Laune von Göttern oder Geistern war, sondern
die Folge des veränderlichen Gehalts der Droge in den Pflanzen, aus
denen die Tränklein gebraut wurden.

In allen Wissenschaften geht die wachsende Kontrolle mit wach-
sendem Wissen einher. Das Problem der heutigen Parapsychologie
liegt darin, daß sie ein Gebiet ist, welches:

1. sich noch im Frühstadium der Entwicklung befindet und bisher wenig Wissen ansammeln konnte;

2. sehr komplizierte Systeme von Regelmäßigkeiten untersucht, die mit äußerst variablen psychologischen Faktoren verbunden sind;

3. Fähigkeiten untersucht, die nur in rudimentären, unvollkommenen Formen erscheinen und oft so schwach sind, daß sie sich kaum aufspüren lassen.

Bei der Erforschung der ASW, dem populärsten Gebiet der heutigen Parapsychologie, stehen wir vor zwei Hauptproblemen:

1. Die ASW ist unstabil. (Der Grund liegt darin, wie wir bereits wissen, daß wir nicht alle für ihr Funktionieren wichtigen Faktoren kennen und oft nicht in der Lage sind, die uns bekannten Faktoren vollkommen hervorzurufen.)

2. Die ASW ist unvollkommen. Gewöhnlich liefert sie nur begrenzte Informationsmengen. Eine seltsame Ahnung sagt uns beispielsweise, daß in Bälde ein unerfreuliches Ereignis droht, während wir wissen müßten, daß – sagen wir – um 15.15 Uhr für uns die Gefahr eines Zusammenstoßes mit einem roten Wagen besteht, der von rechts in die und die Kreuzung einfährt. (Vage Erlebnisse dieser Art sind so allgemein, daß wir darin keine ASW erkennen, auch wenn sie vorhanden ist.) Und in den quantitativen Versuchen ziehen wir unsere Schlußfolgerungen lediglich aus *Durchschnitts*leistungen unserer Versuchspersonen; was wir gewöhnlich erhalten, liegt nur leicht über der Zufallserwartung (während wir am liebsten alle Einzelversuche richtig beantwortet bekämen) und gibt wenig Aufschluß darüber, welcher Einzelversuch richtig bzw. falsch ist.

Das sind jedoch typische Merkmale jeder unvollkommen entwickelten Fähigkeit. Vielleicht entsprach dem etwa die Wirksamkeit des Sehorgans irgendwelcher früher kambrischer Würmer vor rund sechshundert Millionen Jahren, das ihnen nur eine sehr ziellose Orientierung erlaubte – in dem aber dennoch der Ursprung weit wirksamerer und zuverlässigerer späterer Sehorgane zu suchen ist. Oder nehmen wir die ersten Versuche eines eben eingeschulten Kindes in Arithmetik. Sind seine Rechnungen, bevor es sie richtig lernt, nicht ähnlich „ziellos" wie die ASW-Leistungen eines Hellsehers?

Wir wollen uns einstweilen mit der Feststellung begnügen, daß die Parapsychologen eine neue Wahrnehmungsfähigkeit entdeckt haben,

die über die normalen Sinne hinausreicht und so schwach ist, daß
wir sie mit den gegenwärtig verfügbaren Methoden kaum aufspüren,
geschweige denn in der Praxis regelmäßig anwenden können. Doch
wir wollen versuchen, Mittel und Wege zu finden, um diese Fähigkeit
zu verbessern und nützlich zu machen.

Der Schlüssel zur Kontrolle über ASW mag in der Erkenntnis
liegen, daß die ASW am besten in einem besonderen Geisteszustand
funktioniert, der sich vom normalen, alerten Wachzustand unterscheidet. Spontanes Auftreten von ASW wurde gewöhnlich beobachtet, wenn die betreffende Person schlief (träumte), entspannt
war, sich Tagträumen hingab, nach intensiver geistiger Tätigkeit eine
Ruhepause einlegte usw. Spiritistische Medien entwickeln im schlafähnlichen Zustand der „Trance" ASW. Auch Hellseher, wenn sie
wirklich welche sind, demonstrieren ihre Fähigkeit in einem besonderen Zustand der Konzentration, der äußerlich dem normalen
Wachzustand ähneln mag, innerlich aber eine gewisse Änderung des
Bewußtseinszustands mit sich bringt.

Dieser ASW-förderliche Zustand läßt sich schwer beschreiben, da
in unserer Sprache geeignete Wörter fehlen. Es ist ein Zustand, in
welchem der für den normalen Wachzustand charakteristische unauf-
hörliche Gedankenstrom zum Stillstand kommt und stark erhöhte
Aufmerksamkeit auf einen einzigen Bewußtseinsinhalt gerichtet wird:
die Frage, welche durch ASW beantwortet werden soll. Der Geist
wird unempfänglich für ankommende somatische Sinnesreize, und
dies macht ihn aufnahmefähig für außersinnliche Impressionen.

Dieser Zustand ist schwer zu schildern und noch schwerer hervorzurufen. Man kann ihn durch Autokonzentration, Meditationsübun-
gen oder Jogatraining herbeiführen, und die mystische Ekstase –
Samadhi – scheint eine Abart davon zu sein. Die Herstellung dieses
Zustands durch individuelle geistige Anstrengung ist jedoch äußerst
schwierig, weil sich der ständige Bewußtseinsstrom nur mit größter
Mühe abstellen läßt. Relativ leicht kann man ihn durch Hypnose
erreichen, und deshalb ist die ASW so oft bei hypnotisierten Menschen zu beobachten.

Wenn wir über die mögliche Kontrolle und die spätere praktische
Anwendung der ASW nachdenken, taucht die Frage nach ihrer Ent-
wicklungsgeschichte auf: Ist sie eine progressive Funktion, die sich

im Lauf ihrer Entwicklung zu späteren, perfekteren Formen entfalten wird – oder ist sie vielleicht eine atavistische Funktion, die in der Vergangenheit ihre Blütezeit hatte und zum gegenwärtigen Rudiment degenerierte? Handelt es sich um eine degenerierte Fähigkeit, dann wäre zur Erlangung der Kontrolle nur die Beseitigung der Faktoren notwendig, die an der Degeneration schuld sind. Ist die ASW dagegen eine progressive Funktion – wie wir glauben –, bietet sie weit optimistischere Perspektiven: die einer sich schrittweise entwickelnden und verbessernden Fähigkeit, wobei unsere Hauptaufgabe einzig darin besteht, die Entwicklung zu beschleunigen.

Die Parapsychologen sind sich in dieser Frage uneins. Einige argumentieren, die ASW sei dem Menschen in seinen frühen Entwicklungsstadien, als er in dünn besiedelten Wäldern oder Prärien lebte, nützlicher gewesen. Unter solchen Lebensbedingungen besaß die ASW für die Erhaltung des einzelnen unschätzbaren Wert (besonders als Warnung vor drohenden Gefahren oder zur Kommunikation in Notfällen). Die telepathische Kommunikation kann sogar der verbalen Kommunikation vorausgegangen sein.* Die Entwicklung einer artikulierten Sprache und besonders die Konstruktion immer wirksamerer technischer Kommunikationsmittel kann die ASW unterdrückt haben: sie war nicht mehr notwendig, wurde nicht mehr angewandt und verkümmerte.

Zur Stützung dieser Ansicht könnten wir Beobachtungen anführen, die andeuten, daß die ASW nicht auf den Menschen beschränkt, sondern auch bei anderen Spezies vorhanden ist (natürlich besteht das Problem, wie wir ASW in Tieren isolieren sollen, wenn wir bei den verschiedenen Arten die Grenzen der Sinneswahrnehmung nicht kennen). Es gibt auch Beobachtungen über verblüffende Fälle von ASW bei Kindern und Behauptungen (freilich keine zuverlässig bestätigten), daß primitive Stämme stärkere ASW-Kräfte besäßen. Wenn sich beweisen ließe, daß Kinder oder primitive Völker oder Tiere eine bessere ASW haben als der moderne Erwachsene, spräche dies stark für

---

* Wenn die Menschen jedoch in der Vergangenheit vollkommene Telepathiefähigkeiten besaßen, warum entwickelten sie dann die verbale Kommunikation überhaupt? Vom Entwicklungsstandpunkt betrachtet, ist darin kein Sinn zu sehen. Warum blieben sie nicht bei der Telepathie, die unendlich nützlicher ist?

die Regressivität bzw. Zurückentwicklung der ASW. Ein solcher Beweis wurde jedoch nicht erbracht, und der Gedanke, die Telepathie könnte der verbalen Kommunikation vorausgegangen sein, ist eine unfundierte, wenn auch interessante Spekulation.

Ein weiteres Argument für die Zurückbildung ist die oben erwähnte Feststellung, daß die ASW am leichtesten bei einem veränderten Geisteszustand auftritt, in welchem die wache geistige Aktivität unterdrückt wird. Wir könnten diesen Geisteszustand, in welchem das rationale, logische Denken zurückgedrängt ist, vom Evolutionsstandpunkt als atavistisch deuten. (Doch es besteht keinerlei Gewißheit, daß diese Deutung stimmt; vielleicht muß man den Zustand ganz im Gegenteil als „höchst progressiven" Zustand der Intuition betrachten.)

Selbstverständlich gibt es auch Argumente gegen den regressiven Charakter der ASW. Wäre die ASW beispielsweise wirklich eine Funktion, die ihren Höhepunkt in der Vergangenheit hatte, könnten wir damit rechnen, daß für sie ein Sinnesorgan gefunden würde (zumindest ein degeneriertes). Das geschah nie.

Viele Parapsychologen halten die ASW für eine progressive Funktion. Das stärkste Argument zugunsten dieser Meinung besagt, daß die ASW mit der psychischen Aktivität des Menschen verbunden ist, mit dem Bewußtsein, also der entwicklungsmäßig jüngsten Funktion. Die ASW verhält sich nicht nur ähnlich wie andere psychologische Funktionen des Menschen, sondern sie scheint auch eng mit der schöpferischen Aktivität zusammenzuhängen, die wir als höchstes Produkt des Geistes schätzen.

Wir haben also guten Grund, die ASW als progressive Fähigkeit anzusehen, die sich in der Zukunft der Menschen weiter entwickelt. Der allgemein progressive Charakter schließt natürlich zeitweilige Regressionen nicht aus. Es ist in der Natur ziemlich üblich, daß Funktionen, die nicht angewandt werden, allmählich verkümmern. (Beispiel: Augen beim Maulwurf oder Sehorgane bei Tiefseefischen.)

Möglicherweise hat – wie manche Parapsychologen glauben – die Entwicklung des rationalen logischen Denkens vor etwa zweitausendfünfhundert Jahren, das die Psyche des modernen Menschen beherrscht und bei der Schaffung unserer modernen Zivilisation eine wichtige Rolle spielte, unseren Geist auf ein Geleise geschoben, wo

für die ASW kein Raum war. Die Telepathie kann sehr gut verkümmert sein, als die wirksamere verbale Kommunikation sie ergänzte
(und später ersetzte), nicht zu reden von den hochwirksamen modernen Kommunikationstechniken, mit denen die ASW bei weitem
nicht zu konkurrieren vermag.

Solche Überlegungen sind jedoch nur unfundierte Spekulationen.
Nichts deutet darauf hin, daß die früheren Menschen mehr ASW
hatten als die heutigen. Zwar läßt sich nicht leugnen, daß die Wahrsagerei in der Antike blühte, aber das ist noch kein Beweis für eine
bessere ASW des alten oder prähistorischen als des modernen Menschen. Vermutlich besaß der Mensch früher keine bessere ASW, sonst
würde sie die alten Kulturen stärker geprägt haben.

Damit keine Mißverständnisse aufkommen: Die alten Kulturen –
die wir aufrichtig bewundern – hatten keineswegs einen höheren
Wissensstand als die unsrige. Wir hören gelegentlich Sagenhaftes über
das fortgeschrittene, doch längst vergessene Wissen der alten Ägypter,
Babylonier oder sogar der Bewohner des legendären Atlantis. Natürlich ist es aufregend, Spekulationen über solche Möglichkeiten anzustellen – aber solange die Geschichte nichts dergleichen erwiesen hat,
bleiben derartige Behauptungen falsch. Warum überflüssige Mysterien
erfinden? Wir bewundern an den alten Kulturen doch das, was sie
in ihrer Zeit zu erreichen vermochten, mit ihren bescheidenen Mitteln – und wir tun es in dem Wissen, daß unsere Zivilisation einige
ihrer Errungenschaften übernommen, verbessert und weiterentwickelt
hat.

Einige Leser erheben vielleicht den Einwand, vor hundert Jahren
habe es viel mehr Medien und angeblich mit parapsychologischen
Kräften begabte Menschen gegeben als heute. Der Unterschied dürfte
im wesentlichen auf die verbesserten Methoden der Beobachtung und
kritischen Analyse zurückzuführen sein – die zweifellos viele betrügerische Imitatoren abschrecken. Außerdem gibt es im modernen
Leben Faktoren, die sich auf eine mögliche ASW-Begabung nachteilig
auswirken: das höhere Lebenstempo, das dem Menschen kein dauerhaftes Gefühl der Sicherheit verleiht und ihm wenig Seelenfrieden
oder kontemplative Mußestunden schenkt; Rationalisierung und
Skepsis gegenüber einer Kultur mit Betonung der technischen Errungenschaften; die Ausrichtung der menschlichen Anstrengungen auf die

Eroberung der Umwelt und Erlangung eines Höchstmaßes an materiellem Komfort, was seine Aufmerksamkeit von seinen inneren Erlebnissen ablenkt.

Die ASW ist ganz entschieden eine *wünschenswerte* Fähigkeit, und deshalb sollten wir versuchen, sie zu vervollkommnen. Auch wenn sie gegenwärtig noch ungenügend entwickelt ist, so birgt sie doch immense mögliche Vorteile gegenüber unseren klassischen Sinnen. Ihr Anwendungsbereich ist weit größer als der jedes anderen Sinnes, und sie kann auch in Situationen, in denen sich andere Sinne nicht einsetzen lassen, zur Erlangung von Information verwendet werden.

Entfernungssinne sind viel vorteilhafter als Kontaktsinne (vergleichen Sie beispielsweise die Nützlichkeit des Sehens mit jener des Tastsinns). Sie lassen sich bei einer weit größeren Vielfalt von Objekten und Ereignissen einsetzen, ermöglichen die Erlangung von Informationen aus größeren Entfernungen und können dank der Perfektion des jeweiligen Sinnesorgans viel wirksamer arbeiten, das heißt, eine größere Menge detaillierter Information liefern.

Wir dürfen mit Fug und Recht behaupten, daß die ASW eine weitere umfassende Steigerung der Wahrnehmungsmöglichkeiten des Menschen bringt. Ihre Vorteile gegenüber den Entfernungssinnen sind mit den Vorteilen der Entfernungssinne gegenüber den Kontaktsinnen vergleichbar. Durch die ASW wird es möglich werden, Informationen über Objekte und Ereignisse zu erhalten, die weit weg sind, vielleicht hinter undurchsichtigen Barrieren liegen oder in anderen Zeiten geschehen. Bis jetzt wurde keine Beschränkung der ASW-Anwendbarkeit gefunden. Das einzige Problem besteht darin, ihre Zuverlässigkeit und Wirksamkeit zu steigern – aber das dürfte nur eine technische Frage richtiger Entwicklung und richtigen Trainings sein.

Es gibt noch einen weiteren wichtigen Vergleich, den wir nicht übergehen sollten: Mit dem Gesichtssinn vermögen wir beispielsweise Gegenstände wahrzunehmen, die mit den Kontaktsinnen nicht wahrnehmbar sind, weil diese auf einer anderen Existenzebene liegen. Durch Berühren können Sie ein Salzkristall wahrnehmen, ein Haar, das Tröpfeln von Regen, die Schärfe eines Messers, die Klebrigkeit von Honig usw. Dies alles vermögen Sie auch mit dem Gesichtssinn wahrzunehmen. Aber Sie können mit dem Tastsinn nicht ferne

Sterne, geschmolzenes Eisen, Mikroben im Mikroskop oder die Farbe einer Blume untersuchen, Sie können nicht die Küstenlinie betrachten, ein fliegendes Flugzeug beobachten, die Architektur einer gotischen Kirche oder die Schönheit eines alten Gemäldes bewundern.

Warum sollen wir nicht erwarten, daß die Kontrolle der ASW, wie einst des Sehens, die Wahrnehmungsmöglichkeiten des Menschen auf völlig neue Bereiche ausdehnt, die dem Auge absolut unzugänglich sind? Diese Ausweitung kann viel mehr umfassen als die Möglichkeit, ASW zur Beobachtung mikroskopischer Objekte (Bakterien, Moleküle usw.) oder unsichtbarer Strahlen (radioaktiver, ultravioletter oder Röntgenstrahlen, vielleicht des Magnetfeldes usw.) einzusetzen, die man mit bloßem Auge nicht sieht.

Es gibt einen Bereich von Behauptungen und Lehren, die sich mit den existierenden Sinnen nicht nachprüfen lassen, aber dennoch in der Geschichte der Menschheit eine ungeheure Rolle spielten. Der Glaube an diese Doktrinen half die menschliche Gesellschaft organisieren, mobilisierte im Menschen schöpferische und moralische Kräfte und bedeutete Trost im Unglück für Gläubige, die Befriedigung und Selbsterfüllung darin fanden, im Einklang mit ihnen zu leben.

Jahrtausendelang lehrten verschiedene Religionen, daß der Mensch eine unsterbliche Seele hat, daß intelligente Wesen (oder ein Wesen) den Lauf der Ereignisse im Universum beeinflussen, daß es die Reinkarnation gibt, das Karma, ewigen Lohn für Rechtschaffenheit usw. Bisher wurden dem Menschen diese Lehren als Dogmen von Offenbarungsreligionen präsentiert. Man erwartete, daß er diese Glaubensartikel akzeptierte, ohne zu zweifeln. Sie waren kein Thema für kritische Erörterungen oder gar einen empirischen Test.

Die Wissenschaft führte neue Gedanken und Denkweisen ein. Sie half dem Menschen, die Natur zu verändern und sein Leben komfortabler zu gestalten – aber sie hat auch den Menschen verändert: sie machte ihn kritisch. Er gibt sich nicht mehr mit dogmatischen Lehren zufrieden, die er nicht nachprüfen kann. Als Folge davon verliert die Religion viel von ihrem früheren Einfluß auf den Geist der Menschen. Der heutige rationale Mensch gibt vielleicht ein Lippenbekenntnis zur Religion ab und geht aus Gewohnheit am Sonntag in seine Kirche, aber in wichtigen Angelegenheiten verläßt er sich auf die Wissenschaft.

Die Religion gerät auf der ganzen Welt in Verfall, und das ist nach Ansicht vieler die Ursache von großen Übeln und schmerzlichen Problemen, die heute die menschliche Gesellschaft quälen. Der westliche Mensch besitzt keine Universalphilosophie, die ihn führen und seinem Leben tieferen Sinn geben würde. Die Religion büßt ihre Überzeugungskraft ein, und die Wissenschaft, die sie unterminiert hat, vermag sie nicht zu ersetzen. Sie ist nicht in der Lage, befriedigend Antwort auf die ewigen Fragen zu geben, die Philosophen und aufgeklärte Menschen aller Zeiten immer wieder stellten: Was ist die Natur des Universums, hat es einen Anfang oder ein Ende? Liegt ein höherer Sinn im einzelnen Menschenleben? Gibt es eine höhere kosmische Rolle für die Menschheit? Eine höhere Gerechtigkeit, die rechtschaffene menschliche Taten belohnt? Und ist der Tod wirklich das absolute Ende der menschlichen Existenz? Die Religion beantwortete einst diese Fragen mit beruhigender, inspirierender Überzeugungskraft. Sie wurde eine Macht, die feste Grundlagen für die Existenz des Menschen schuf und ihn zufriedenstellte, indem sie seinem Leben einen höheren Sinn verlieh. Doch sie versagt heute. Sie hat ihre Rolle als geistiger Führer des westlichen Menschen verloren.

Die Wissenschaft übernimmt die Rolle der Religion. Sie hat viele Fragen beantwortet, die für den Menschen vergangener Zeiten Rätsel waren. Aber sie ließ genau jene unbeantwortet, die größte Konsequenzen für das menschliche Leben haben. Der ganze wissenschaftliche Fortschritt und alle die technischen Raffinessen konnten die Menschen nicht glücklicher machen, ihnen kein Gefühl der Sicherheit in einer sicheren Gesellschaft geben. Sie konnten keine vollkommene Gesellschaft mit der von der Religion angestrebten Bruderschaft aller Menschen und Völker schaffen.

Gibt es eine Kraft, die an die Stelle der Religion zu treten und ihre wichtigen Funktionen zu übernehmen vermag? Die Parapsychologie beantwortet diese Frage. Sie liefert neue wissenschaftliche Methoden zur Erforschung von Lehren und Realitäten, die bislang den ausschließlichen Bereich religiöser Glaubensbekenntnisse darstellten. Menschlichem Sinneserleben waren sie bis dato nicht zugänglich. Erst jetzt bietet die Parapsychologie einen neuen Sinn an, der vielleicht dazu verwendet werden kann, durch direkte Beobachtung die Wahrheit über diese Realitäten herauszufinden.

Als Endergebnis einer solchen neuen Studienrichtung dürfen wir eine fruchtbare Synthese aus Wissenschaft und Religion erwarten – nennen Sie es eine „neue wissenschaftliche Philosophie" oder eine „neue Religion", wenn Sie wollen –, die den modernen Menschen zufriedenstellen und ihm den Weg zu einem glücklicheren Leben weisen würde.

Wir wollen uns eine wichtige Feststellung über ASW ins Gedächtnis rufen: Keine bekannte physikalische Energie vermag sie zu erklären, zu ihrer Erklärung sind neue Prinzipien erforderlich, die über jene unserer gewohnten physikalischen Welt hinausgehen.

Schon die bloße Existenz der ASW als einer von bekannten physikalischen Prinzipien unabhängigen Funktion weist auf die Existenz eines extraphysikalischen (Sie können auch sagen „nichtmateriellen") Bereichs der Regelmäßigkeiten hin, der mit unserem Bewußtsein in Verbindung steht. Indem sie dies aufzeigt, tut die Parapsychologie nichts anderes, als die Grundthesen der meisten Religionssysteme bekräftigen: Daß es zusätzlich zu unserer materiellen Welt eine höhere Welt gibt, die dieser überlegen ist und in welcher die Existenz der materiellen Welt eine besondere Bedeutung zu erlangen scheint. Wir können dann folgerichtig postulieren, daß die materielle Welt, in der wir leben, nur aus dem Blickwinkel dieser überlegenen Welt betrachtet werden sollte und ganz verstanden werden kann.

Was die Details und Regelmäßigkeiten dieser „höheren Welt" anbelangt, so könnten wir beschließen, uns auf das Zeugnis jener Religionslehren zu verlassen, denen wir den Vorzug geben. Wissenschaftlich veranlagte Sucher und Forscher werden jedoch bestrebt sein, sie selbst zu erforschen.

Es gibt zumindest zwei Wege, die wir bei dieser Untersuchung zu unserem Vorteil kombinieren können:

1. Einigen Einblick in die Regelmäßigkeiten der „höheren Welt" liefern die Untersuchung der Eigenschaften von ASW und das Ziehen folgerichtiger Schlüsse aus diesen Eigenschaften.

2. Weit mehr Informationen über die „höhere Welt" können wir erhalten, wenn wir die ASW als wirksamen, zuverlässigen neuen Sinn entwickeln und ihn direkt zur Beobachtung der höheren Welt einsetzen.

Genau dies taten die frühen Spiritisten, wenn sie die in Trance versenkten Medien nach Einzelheiten des geistigen Lebens im Jenseits fragten. Sie erhielten reichlich Mitteilungen, die sie zu einem System von Lehren kombinierten – zur spiritistischen Religion. (Wir dürfen jedoch dieses System nicht ohne Zögern als gültig anerkennen, da die Spiritisten einem entscheidenden Irrtum unterlagen: Sie betrachteten die Behauptungen der Medien als erwiesen und unterließen es, ihre Richtigkeit nachzuprüfen.)

Im Frühchristentum geschah etwas Ähnliches mit der „Ausgießung des Heiligen Geistes", wobei die neu aufgenommenen Mitglieder der Kirchengemeinde oft in einen ekstatischen Zustand versetzt wurden (beachten Sie die Ähnlichkeit dieses Zustands mit dem der Hypnose!), in welchem sie glaubten, von einem geistigen Wesen besessen zu sein (beachten Sie die verblüffende Ähnlichkeit mit mediumistischen Persönlichkeitsveränderungen!) und etwas erlebten, das sie als höhere Wahrheit ansahen. Aber auch hier gibt es – obwohl bei solchen Gelegenheiten ASW aktiviert worden sein könnte – keine exakte Möglichkeit zu ermitteln, welche Rolle die ASW in diesen Erlebnissen spielte und welche Suggestivwirkung die akzeptierten Lehren und autoritativen Überzeugungen jener Zeiten ausübten.

Wenn sich das neugeborene Kind in seiner Umgebung zurechtfinden lernt, benutzt es zuerst seine Kontaktsinne: Gefühl und Geschmack. Erst später lernt es, den Gesichtssinn einzusetzen, und – was für unsere Betrachtungen hier sehr wichtig ist – es muß erst lernen, den Gesichtssinn mit dem Tastsinn zu koordinieren. Es lernt, visuelle Wahrnehmungen durch Berühren zu prüfen, und nach und nach lernt es dann, den Gesichtssinn parallel zu den Kontaktsinnen zu benutzen. Durch die ständige Konfrontation von Gesichts- und Tastsinn lernt es auch, seinem Gesichtssinn zu trauen, da die Erfahrung es lehrt, daß er zuverlässig ist. Das Kind lernt so, seinem Gesichtssinn sogar in Situationen zu trauen, in denen es ihn nicht mehr durch Berühren kontrollieren kann.

In derselben Lage befinden wir uns heute mit der ASW. Wir können sie nicht zu unserer Zufriedenheit einsetzen, bevor wir sie nicht zu einer vollkommenen, zuverlässigen Form entwickelt haben. Wir müssen lernen, sie parallel mit anderen Sinnen anzuwenden, genau wie einen der Sinne. Nur wenn wir das erreichen, dürfen wir hoffen, sie als neuen Sinn für die Erlangung von Informationen über Regelmäßigkeiten und Wesen gebrauchen zu können, die für das menschliche Auge unsichtbar und für andere Sinne oder technische Beobachtungsinstrumente unzugänglich sind. Wir müssen erst ihre Zuverlässigkeit an Objekten *prüfen,* die mit unseren existierenden Mitteln *nachprüfbar* sind. Erhalten wir nicht diesen Beweis für die Vertrauenswürdigkeit der ASW, können wir nie sicher sein, daß die durch sie vermittelten Informationen zuverlässig sind. Wir wissen bereits, daß ASW-Impressionen sehr leicht symbolischen und anderen Verzerrungen unterliegen, und deshalb müssen wir auch lernen, Maßnahmen gegen solche Verzerrungen zu ergreifen. Es versteht sich von selbst, daß dies keineswegs eine leichte Aufgabe sein wird.

Die obigen Betrachtungen haben in gewissem Maß erkennen lassen, welche nutzbringenden Vorteile uns erwarten, wenn wir die ASW unter Kontrolle bekommen. Sie hat so wertvolle Qualitäten, daß wir sicher damit rechnen dürfen, sie früher oder später durch gesteigerte Anstrengungen entwickeln, vervollkommnen und in verschiedenen Situationen unseres täglichen Lebens einsetzen zu können.

Wenn wir unserer Phantasie einigen Spielraum geben, vermögen wir uns die menschliche Gesellschaft der Zukunft vorzustellen, wo die ASW als neuer Sinn entsprechend geschätzt und zusammen mit anderen Sinnen angewendet werden wird. Sie wird in Schulen gelehrt werden, genau wie Kinder heute Schreiben lernen. (Übrigens war vor rund fünf- oder sechstausend Jahren die Kunst des Schreibens ebenso selten wie heute gute ASW.) Die Anwendung der ASW wird die menschliche Zivilisation grundlegend verändern, und viele Dinge, die man heute durch technische Findigkeit erreicht, werden einfach durch entsprechende geistige Konzentration bewerkstelligt werden. Vielleicht verlagern sich in ferner Zukunft die meisten menschlichen Aktivitäten und Leistungen auf diese neue eroberte Geistesebene.

In jener fernen Zukunft entdeckt der Mensch möglicherweise sogar irgendwo im All intelligente Wesen und hat gelernt, mit ihnen Verbindung aufzunehmen – vielleicht ohne technische Mittel, durch Telepathie. Solche Wesen kann man sich sehr gut vorstellen – vielleicht sogar auf anderen (nicht-materiellen) Existenzebenen –, und vielleicht kümmern sie sich nicht im mindesten um die Weiterentwicklung der technischen Zivilisation. Wenn sie wirklich fortgeschritten sind, haben

sie möglicherweise die Kontrolle über parapsychologische Inter-
aktionsmittel erlangt; man kann dann sehr wohl annehmen, daß sie
mit uns durch ASW oder PK in Verbindung treten oder unser Leben
durch die beiden Fähigkeiten beeinflussen. (Bestimmt würden sie zu
diesem Zweck keine UFOs brauchen.)

Ich habe mich von meiner Phantasie hinreißen lassen. Und Sie
haben ganz recht, wenn Sie meinen, ich hätte den festen Boden der
zuverlässig ermittelten wissenschaftlichen Fakten verlassen und mich
auf das Gebiet der Science-fiction begeben. Aber warum nicht auch in
der Parapsychologie ein Stückchen Science-fiction erlauben? Warum
nicht einige ferne Hoffnungen und Bestrebungen auf diesem Gebiet
aufzeigen? Angesichts ihrer wundern wir uns nicht, daß viele Parapsychologen glauben, ihr Forschungsgebiet könnte eines Tages das
wichtigste von allen werden.

Erlauben Sie mir, mit einer Frage zu schließen: Sind die obigen
Perspektiven nicht aufregender als die eitlen Träume von Okkultisten,
die sich mit den Mysterien des Übernatürlichen befassen? Die Wissenschaft hat auch ihre erregenden Mysterien, doch diese sind positiv,
inspirierend, erleuchtend. Statt der fiktiven tödlichen Vampire und
bösen Geister der Okkultisten bietet die Wissenschaft ungeheure Aussichten, die auf den schöpferischen Genius des Menschen warten.

Das Weiterleben nach dem Tod

Das Mysterium des Todes und der Glaube an eine Art Fortsetzung des Lebens im Jenseits beschäftigte seit jeher die denkende Menschheit. Schon in vorgeschichtlicher Zeit grübelten die Menschen darüber nach. Seither spielten die Bestattungsriten und die Frage der Existenz nach dem Tod in den meisten Religionen eine entscheidende Rolle.

Dem jahrtausendealten Glauben an das Weiterleben kommt auch im modernen Spiritismus entscheidende Wichtigkeit zu. Lassen wir unbedeutende Unterschiede zwischen den einzelnen Gruppen der spiritistischen Strömung außer acht, so ist zweifellos das Wichtigste an der spiritistischen Lehre der Glaube, daß ein unsterblicher Teil der menschlichen Persönlichkeit – der Geist – nach dem Tod des Körpers weiterlebt und seine Existenz mit ungefähr denselben Qualitäten, Interessen und Aktivitäten fortsetzt, die für die Person zu deren Lebzeiten charakteristisch waren. Der einzige erhebliche Unterschied ist das Fehlen materieller Körper in der Welt der Geister. Es wird behauptet, daß die weiterlebenden Geister durch besonders begabte Personen (Medien) mit den Menschen in Verbindung treten und die materielle Welt beeinflussen können. Die Kommunikation erfolgt angeblich, während das Medium sich im Sonderzustand der Trance befindet; die Spiritisten glauben, wenn das Medium in diesem Zustand sei, werde sein Körper von dem „Geist" besessen, der ihn zur Übermittlung einer Botschaft benutze.

Ist die Veränderung der Persönlichkeit des Mediums in jene des „Geistes" vollzogen, fühlt und handelt das Medium, als sei es der betreffende Geist. So war es in meiner bereits geschilderten Sitzung mit der Studentengruppe. Oft ist die Persönlichkeitsveränderung nicht vollständig. Dann hat das Medium nur ein halluzinatorisches Erlebnis, in dem es den Geist sieht und sprechen hört.

Die spiritistischen Lehren haben ihren Ursprung in solchen Trance-

Kommunikationen. Die in Trance gesunkenen Medien schildern das Jenseits (die Spiritisten glauben, die Information stamme unmittelbar von den „Geistern", denen daran läge, sie aufzuklären), und die so erhaltenen Beschreibungen bildeten die Grundlage des spiritistischen Glaubens. Dieser Aspekt verleiht dem Spiritismus eine lobenswerte experimentelle Note.

Der Spiritismus war von Anfang an eine Revolte des Empirismus gegen den strengen religiösen Dogmatismus. Seine Begründer und Anhänger waren unzufrieden mit dem existierenden Gesellschafts-status – wegen der rücksichtslosen Konkurrenz zwischen Einzel-personen, Kirchen, Völkern und Staaten und wegen der ersten wirt-schaftlichen Konflikte in der Gesellschaft. Sie wollten die soziale Ordnung auf höhere Prinzipien stellen und die Konkurrenz durch universale, allumfassende Kooperation ersetzen. Der Spiritismus ent-hielt somit ein begrüßenswertes rationales Element und hatte zweifel-los moralischen Wert.

Die Entstehung und Entwicklung des Spiritismus fiel in eine Zeit großer geistiger und religiöser Gärung und sozialer Unruhe: er kam in der Mitte des 19. Jahrhunderts auf, ein gutes halbes Jahrhundert nach der Französischen Revolution, welche die Ideen des Rationalis-mus in die ganze Welt trug. Es war die Zeit der großen revolutio-nären Aufstände in Europa. Das Jahr 1848, das wegen des Klopf-geistphänomens in Hydesville im Staate New York als Geburtsjahr des organisierten Spiritismus gilt, war ironischerweise auch das Er-scheinungsjahr des *Kommunistischen Manifests*. Darwin bereitete damals das Material für sein epochemachendes Werk *Über die Ent-stehung der Arten* vor, das 1859 herauskam, zwei Jahre nach Allan Kardecs *Buch der Geister* und etwa ein Jahrzehnt nach *Prinzipien der Natur* und *Die Philosophie des geistigen Verkehrs* von A. J. Davis. Die Mormonen-Kirche (die Kirche Jesu Christi der Heiligen der letzten Tage) mit ihrer drängenden Frage: „Welche Kirche ist die richtige?" war nur achtzehn Jahre zuvor gegründet worden – auch im Staate New York – und hat zufälligerweise ihren Ursprung ebenfalls in einem seltsamen visionär-ekstatischen, mit hellseherischen Elemen-ten kombinierten Erlebnis. Und die Theosophie, Frau H. P. Blavatskys monumentale Synthese esoterischer Religionen, okkulter Lehren und alter Philosophien, sollte weniger als eine Generation später im fernen Indien entstehen. Die Theosophie wies gleichfalls ausgeprägt hellseherische Elemente auf, sie war von den Ideen universeller Bruderschaft inspiriert und strebte die Entfaltung der latenten geistigen Möglichkeiten an.

Spiritistische Sitzungen, bei denen das in Trance versunkene Medium die „Geisterwelt" beschrieb, können als eine Art früher Experimente auf dem Gebiet der Religion betrachtet werden. Die Bemühungen der Spiritisten, auf experimentellem Weg Informationen über das Jenseits zu erhalten, sind zweifellos lobenswert.

In diesem Zusammenhang sollten wir daran erinnern, daß auch die frühe christliche Kirche einige empirische Elemente eingeführt hatte – die den modernen spiritistischen Sitzungen gar nicht so unähnlich waren –, nämlich in den ekstatischen Erlebnissen nach der „Taufe mit dem Heiligen Geist" (Matthäus 3, 11). Unübersehbar ist ferner das in der frühen christlichen Kirche bereits vorhandene Element der Skepsis und des Mißtrauens gegenüber allem, was ohne ausreichende Beweise geglaubt werden sollte. Thomas weigerte sich, blind zu glauben (Johannes 20, 25), was andere Apostel erzählten: er wollte, daß sein Glaube auf eigenem Erleben basiere. (Erst später erklärten die ideologischen Führer der Kirche den blinden Glauben, der jede Bestätigung überflüssig machte, aus Bequemlichkeit zur höchsten Tugend.)

Die empirische Einstellung der Spiritisten hätte zu einer ersten „wissenschaftlichen Religion" führen können, wären ihre Begründer kritischer gewesen. Die gesamte spiritistische Lehre steht und fällt mit der Behauptung der Medien, in Wirklichkeit spreche aus ihnen der Geist und vermittle seine Botschaft. Das Zeugnis dieses angeblichen „Geistes" wurde als einzige Informationsquelle über das Jenseits akzeptiert. Was die Medien sagten, galt als erwiesen; kritische Bewertungen ihrer Behauptungen versuchte man kaum. Ergaben sich Widersprüche zwischen den Aussagen einzelner Medien, setzte man sich mit der Erklärung darüber hinweg, es seien Lügen betrügerischer Geister.

Das größte Problem dieser Lehre liegt darin, daß die bloße Behauptung „Ich, der Geist von X. Y., spreche durch das Medium" oder das Verhalten des Mediums, *als ob* wirklich der Geist spreche, nie und nimmer ein Beweis für die Wahrheit seiner Aussagen sind.

Wir dürfen die unbestrittene Tatsache der modernen Neurophysiologie, jede normale geistige Aktivität sei eng mit der ungestörten

Funktion des lebenden Gehirns verbunden, nicht aus den Augen verlieren. Jedwede Beeinträchtigung des ungestörten Gehirnzustands (wie durch Medikamente oder Drogen, Verletzungen oder Operationen) wirkt sich stark auf die geistige Aktivität aus. Wie sollen wir dann glauben, daß die psychischen Fähigkeiten des Menschen in seinem Geist auch nach dem Zerfall seines Gehirns in ihrer ganzen Potenz überleben?

Außerdem haben wir bereits gesehen, daß die Trancedarbietung des Mediums – trotz dessen gegenteiliger Behauptung – keine Manifestation eines Geistes ist, sondern aus psychologischen Kräften im Geist des Mediums erwächst. Wenn wir also wissen, daß die Behauptung des Mediums, durch es spreche „der Geist", falsch ist, wie sollen wir an den Rest glauben?

Wir können in unseren Erwägungen die falschen Medien außer acht lassen und brauchen nur den Durchschnittsfall eines ehrlichen Mediums zu berücksichtigen, das an seine „Mission" glaubt. Das Medium ist im Trancezustand sehr suggestibel, und seine sämtlichen vergangenen Erlebnisse, Überzeugungen, Wünsche, ja sogar die in Bemerkungen oder Fragen geäußerten oder angedeuteten Meinungen der Sitzungsteilnehmer können sich in den Tranceaussagen widerspiegeln. Natürlich verzerren diese vom Medium selbst oder von den Sitzungsteilnehmern ausgehenden Einflüsse eine etwaige ASW-Manifestation oder einen unkörperlichen Einfluß (wenn es ihn gibt).

In der Anfangszeit des Spiritismus geschah offenbar folgendes: Die Behauptungen der ersten Medien wurzelten in dem damals weit verbreiteten Geisterglauben. Dieser Glaube bestimmte den Inhalt der ersten „Botschaften". Später, als die Lehre bereits systematisiert war, mußten die Medien die gültigen Überzeugungen studieren, bevor sie ihre Laufbahn beginnen konnten. Die akzeptierten Lehren beeinflußten somit die Äußerungen der folgenden Mediengenerationen. Es wurden immer wieder dieselben Lehren gepredigt, was den Eindruck einer „Bestätigung" erzeugte.

Der Inhalt mediumistischer Botschaften kann auf ASW-Feststellungen basieren. Außerdem wirken sich die Überzeugungen und Ansichten des Mediums darauf aus, einschließlich der spiritistischen Lehre. Einige Elemente dieser Doktrin können richtig sein, doch wenn das Medium sie in Trance wiederholt, ist das noch längst *keine* unabhängige Bestätigung ihrer Richtigkeit, sondern nur eine unbewußte Wiederholung dessen, was das Medium zuvor gelernt hat. Das Medium würde genauso falsche Lehren akzeptieren und scheinbar „bestätigen".

Die korrekten Behauptungen des Mediums kommen also aus zwei Quellen: erstens richtigen ASW-Impressionen und zweitens korrekten akzeptierten Lehren. Von diesen beiden kann nur die erste als gültige Quelle vertrauenswürdiger Information anerkannt werden; die zweite besteht in einer bloßen Wiederholung und ist kein unabhängiger Beweis der Richtigkeit. Falsche Behauptungen des Mediums haben ihren Ursprung erstens in falschen ASW-Impressionen und zweitens in falschen akzeptierten Lehren. Wir sehen nur allzu deutlich, wie schwierig es ist, zu erkennen, wo die objektive Wahrheit liegt. Zugänglich sind uns als einziges die Behauptungen des Mediums. Aber wie können wir herausfinden, welche davon auf korrekten ASW-Impressionen basieren? Hätten wir ein Medium mit absolut zuverlässiger ASW (die wiederholt durch nachprüfbare Ereignisse aus unserem täglichen Leben bestätigt wurde), dürften wir ihm weitgehender trauen. Aber es gibt bis heute noch kein Medium mit absolut zuverlässiger ASW.

Die Behauptungen des Mediums können auch vom ersten bis zum letzten Wort fabuliert sein (möglicherweise unabsichtlich, genau wie ein Traum) oder einige wahre Elemente enthalten, die jedoch höchstwahrscheinlich durch die Psyche des störend eingreifenden Mediums verzerrt worden sind. Diese Verzerrung kann sehr gering sein, genausogut aber sehr groß – so groß, daß sie die ganze Botschaft äußerst unzuverlässig macht.

Wie läßt sich herausfinden, in welchem Maß die Behauptungen des Mediums zuverlässig sind?

Würde diese Frage einem Physiker gestellt – nicht im Zusammenhang mit einem Medium, sondern im Hinblick auf eines seiner Meßinstrumente –, wäre seine Aufgabe ziemlich einfach. Er würde mit seinem Apparat verschiedene Messungen vornehmen oder bestenfalls mehrere verschiedene Instrumente bauen, um dieselbe Menge auf verschiedene Weisen zu messen. Er würde dann die einzelnen Meßdaten vergleichen, um zu sehen, wie nahe sie einander kommen, und hätte bald die gewünschte Antwort.

Ein Psychologe, dem man dieselbe Frage im Zusammenhang mit der Zuverlässigkeit der Aussage eines Mediums stellte, hätte eine wesentlich schwierigere Aufgabe. Auch er kann die Antwort im Vergleich mehrerer *unabhängig erhaltener* Angaben suchen. Aber er kann keine Wiederholung der Angaben von derselben Person verlangen – wie es der Physiker beim Meßgerät tut, wenn er es immer wieder verwendet. Der Psychologe muß berücksichtigen, daß jeder Mensch sich an seine vorherigen Aussagen erinnert; deshalb wäre die nächste Aussage derselben Person nicht mehr unabhängig und würde keine Bestätigung erbringen.

Der Psychologe wird deshalb sicherlich mehrere Medien verwenden und ihre unabhängigen Aussagen einholen, die er dann vergleicht und auf Ähnlichkeiten überprüft. Seine Hauptsorge ist dabei, sicherzustellen, daß die Aussagen der verschiedenen Medien wirklich unabhängig sind. Er muß zuerst jeden Sinneskontakt zwischen ihnen unterbinden. Er wird sie dann getrennt interviewen, um die Garantie zu haben, daß keines die Aussagen der anderen kennt. Er wird auch verlangen, daß sie einander nicht kennen und sich noch nie begegnet sind, um heimliche Absprachen auszuschließen. Er wird sogar dafür sorgen, daß bei ihnen keine Ähnlichkeit im Denken besteht: sie sollten nicht dieselben Überzeugungen, Wünsche oder vergangenen Erlebnisse haben; ihre vergangenen Tranceaussagen sollten keinen Bezug auf den Inhalt der Prüfaussage haben, ebensowenig ihre vergangenen Gespräche mit Freunden usw.

Wir vermögen die großen Schwierigkeiten zu ermessen, denen der Psychologe gegenübersteht, wenn er die Wahrheit herausfinden will. Noch viel schwieriger aber ist die Aufgabe des Parapsychologen, da er darüber hinaus die ASW in Betracht ziehen muß. Um beispielsweise die Unabhängigkeit der Aussagen sicherzustellen, kann er sich nicht mit getrennten Interviews und Maßnahmen gegen Absprachen begnügen; er muß berücksichtigen, daß die interviewten Personen auf außersinnlichem Weg miteinander in Verbindung treten können, ohne körperlichen Kontakt, durch Telepathie.

Probleme dieser Art hätten die Spiritisten als erstes lösen müssen. Natürlich war das im 19. Jahrhundert angesichts des damaligen Niveaus der wissenschaftlichen Forschung schwierig (und das ist es sogar heute noch), aber die Spiritisten umgingen diese Probleme völlig. Sie hätten ihre Aufmerksamkeit als erstes auf die phänomenologischen Aspekte der ASW und anderer damit verbundener Fähigkeiten lenken und aus den erhaltenen Feststellungen die richtigen Folgerungen ziehen müssen; statt dessen machten sie aus ihren Séancen die reinsten Familienversammlungen und Partys, bei denen sie triviale Gespräche mit „Geistern" führten (an deren Existenz sie ohne stichhaltige Beweise glaubten).

Trotz dieser offensichtlichen Naivität besitzt der Spiritismus wertvolle, positive Züge.

Er spendet Trauernden großen Trost und hat den Menschen von der Todesangst befreit. (Ist es nicht schön und hoffnungsvoll zu glauben, daß man nach dem Tod alle jene, die man zu Lebzeiten liebte, wiedersehen und eine herrliche Zeit verbringen wird – natürlich unabhängig davon, wie ehrlich und moralisch man sein Erdenleben führte?)

Er gab auch mächtigen moralischen Anreiz mit dem Versprechen, man werde nach dem Tod für die guten Taten, die man zu Lebzeiten geleistet habe, belohnt – entweder im Jenseits oder möglicherweise in der nächsten Inkarnation.

Die stärkste moralische Kraft im Spiritismus ist vielleicht die Idee von der kosmischen Solidarität. Er proklamierte nicht nur die Bruderschaft aller Menschen (wie das Christentum), nicht nur die Liebe zu allen Lebewesen (wie der Hinduismus), sondern auch eine universelle Bruderschaft und Kooperation aller Wesen – der sichtbaren wie der unsichtbaren – im gesamten Universum unter der Herrschaft und Führung des höchsten kosmischen Prinzips: Gott.

Mit dem Sieg des Spiritismus sollten alle Kriege und alle Feindseligkeiten unter den Menschen aufhören und eine schöne utopische Weltordnung eingeführt werden, in der alle Menschen, alle Geister und alle anderen vermuteten übernatürlichen Wesen zum moralischen Fortschritt des Universums zusammenarbeiteten.

Trotz der attraktiven Züge dieser Lehre, trotz der Tatsache, daß der Spiritismus Millionen Anhänger fand, muß unser Hauptanliegen die wissenschaftliche Wahrheit bleiben. Wir wollen deshalb prüfen, ob diese Lehre richtig ist oder nicht.

Grundlage des Spiritismus ist die Doktrin, daß ein Teil der menschlichen Persönlichkeit (Spiritisten behaupten: ein *intelligenter* Teil) nach dem Tode fortlebt. Die Frage, ob diese Behauptung zutrifft oder nicht, muß auf der Grundlage wissenschaftlicher Untersuchung beantwortet werden. Die Behauptung der „Geister", das Fortleben sei eine Tatsache, hat keinen Beweiswert. In den meisten Fällen sind die angeblichen Geister Phantasieschöpfungen des Mediums. Gelänge es uns jedoch, auch nur in einem einzigen Fall unzweifelhaft zu beweisen, daß die menschliche Persönlichkeit den körperlichen Tod überlebt, hätten wir eine Feststellung, die für die gesamte Menschheit von höchster Bedeutung ist.

Wir wollen nun einige der wichtigsten Versuche zur Erbringung des Beweises für das Fortleben umreißen. Vorgegangen wurde nach folgenden Kriterien: 1. Untersuchung spontaner parapsychologischer Phänomene (z. B. der Erscheinungen von Gespenstern Toter); 2. Untersuchung von Fällen angeblicher Erinnerungen an früheres Leben; 3. Beobachtung spiritistischer Medien; und 4. gelegentliche Versuche einer experimentellen Lösung.

Wegen ihrer emotionalen Untertöne haben die gelegentlichen Auftritte der Gespenster verstorbener Menschen (vor allem geliebter Toter) besondere Überzeugungskraft im Hinblick auf das Fortleben. Erscheinungen Toter wurden seit der Antike beobachtet. Die Erscheinungen Jesu Christi nach der Auferstehung sind typische Beispiele für Erlebnisse dieser Art (obwohl sie in der christlichen Tradition eine andere Bedeutung erhielten).

Als modernes Beispiel derselben Art möchten wir einen Fall anführen, der inzwischen in der Erforschung des Übersinnlichen klassisch geworden ist. Die Schwester von Herrn F. G. starb mit achtzehn Jahren an Cholera. Er hatte sie sehr gern gehabt, dachte später jedoch nicht sonderlich viel an sie. Da hatte er folgendes Erlebnis: Neun Jahre nach ihrem Tod saß er mittags an einem sonnigen Tag in seinem Zimmer und erledigte Geschäftskorrespondenz. Plötzlich bemerkte er, daß jemand neben ihm saß. Er wandte sich zur Seite und sah die Gestalt seiner toten Schwester. Die Vision war klar und wie lebendig. Das Gespenst sah völlig natürlich aus und trug Kleider, die seine Schwester zu Lebzeiten getragen hatte. Er sprang entzückt auf und rief seine Schwester beim Namen, doch die Erscheinung verschwand sofort.

Die Vision beeindruckte ihn so stark, daß er mit dem nächsten Zug nach Hause fuhr und seinen Eltern das Erlebnis berichtete. Als er seiner Mutter sagte, er habe auf der Wange seiner Schwester einen roten Kratzer gesehen, war sie tief bewegt und vertraute ihm an, sie habe versehentlich die Wange seiner Schwester zerkratzt, als sie den Leichnam für die Beerdigung vorbereitete. Sie hatte den Kratzer sorgfältig mit Puder abgedeckt und niemandem etwas davon gesagt.

Handelte es sich hier wirklich um einen Besuch des toten Mädchens, das seinem Bruder guten Tag sagen und ihm vielleicht von der zerkratzten Wange berichten wollte? Die Mutter sah Herrn F. G.s Vision als unwiderlegbaren Beweis für das Fortleben der Tochter an. Sie war überzeugt, es müsse der Geist der Tochter gewesen sein, da kein lebender Mensch von dem Kratzer wußte. Sie starb einige Zeit später im festen Glauben an das Weiterleben.

Es ist jedoch nicht die einzig mögliche Erklärung für das Erlebnis. Eine andere Erklärung paßt besser in den Rahmen unseres gegenwärtigen Wissens: F. G. konnte die Information über die zerkratzte Wange infolge nur einige Sekunden währenden Hellsehens oder auf telepathischem Wege von seiner Mutter erhalten haben. (Die Tatsache, daß kein anderer lebender Mensch von dem Kratzer wußte, ist völlig bedeutungslos.) Außerdem ist bekannt, daß ASW-Impressionen häufig symbolisch verzerrt sind. Das war möglicherweise auch hier der Fall. Herr F. G. sah nicht den Geist seiner Schwester, sondern er hatte eine halluzinatorische Vision, in welcher seine ASW-Impression lediglich die Gestalt des Gespenstes annahm.

Es klingt heute absurd, daß jemand glaubt, die Vision eines Gespenstes könnte als Beweis für das Fortleben gelten. Erscheinungen tragen gewöhnlich Kleider; bedeutet dies, daß auch die Kleider Geister haben, die weiterleben – selbst wenn die wirklichen Kleider noch im Schrank der Toten hängen? Und wie sollte man dann den folgenden Fall erklären?

Fräulein H. G. hatte eine Lieblingskatze mit besonderer Felltönung. In der Nachbarschaft gab es keine Katze, die der ihren im entferntesten glich. Außerdem lahmte die Katze seit einer Rauferei mit einem Hund. Kurz nach dem Tod des Tiers schaute Fräulein H. G. zum Fenster hinaus und sah ihre Katze übers Gras hinken. Auch drei andere Menschen sahen das Tier. Sie meinten, die Katze sei vielleicht gar nicht tot gewesen, doch der Gärtner grub den Kadaver aus.

Viele Fälle dieser Art sind verzeichnet. Sollte das bedeuten, daß die Geister der Tiere ebenfalls weiterleben?

Es gibt auch viele registrierte Fälle, in denen die Erscheinung nicht als Anblick eines fortlebenden Geistes gedeutet, sondern nur mit ASW erklärt werden kann. Dazu zählt die berühmte Vision Goethes, die er in seiner Autobiographie *Dichtung und Wahrheit* schildert; er hatte sie, als er tief bekümmert von seiner geliebten Friedrike fortritt:

„Nun ritt ich auf dem Fußpfade gegen Drusenheim, und da überfiel mich eine der sonderbarsten Ahnungen. Ich sah nämlich, nicht mit den Augen des Leibes, sondern des Geistes, mich mir selbst, denselben Weg, zu Pferde wieder entgegenkommen, und zwar in einem Kleide, wie ich es nie getragen: es war hechtgrau mit etwas Gold. Sobald ich mich aus diesem Traum aufschüttelte, war die Gestalt ganz hinweg. Sonderbar ist es jedoch, daß ich nach acht Jahren in dem Kleide, das mir geträumt hatte, und das ich nicht aus Wahl, sondern aus Zufall gerade trug, mich auf demselben Wege fand, um Friedrike noch einmal zu besuchen.“

Die seltsame Gemütsbewegung, die als Argument für das Weiterleben gilt, tritt gewöhnlich nur in Erlebnissen auf, in denen wache Menschen Erscheinungen sehen – wie bei dem Fall mit der zerkratzten Wange. Es gibt jedoch auch zahlreiche Fälle, in denen derartige Visionen einer Phantomgestalt im Schlaf stattfanden: wenn der Wahrnehmende einen lebhaften Traum hatte, der eine hellseherische oder telepathische Information enthielt. Die Erscheinung eines Toten in einem Traum ruft keine Emotionen hervor (denn es geschieht ja „nur“ im Traum), und wir akzeptieren bereitwillig die Erklärung, der Traum stelle eine symbolische Manifestation irgendeiner ASW-Impression dar. Dies traf beispielsweise in dem auf Seite 73 erwähnten Fall von Marius G. zu. In Hilprechts Fall (Seite 67) dramatisierten die Traumbilder sein Wissen, das er auch ohne jedwede ASW erworben haben konnte.

Die beiden Erlebnistypen (im Traum und im Wachzustand) sind im Prinzip gleicher Natur und unterscheiden sich lediglich im psychischen Zustand des Wahrnehmenden. Sie müssen deshalb auf gemeinsamer Grundlage erklärt werden. Wir dürfen uns zweifellos nicht auf emotional beeinflußte Urteile verlassen, denn sie sind nicht objektiv und unpräzise. (Für einen Angehörigen einer weniger weltläufigen Gesellschaft würde ein Traum genauso vom Fortleben zeugen wie der Anblick einer Phantomgestalt im Wachzustand.)

Der folgende Fall ist in dieser Hinsicht aufschlußreich. Er klingt eindrucksvoll, doch die Umstände des Erlebnisses machen klar, daß es sich nur um dramatisch verschleierte ASW handelte.

N. G. Bach, ein junger Verwandter des berühmten Musikers, liebte Antiquitäten. Einmal kaufte er ein altes Spinett (ein Vorläufer des Klaviers aus dem 16. Jahrhundert) als Geschenk für seinen Sohn. Als er das Instrument untersuchte, entdeckte er daran zu seiner angenehmen Überraschung einen Stempel, dem zufolge er aus dem Jahr 1564 stammte. Nach dieser erfreulichen Entdeckung ging er zu Bett und hatte einen lebhaften Traum: Ein Mann in mittelalterlicher Kleidung kam zu ihm und erzählte ihm die Geschichte des Spinetts. Der Mann behauptete, das Spinett habe ihm gehört und er habe darauf ein romantisches Lied für König Heinrich III. gespielt. Der König selbst habe das Lied zum Gedenken an ein schönes Mädchen komponiert, das er geliebt, das man aber gewaltsam von ihm getrennt, in ein Kloster gesteckt und vergiftet hatte. Der Mann trat an das Instrument und spielte das Lied so schön, daß Bach weinend erwachte; er schlief jedoch bald wieder ein.

Am nächsten Morgen fand er vor seinem Bett ein Blatt Papier, auf dem das Lied, das er im Schlaf gehört hatte, in alten französischen Noten und alter Handschrift aufgeschrieben war. (Vermutlich schrieb er es während des Traums.) Von Heinrich III. weiß man, daß er Marie de Clèves liebte, die Marquise d'Isle, die 1574 in einem Kloster starb. Es ist auch bekannt, daß zu seinen Günstlingen am Hof ein italienischer Musiker namens Baldazzarini gehörte.

Später schrieb Bach, der die automatische Schrift praktizierte, in modernem Französisch automatisch eine Botschaft, die besagte, König Heinrich III. habe dieses Spinett Baldazzarini geschenkt. Weiter hieß es, der König habe selbst eine Widmung auf einen Bogen Pergament geschrieben, der an der Kiste befestigt war, in welcher man Baldazzarini das Spinett überbracht hatte; der Musiker habe das Pergament von der Kiste entfernt und an eine geheime Stelle im Spinett geklebt.

Bach suchte das Spinett sofort gründlich ab, fand aber die Widmung nicht. Erst als er es zerlegte, entdeckte er sie an einer sehr unauffälligen Stelle. Sie war in altem Französisch gehalten und bestätigte den Inhalt der automatischen Botschaft. Die handschriftlichen und grammatikalischen Eigenheiten (die Verwendung von „ma" statt „mais") bewiesen, daß die Widmung wirklich von König Heinrich III. stammte.

Die ASW bietet sich dank dessen, was wir heute über sie wissen, als psychologisch sehr plausible Erklärung für diesen Fall an. Das Interesse des Wahrnehmenden (Perzipienten) konzentrierte sich auf das Spinett, was verständlich machen dürfte, daß sein ASW-Erlebnis dessen Geschichte betraf. (Das erste Erlebnis folgte unmittelbar auf die Entdeckung der Jahresangabe an dem Spinett.) Da Bach sich so sehr für Antiquitäten interessierte, war die alte Widmung natürlich ein besonders attraktives ASW-Ziel. Nach dem ersten Traumerlebnis kann Bachs erregtes Interesse sehr wohl eine Fortsetzung des Erlebnisses in der ohnehin von ihm praktizierten automatischen Schrift ausgelöst haben. Ein Anzeichen für einen Besuch des Geistes jenes seinerzeitigen Musikers ist nicht gegeben.

Bis jetzt muß die Schlußfolgerung wohl lauten, daß Erscheinungen rein subjektive Erlebnisse – oft mit einigem ASW-Gehalt – sind, die in keinem direkten Zusammenhang mit dem Problem des Weiterlebens stehen.

Andererseits gibt es Aufzeichnungen von Erlebnissen, die ein gewisses Maß an Objektivität besitzen, da mehrere Personen sie hatten. Wie wollen wir diese erklären?

Da ist beispielsweise der Fall eines Witwers, dessen Frau 1941 starb. Er trauerte zutiefst und vermochte sich mit dem Verlust nicht abzufinden. 1944 wurde er zur Arbeit in ein entlegenes Gebiet gesandt, wo er mit mehreren anderen Männern in einer Hütte schlief. Eines Nachts träumte er, seine Frau träte an sein Bett und sage: „Mack, ich bin gekommen, dir zu sagen, daß es mir gut geht und daß ich nicht will, daß du dich weiter so grämst." Er streckte die Arme aus, um sie an sich zu ziehen, aber sie wich aus und sprach: „Nein, du darfst mich nicht anfassen, und ich muß zurück; aber ich will nicht, daß du dich noch länger so grämst." Am nächsten Morgen sagte einer der Männer: „Ich hatte letzte Nacht den komischsten

Traum, mir träumte, ich hätte hier herinnen eine Frau reden hören." Der andere erklärte: „Das ist komisch, ich habe genau das gleiche geträumt."

Hat die Frau des Witwers ihn tatsächlich im Schlaf besucht, um ihm Trost zu spenden? Wir können eine plausiblere Erklärung anbieten: Die Gedanken des Mannes, die so häufig bei seiner Frau weilten, kulminierten schließlich in einem Traum, der seinen Konflikt symbolisch darstellte. Der Witwer kann dann telepathisch die anderen Männer beeinflußt und ihnen denselben Trauminhalt aufgezwungen haben. (Auf dieselbe Weise ließe sich wahrscheinlich auch der obige Fall erklären, in dem mehrere Personen die tote Katze sahen. Fräulein H. G., die als erste die Katze erblickte — vermutlich als Halluzination —, scheint die anderen Zeugen telepathisch beeinflußt zu haben.)

Daraus muß die Schlußfolgerung gezogen werden, daß nicht einmal die kollektive Wahrnehmung einer Erscheinung das Weiterleben nach dem Tode zu beweisen vermag. Wir halten uns hier an die nützliche Regel des gesunden Menschenverstands, die eine Einführung neuer, komplizierterer Erklärungsprinzipien verbietet, solange das beobachtete Phänomen auf einfachere Weise erklärt werden kann. Wenn die ASW genügt, um alle Fälle beobachteter Erscheinungen befriedigend zu erklären, und wenn die ASW eine erwiesene Fähigkeit lebender Menschen ist (des Hellsehers, des Mediums), stellt die Idee weiterlebender Geister nur eine überflüssige, völlig unbegründete Komplikation dar.

Die Materialisationen von Geistern in den frühen spiritistischen Zirkeln wurden ebenfalls als Argument für das Weiterleben vorgebracht. Sie haben nicht mehr Beweiskraft als der Anblick von Erscheinungen. Wir können anhand der vorliegenden Aufzeichnungen kaum zuverlässig beurteilen, inwieweit diese frühen Beobachtungen auf Übertreibungen oder schamlosem Betrug beruhten. (Wir wissen, daß es sich in der Mehrzahl der Fälle um Betrug handelte; das Argument kann sich deshalb nur auf die Frage erstrecken, ob nicht *wenigstens einige* echt waren.) Auch wenn die Materialisationsphänomene wirklich auftraten, müssen sie — gleich den ASW-Fällen — als Effekte betrachtet werden, die das lebende Medium hervorrief.

Phänomene des reisenden Hellsehens (oder der schon erörterten

Astralprojektion) wurden ebenfalls oft als Beweise für das Weiterleben angeführt. Das Argument lautet: Wenn der Geist während dieses Erlebnisses den lebendigen Körper verlassen und wieder zurückkehren kann, warum soll er dann den Körper nicht im Augenblick des Todes verlassen und in einem anderen Körper Mensch werden können? Dieses Argument ist falsch. Das subjektive Erlebnis, daß der Geist den Körper verlasse und den Körper selbst oder irgendwelche Ereignisse an einem fernen Ort sehe, ist *kein* Beweis für eine vom Körper getrennte Existenz des Geistes – genausowenig wie ein Traum, in welchem Sie das Erlebnis haben, hoch in der Luft zu fliegen.

Fälle des „reisenden Hellsehens" treten auf, wenn die ASW-Information über ein fernes Ereignis vom Perzipienten empfangen und in der verwandelten Form eines Erlebnisses außerhalb des Körpers wahrgenommen wird. Dieses Erlebnis ist nur eine andere Art der symbolischen Verzerrungen, denen ASW-Impressionen unterliegen. Doch was verläßt den Körper? Nichts (außer vielleicht ein „immaterielles ASW-Organ" – das noch nicht entdeckt worden ist, dessen Vorhandensein jedoch einige ASW-Theorien vermuten).

Extreme Fälle von „Astralprojektion" – die oft als verblüffender Beweis für das Vorhandensein körperloser Geister angeführt werden – sind die sogenannten *Bilokationen* (eine Person wird gleichzeitig an zwei voneinander entfernten Orten gesehen). Aus dem Leben der Heiligen sind viele solche Fälle bekannt.

Der hl. Ambrosius (4. Jh. n. Chr.), Bischof von Mailand, soll einmal am Altar eingeschlafen sein. Als man ihn weckte, damit er die Messe beende, erklärte er, in Tours sei der hl. Martin gestorben und er habe dort für ihn ein Requiem zelebriert, das er nun nicht habe beenden können. Berichten zufolge wurde Ambrosius zu dieser Zeit wirklich in Tours gesehen. Und Alfonso de Ligouri, der 1774 in seiner Zelle gefastet haben soll, erklärte eines Morgens beim Erwachen, er sei am Lager des sterbenden Papsts Klemens XIV. gewesen; auch er war dort gesehen worden.

Wir möchten einen von vielen ähnlichen Fällen aus der frühen spiritistischen Literatur anführen.

Steuermann R. Bruce sah einmal in der Kapitänskajüte einen unbekannten Mann. Er war beunruhigt, zumal sich das Schiff schon meh-

rere Monate auf hoher See befand und der Mann keinem der Matrosen an Bord glich. Er suchte den Kapitän und ging mit ihm in die
Kajüte, doch dort war niemand mehr; aber sie fanden eine schriftliche Botschaft, sie sollten ihren Kurs ändern und eine andere Richtung einschlagen. Man durchsuchte das Schiff, fand den Fremdling
jedoch nicht. Wegen der Wetterbedingungen mußte der Kurs geändert
werden, und das Schiff fuhr in die von dem Fremden angegebene
Richtung. Bald danach sichteten die Seeleute einen Eisberg, und als
sie näher kamen, entdeckten sie darauf zwei Schiffbrüchige. Die
beiden wurden an Bord genommen, und Bruce erkannte in einem
den Mann, den er in der Kapitänskajüte gesehen hatte. Auch die
Handschrift des Mannes stimmte mit jener der Botschaft überein. Der
Mann erzählte, er habe inbrünstig um Rettung gebetet, sei während
des Gebets eingeschlafen und später mit der Überzeugung aufgewacht,
die Rettung sei nahe. Er sagte auch, das Schiff komme ihm bekannt
vor – als sei er schon dort gewesen.

Ist diese jahrhundertealte Geschichte erfunden? Das muß nicht sein,
denn ähnliche Ereignisse wurden – wenn auch selten – sogar bei
Experimenten in modernen Zeiten beobachtet.

Der schwedische Parapsychologe John Björkhem experimentierte
mit Hypnose. In einem dem reisenden Hellsehen gewidmeten Experiment forderte er ein hypnotisiertes Mädchen auf, im Geiste zu ihren
Eltern zu reisen und zu beschreiben, was es dort sah. Es schilderte
die Geschehnisse, die in einer Entfernung von mehreren hundert
Kilometern stattfanden, völlig richtig. Die Eltern des Mädchens riefen
einige Stunden später an. Sie hatten die Gestalt der Tochter in der
Küche erscheinen sehen und meinten voll Sorge, es könnte ihr etwas
zugestoßen sein.

Ereignisse dieser Art – so faszinierend sie wirken – werden ebenfalls von lebenden Menschen produziert, die sich in ekstatischem oder
tranceähnlichem Zustand befinden; eine Intervention von Geistern
ist dazu nicht nötig und findet tatsächlich auch nicht statt. Der folgende Fall, der in der parapsychologischen Literatur wiederholt angeführt wird, zeigt auf, wie durch die Anstrengungen einer lebenden
Person eine Phantomgestalt – wir können sagen: experimentell – erzeugt wurde.

Herr H. M. Wasermann liebte Experimente, in denen er sich konzentrierte und anderen Menschen seine Erscheinung sichtbar zu machen versuchte. Einmal beschloß er, sein Experiment zu ändern und einer anderen Person eine Vision zu projizieren. Er wünschte, daß eine Dame, die seit fünf Jahren tot war, Herrn X. im Traum erscheine und ihn zu guten Taten anrege. Entgegen jeder Erwartung ging Herr X. an jenem Abend nicht zu Bett, sondern sprach mit Herrn S. Plötzlich öffnete sich die Zimmertür, und die beiden wachen Männer sahen eine weibliche Gestalt in den Raum kommen; sie nickte ihnen zu und verschwand wieder durch die Tür.

Der Charakter dieses Erlebnisses läßt kaum die Erklärung zu, der Geist der Dame sei daran beteiligt gewesen. Die Erscheinung war zweifellos das Resultat von Herrn Wasermanns Experiment.

Wenn Erscheinungen keine Manifestation von Geistern sind, wie lassen sie sich dann erklären?

Sie dürften verschiedene Ursachen haben. Einige können bloße Halluzinationen oder Phantasien sein, die in die Vision eines Phantoms umgewandelt wurden. Bei anderen ist in dem Erlebnis ein ASW-Element vorhanden: hellseherisch oder telepathisch erhaltenes Wissen wird vom Perzipienten in der symbolischen Verkleidung einer Phantom-Vision erlebt. (Der Fall mit der zerkratzten Wange und Goethes Vision gehören in diese Kategorie.) Für einige andere Fälle bietet sich eine dritte Erklärung an. Es hat den Anschein, als könne der Mensch während des ASW-Prozesses oder in einer heftigen emotionalen Krise eine nichtmaterielle Spur hervorbringen, die den Gehalt seines Geisteszustands widerspiegelt. Die Hervorbringung eines solchen Effekts wurde (wie schon erörtert) experimentell als „geistige Imprägnation" beobachtet. In quantitativen Kartentests, bei denen die Versuchsperson die Aufgabe hatte, wiederholt durch ASW dieselbe verborgene Karte zu bestimmen, neigte sie dazu, die gleiche Behauptung zu wiederholen, ob sie richtig war oder nicht. Die Zielobjekte wurden ihr in einer solchen Weise vorgelegt, daß nur ASW für den Effekt verantwortlich sein konnte. Es sah so aus, als hafte die Spur der früheren Behauptung der Versuchsperson an der Karte, könne durch ASW ermittelt werden und stimuliere die Versuchsperson, dieselbe Behauptung aufzustellen wie beim vorigen Mal.

Es ist deshalb möglich, daß ein intensiver Gedanke an irgendeinen Ort projiziert werden und dort eine Spur hinterlassen kann. Ist diese Spur stark genug, wird sie vielleicht sogar als Vision wahrgenommen. Wahrscheinlicher ist jedoch, daß sie nur von besonders sensitiven oder vorbereiteten Menschen durch ASW wahrgenommen werden kann. Aber selbst in diesem Fall ist sie ein objektiver Effekt, der nach dem Akt des Denkens weiterbesteht.

Eine Erklärung in dieser Richtung dürfte besonders für jene Fälle zutreffen, bei denen ein gewisses Maß an Objektivität gegeben ist, wie wiederholte Erscheinungen eines Phantoms am selben Ort, Fälle von Bilokation, das Phantom des hypnotisierten Mädchens im Zuge des Experiments mit „reisendem Hellsehen" oder der Erfolg von Herrn Wasermanns Experiment.

Derartige Spuren geistiger Ereignisse in Form „geistiger Imprägnation" können vermutlich durch jeden intensiven Gedanken erzeugt werden. Kritische, stark emotionsgeladene Situationen begünstigen das Phänomen. Besonders günstige Bedingungen für die Erzeugung solcher Spuren schafft beispielsweise die emotionale Krise eines sterbenden Menschen. Effekte, die bei solchen und ähnlichen Gelegenheiten erzeugt werden, erklären die Phantome und andere verschiedentlich mit dem Tod einhergehende Signale (Erscheinungen von Phantomen sterbender Menschen usw.).

Derartige Effekte – auch wenn sie aktiv vom Geist des Sterbenden erzeugt wurden – beweisen jedoch keineswegs eine unabhängige Existenz des weiterlebenden Geistes. Hervorgebracht wurden bestenfalls Spuren irgendeines intensiven Gedankens. Diese Spuren sind in der Regel mit den normalen Sinnen nicht wahrnehmbar, wohl aber durch ASW. Werden sie durch ASW wahrgenommen, kann die ASW-Impression (wie es gewöhnlich bei ASW-Impressionen ist) phantastisch verzerrt sein, beispielsweise zur halluzinatorischen Vision eines Phantoms.

Eine weitere Gruppe emotionsgeladener Erlebnisse, die mit dem Problem des Weiterlebens zusammenzuhängen scheinen, sind die *Sterbebettvisionen,* besonders jene, die auf einen Kontakt mit einer früher verstorbenen Persönlichkeit hindeuten, wie in den beiden folgenden Fällen (die ursprünglich in *Visionen auf dem Sterbebett* von William Barrett beschrieben wurden):

Am 12. Januar 1924 lag Frau B. in einem Krankenhaus im Sterben. Ihre Schwester Vida war am 23. Dezember 1923 verstorben, doch man hatte Frau B. wegen ihrer eigenen schweren Krankheit die Erkrankung und den Tod der Schwester verheimlicht. Als es mit Frau B. zu Ende ging, sagte sie: „Es ist alles so dunkel; ich sehe nichts." Einen Augenblick später leuchtete ihr Gesicht auf, und sie rief: „Oh, es ist schön und hell; ihr könnt nicht so sehen wie ich." Kurz darauf sagte sie: „Ich sehe Vater; er will mich haben, er ist so einsam." Mit ziemlich verblüffter Miene fuhr sie fort: „Er hat Vida bei sich." Zur Mutter gewandt, sprach sie: „Vida ist bei ihm!" Dann starb sie.

Jennie und Edith, die eine etwa acht, die andere etwa zehn Jahre alt, waren Schulkameradinnen und eng befreundet. Anfang Juni 1889 erkrankten beide an Diphtherie. Am 5. Juni starb Jennie. Ediths Eltern gelang es, ihrer Tochter den Tod der Freundin zu verheimlichen. Am Nachmittag des 8. Juni erkannte Edith, daß sie sterben würde. Sie wählte zwei Fotos von sich aus, die Jennie geschickt werden sollten, und bat die Anwesenden, ihr auf Wiedersehen zu sagen. Sie schien mehrere Freundinnen zu sehen, von deren Tod sie wußte. Plötzlich wandte sie sich voller Überraschung an ihren Vater und rief: „Aber, Papa! Du hast mir nicht gesagt, daß Jennie hier ist." Sie streckte die Arme wie zur Begrüßung aus und sprach: „Oh, Jennie, ich bin so froh, daß du da bist!"

Erlebnisse dieser Art scheinen ein starkes Argument für das Weiterleben zu sein. Doch auch hier sind andere Erklärungen durchaus plausibel. Zunächst einmal muß gesagt werden, daß solche Fälle äußerst selten sind. Sie stellen keine typischen Beispiele aus einer langen Reihe ähnlicher Fälle dar, sondern wurden sorgfältig ausgewählt, da sie die Hypothese zu bestätigen scheinen. Ist das Erlebnis selten, besteht immer die Möglichkeit, daß es sich lediglich um eine halluzinatorische Phantasie normalen Ursprungs handelt, die durch Zufall mit einem bedeutsamen Ereignis zusammenfällt. Wir wollen unseren Standpunkt an dem vorhergehenden Fall erläutern.

Zweifellos herrschte damals eine Epidemie, und viele Menschen starben. Die Eltern versuchten zwar, Jennies Tod vor Edith zu verbergen, aber Tod lag in der Luft, und das kanke Kind muß sich mit dem Sterben beschäftigt haben. Edith hat sich bestimmt gefragt, warum ihre liebe Freundin Jennie sie nicht besuchte, ihr nicht wenigstens aus der Ferne durchs Fenster zuwinkte oder einen Brief schrieb, um ihre Zuneigung zu zeigen. Sie könnte sehr gut vermutet haben, daß etwas nicht stimmte. In der Agonie könnte sie nur fabuliert und in ihrer Phantasie einen Traum von Jennie gehabt haben, der ihren Verdacht dramatisch ausdrückte – ihre richtige Vermutung.

Die ASW liefert übrigens eine weitere plausible Erklärung für diesen Fall: in ihrer Agonie hatte Edith ein ASW-Erlebnis, worin sie erkannte, daß Jennie gestorben war. (Angesichts ihres bevorstehenden eigenen Todes und da sie liebevoll an Jennie dachte, war dies ein besonders naheliegendes Zielobjekt für ihre ASW.) Das so erhaltene Wissen wurde dann phantastisch verzerrt und dramatisch als Begegnung mit der toten Jennie erlebt. Das Weiterleben ist hier *keineswegs* eine zwingende Erklärung.

Derselbe Mechanismus, nämlich ASW plus unterbewußte Dramatisierung, könnte auch eine Gruppe verblüffender spontaner Erlebnisse erklären, in denen der angebliche tote Agent sich scheinbar identifiziert und scheinbar sogar *eine bestimmte Absicht oder einen Zweck zu erkennen gibt*. Initiative und Aktivität des angeblichen toten Agenten stellen ein starkes Argument für seine unabhängige Existenz dar. Zahlreiche Fälle dieser Art sind in der parapsychologischen Literatur verzeichnet.

So traf beispielsweise Dr. R. H. ein Abkommen mit seiner Schwester, dem zufolge, wer von ihnen zuerst sterbe, versuchen würde, dem anderen ein Zeichen hinsichtlich des Weiterlebens zu geben. Seine Schwester starb. Nach der Rückkehr von ihrer Beerdigung trat er in sein Büro und diskutierte mit einem seiner Studenten das Buch *The Varieties of Religious Experience* (Die Varietäten religiösen Erlebens) von W. James. Er wollte eines der Erlebnisse seiner Schwester erwähnen. In dem Augenblick, da er ihren Namen „Anna" aussprach, erklang ein Geräusch wie ein Pistolenschuß, und sein Tintenfaß war in der Mitte zerteilt. Er nahm die beiden Teile und wusch sie aus. Als er ins Büro zurückging, hörte er eine deutliche Stimme fragen: „Ist das ein glasklarer, scharfer Beweis?" Er erinnerte sich, daß er zu seiner Schwester gesagt hatte: „Wenn du mir je einen Beweis für das Weiterleben gibst, sieh zu, daß er glasklar und scharf ist." Die Bruchkante des gläsernen Tintenfasses war scharf.

Dieses Ereignis, in welchem die tote Vermittlerin offenbar sogar einen physikalischen Effekt hervorrief, erinnert uns an den weitverbreiteten Glauben, der Tod eines Menschen könne durch einen physikalischen Effekt angezeigt werden: durch das Herunterfallen eines gerahmten Bildes, das Stehenbleiben einer Uhr usw.

In einem anderen Fall meldete sich auf eine Stellenanzeige für Dienstmädchen eine Frau, die ihren Namen als Helen J. angab. Sie machte einen guten Eindruck, wurde angestellt und ersucht, am folgenden Morgen um neun Uhr zu kommen. Zur genannten Zeit erschien ein sechzehnjähriges Mädchen, Agnes J., um die Stellung anzutreten. Die Hausfrau war sicher, das Mädchen noch nie gesehen zu haben, und sagte, die Stellung sei bereits vergeben. Das Mädchen erwiderte: „Natürlich, ich war gestern hier, und Sie forderten mich auf, heute um neun Uhr zu kommen." Dann wiederholte es das gesamte Gespräch vom Vortag. Verwirrt zeigte die Hausfrau dem Mädchen sein Zimmer und versprach, es zu behalten, wenn Helen nicht auftauche. Helen erschien nicht. Ein paar Tage später sah die Hausfrau in Agnes' Zimmer zufällig eine Fotografie, auf der sie Helen erkannte. Es stellte sich heraus, daß die Abgebildete Agnes' Mutter war. Sie war gestorben, als Agnes zwei Jahre zählte, und hatte Helen geheißen. Schützte und leitete die Mutter ihre Tochter aus dem Jenseits?

In einem fast ähnlichen Fall hüpfte ein etwa zehnjähriges Mädchen auf dem Dach eines vierstöckigen Gebäudes umher, in dem es wohnte. Irgendwie geriet die Kleine in einen verbotenen Bereich und sprang über die Geländer, die das Dach unterteilten. Plötzlich erschien vor ihr ein rothaariger Mann und sagte: „Ich bin Jim Jackson, tu das nicht." Er verschwand, das Mädchen hörte auf zu hüpfen und schaute über das Geländer, das es gerade hatte überspringen wollen: der gähnende Abgrund eines Luftschachts tat sich vor ihm auf. Wäre es über das Geländer gehüpft, hätte es sich in den Abgrund gestürzt. Viele Jahre später, als erwachsene Frau, sollte sie irgendwo ihren Geburtsschein vorlegen. Sie wußte, daß sie in Chicago geboren war, doch dort fand sich keine Eintragung. In ihrer Verzweiflung rief sie ihre einzige lebende Verwandte an, eine Tante. Diese sagte ihr, sie sei ein Adoptivkind und ihr wirklicher Vater habe Jim Jackson geheißen.

Sie erfuhr nie Einzelheiten über ihre leiblichen Eltern, doch sie hatte rötliches Haar.

In einem anderen Fall wünschte sich ein Vater sehnlich, daß der Sohn gleich ihm Zahnarzt werde. Der Vater starb etwa zu der Zeit, als der Sohn sein Zahnmedizinstudium beendete. Der Sohn übernahm die Praxis des Vaters. Kurz danach machte der junge Zahnarzt ein vollständiges Gebiß für eine alte Dame. Sie kam eines Tages zur Behandlung und erzählte, sie habe von einem alten Herrn geträumt (die Beschreibung traf auf den Vater zu), der ihr aufgetragen habe, einige Worte für den Zahnarzt niederzuschreiben. Sie reichte ihm einen Zettel, auf dem mit wenigen Worten in der zahnärztlichen Fachsprache auf einen Fehler hingewiesen wurde, der dem Zahnarzt in seiner Arbeit unterlaufen war. Er untersuchte das Gebiß, entdeckte und korrigierte seinen Fehler.

Fälle dieser Art sind vermutlich die überzeugendsten spontanen Erlebnisse, die für ein Weiterleben sprechen. Ein Problem ist jedoch, daß spontane Fälle immer sehr wenig Überzeugungskraft haben. (Seit Jahrtausenden vermutete man auf der Basis von Beobachtungen spontaner Fälle, daß ASW existiere, aber bewiesen wurde es erst in Laborexperimenten.) Wir können nicht prüfen, wie viele der obigen Berichte erfunden wurden oder was sich an jedem im Gedächtnis der Perzipienten in der Zeit zwischen Ereignis und Schilderung veränderte. Außerdem lassen sich alle diese Effekte – auch wenn sie echt und in den Details wahr sind – ohne Mitwirken eines weiterlebenden Agenten erklären: durch ASW-Kräfte der lebenden Person (vielleicht manchmal mit einem PK-Effekt kombiniert), dramatisch verkleidet in die Erscheinung eines verstorbenen Agenten.

Je seltsamer eine Behauptung ist, desto überzeugendere Beweise benötigen wir, bevor wir sie als wahr akzeptieren können. Da das Weiterleben nach dem Tode scheinbar im Widerspruch zu allen unseren üblichen Erlebnissen steht, fällt es zweifellos in eine Kategorie, in welcher sehr überzeugendes Beweismaterial erforderlich ist. Wir können bei der Bewertung isolierter Fälle dieser Art nicht vorsichtig genug sein, und es ist ganz bestimmt nicht falsch, wenn wir uns zuerst angestrengt bemühen, mögliche Fehler von jeder denkbaren Seite her aufzuspüren.

Der folgende Fall von James Chaffins Testament ist vielleicht der in der parapsychologischen Literatur am besten belegte. Er veranschaulicht die Schwierigkeiten, denen wir bei unserer Suche nach der Wahrheit im Gewirr parapsychologischer Zeugenaussagen begegnen. Der Fall klingt sehr überzeugend: der tote James Chaffin scheint große Anstrengungen unternommen zu haben, um seine Familie wissen zu lassen, wie er über seinen Besitz verfügen wollte.

Der amerikanische Farmer James Chaffin schrieb 1905 ein Testament, worin er seinen gesamten Besitz seinem dritten Sohn Marshall vermachte. 1919 setzte er ein weiteres Testament auf, in welchem er den Wunsch äußerte, daß sein Besitz gleichmäßig unter allen seinen Kindern aufgeteilt werde. Er schrieb dieses Testament ohne Zeugen und verbarg es in der Familienbibel, beim 27. Kapitel des 1. Buches Mose. Er erwähnte das zweite Testament gegenüber niemandem. Um sicherzugehen, daß es gefunden würde, schrieb er auf einen Zettel: „Lest das 27. Kapitel des 1. Buches Mose in der alten Bibel meines Vaters." Diese Botschaft nähte er in die Tasche seines Mantels ein. 1921 starb er unversehens. Das erste Testament wurde eröffnet und Marshall erbte alles, da die Mutter und die drei anderen Brüder das Testament nicht anfochten. Marshall starb weniger als ein Jahr nach dem Vater und hinterließ eine Frau und einen minderjährigen Sohn. 1925 hatte Chaffins Sohn James wiederholt Visionen, in denen sein Vater an seinem Bett stand. Schließlich sagte das Phantom des Vaters zu ihm: „Du wirst mein Testament in meiner Manteltasche finden." Es verschwand. Sie holten den Mantel des Vaters, fanden in der Tasche den Hinweis auf die Bibel, holten die Bibel und fanden das darin verborgene zweite Testament. Das Nachlaßgericht erkannte das zweite Testament als rechtsgültig an, und der Besitz wurde gemäß diesem Testament aufgeteilt.

Das ist in gedrängter Form der eindrucksvolle Fall, wie er in der parapsychologischen Literatur geschildert wird. Wir wollen uns nun dieselbe Geschichte in etwas anderen Worten und mit etwas veränderter Gewichtsverteilung anhören.

Vater James Chaffin erwähnte sein zweites Testament nie gegenüber jemandem. 1925, drei Jahre nach Marshalls Tod (als das Vermögen im Besitz seiner Witwe war und die restlichen Familienmitglieder nichts erhalten hatten), begann Sohn James plötzlich Visionen des Vaters zu haben. Er hörte (wie er erklärte) den Vater sagen, er werde in der Manteltasche sein Testament finden. Sie fanden den alten Mantel in der Wohnung von Bruder John und entdeckten, daß das Futter der Tasche zusammengenäht war. Sie trennten die Naht auf und fanden einen Zettel, auf dem stand: „Lest das 27. Kapitel des 1. Buches Mose in der alten Bibel meines Vaters." Sie suchten die Bibel nicht sofort, sondern waren klug genug, erst ein paar Zeugen herbeizuholen. Mit diesen Zeugen gingen sie zum Heim der Mutter, wo sie die Bibel und das zweite Testament fanden.

Die Geschichte klingt nun ganz anders. Marshalls Witwe wollte das zweite Testament anfechten. Doch nachdem es zu einer Diskussion unter den betroffenen Parteien gekommen war und sie die Zeugen kennengelernt hatte, die sich zur Aussage bereit erklärten, zog sie die Anfechtung zurück. Das Nachlaßgericht entschied deshalb zugunsten des zweiten Testaments.

Und nun möchten wir ein paar Fragen aufwerfen, die der Leser selbst beantworten soll: War dieser am besten belegte Fall eine echte Manifestation des toten James Chaffin, der im Geiste wiederkehrte, um dafür zu sorgen, daß sein Testament gefunden wurde? Könnte es sich nicht eher um eine heimliche Absprache der (im ersten Testament übergangenen) Familienmitglieder gegen Marshalls Witwe (die das gesamte Vermögen erhalten hatte, obwohl sie eigentlich nicht zur Familie gehörte) gehandelt haben? Die Familie hatte wirklich ein höchst einleuchtendes Motiv, während die Vorkehrungen Vater Chaffins bezüglich des zweiten Testaments (wenn es echt war) nicht sehr sinnvoll erscheinen. Vermutlich läßt sich die Wahrheit heute nicht mehr ermitteln. Aber darf man einen so zweideutigen Fall wie diesen als gültigen Beweis für das Weiterleben nach dem Tode betrachten?

Ein anderes Erlebnis, das manchmal als Hinweis auf das Weiterleben ins Treffen geführt wird, das Erlebnis des *déjà-vu* („bereits gesehen"), läßt sich leicht erklären. Es ist so häufig, daß es vermutlich jedem irgendwann einmal widerfährt: Man kommt an einen Ort, an dem man noch nie war, und hat plötzlich den Eindruck, die Szenerie sei einem so vertraut, daß man sie schon irgendwo gesehen haben müsse.

Manchmal wird fälschlicherweise behauptet, solche Déjà-vu-Erlebnisse seien Erinnerungen aus einem früheren Leben. Die richtige Erklärung ist jedoch viel einfacher. Jedes Erlebnis, das wir haben, setzt sich aus vielen Details zusammen. Einige davon beeindrucken uns mehr, andere weniger. (Wenn Sie einen Freund treffen, fällt Ihnen vielleicht sein neuer Anzug auf, aber Sie bemerken die Farbe der Krawatte nicht, die er trägt. Sie hören sich aufmerksam an, was er über seine Familie berichtet, doch irgend etwas lenkt Sie ab, als er den Titel eines Buches erwähnt, das er vor kurzem gelesen hat.) Im Laufe der Zeit gerät das Erlebnis in Vergessenheit. Zuerst vergißt man die oberflächlich registrierten Details; andere, die einen stärker beeindruckten, behält man länger im Gedächtnis. Die Erinnerung wird immer blasser und erlischt schließlich ganz. Es kann geschehen, daß man dann irgendwann in eine Situation gerät, die in mancher Hinsicht dem vergangenen, halb vergessenen Erlebnis gleicht. Die Details des früheren Erlebnisses wurden mittlerweile völlig vergessen, aber wenn das neue Erlebnis latente Spuren des vergangenen wiederbelebt, kann man zumindest ein unbestimmtes Gefühl der Vertrautheit haben. (Nehmen wir an, Sie begegnen einem Mann, der ähnlich gekleidet ist wie seinerzeit Ihr Freund; Ihnen kommt der Anzug des Unbekannten „vertraut" vor, aber Sie können sich nicht erinnern, wo Sie ihn schon gesehen haben; oder Sie erblicken das Buch, das Ihr Freund erwähnte, im Regal einer Buchhandlung, und Sie überlegen verwundert, wo Sie wohl eine Anzeige des Buches gesehen haben.)

Der folgende Fall veranschaulicht diesen Prozeß sehr gut. Ein englisches Paar kam auf einer Reise an einen See, der beiden sehr vertraut erschien. Sie wußten sicher, daß sie sich noch nie in der Gegend aufgehalten hatten, und begannen zu glauben, sie könnten ein früheres Leben hier verbracht haben. Sie kehrten nach London zurück und besuchten noch einmal eine Gemäldegalerie, in der sie kurz vor ihrer Abreise gewesen waren. Dort stießen sie auf ein Gemälde ihres Sees, das sie bei ihrem ersten Besuch gesehen haben mußten. Sie hatten es völlig vergessen, aber das bleibende winzige Erinnerungsbruchstück genügte, um einen deutlichen Eindruck der „Vertrautheit" hervorzurufen.

In sehr seltenen Fällen enthält das Déjà-vu-Erlebnis ein hellseherisches Element. Es kann jedoch nur demonstriert werden, wenn der Perzipient an einen Ort kommt, an dem er noch nie war, und sein Erlebnis so stark ist, daß ihm – neben dem bloßen Gefühl der Vertrautheit – eine Information über den Ort einfällt, die sich anschließend bestätigt.

Einmal kam eine Gruppe Touristen nach Heidelberg und besuchte das dortige Schloß. Einer der Gruppe, der noch nie in dem Schloß gewesen war, hatte plötzlich den Eindruck, es zu kennen, und „erinnerte" sich, daß es in dem für die Öffentlichkeit nicht zugänglichen Schloßteil einen besonderen Raum gab. Er bat um ein Stück Papier und zeichnete einen Plan dieses Raumes. Später erlaubte man ihm, den Raum zu besuchen, und man stellte fest, daß seine Zeichnung und Schilderung genau der Wirklichkeit entsprachen. Er hatte außerdem den Eindruck, in der Heidelberger Universitätsbibliothek existiere ein bestimmtes Buch: er kannte Autor und Titel und hatte das Gefühl, auf einer der Buchseiten stehe eine handschriftliche Notiz mit dem Namen eines alten deutschen Professors. Man fand das Buch, und der Name des Professors stand wirklich auf der Seite.

Man braucht keineswegs anzunehmen, daß der Mann in einem früheren Leben im Heidelberger Schloß wohnte oder das Buch besaß. Er kann vor dem Besuch einen lebhaften Traum gehabt haben, in dem er hellseherisch von der Existenz des ungewöhnlichen Raumes oder des Buches erfuhr. Den Traum vergaß er, aber der Besuch im Schloß belebte einige latente Erinnerungen, und er vermochte sich einiger zusätzlicher Details zu entsinnen. (Es besteht aber auch die Möglichkeit, daß ihm bei den Vorbereitungen auf die Reise ein Buch oder etwas anderes über das Schloß in die Hand gekommen war, worin der Raum beschrieben wurde und das er inzwischen vergessen hatte.)

Das nächste Beispiel zeigt, daß ein teilweise vergessener hellseherischer Eindruck Fälle dieser Art sehr wohl zu erklären vermag. Herr Figueroa träumte, er sei auf dem Land. Er ging eine breite Straße entlang und kam an ein Feld hinter einem Zaun, wo ihn ein Bauer willkommen hieß. Der Mann führte ihn in den Stall und dann ins Haus, wo er zwei Frauen und ein Kind vorfand. Er erinnerte sich deutlich an die Gesichter der vier Menschen. Er bemerkte ein Maultier, das in der Stalltür stand, ferner Tomaten, Zwiebeln und ein ungewöhnliches Bett im Schlafzimmer. Zwei Monate danach begleitete er seinen Freund in ein Dorf, in dem er noch nie gewesen war. Dort erkannte er die breite Straße und das Feld hinter dem Zaun. Er erzählte dem Freund von dem Traum und beschrieb das in der Nähe stehende Haus, seine Bewohner und die Einrichtung. Als sie zu dem Haus kamen, erfüllte sich der Traum in allen Einzelheiten. Er erkannte die Menschen dort, sah das Maultier, die Tomaten, die Zwiebeln und das Bett im Schlafzimmer.

Eine etwas komplizierte Frage stellen die angeblichen *Erinnerungen an frühere Existenzen* dar. In Gemeinschaften mit weit verbreitetem Glauben an die Reinkarnation kann das Déjà-vu-Erlebnis einen typischen Charakter annehmen: Gelegentlich „erinnert" sich irgend jemand, daß er sein früheres Leben an einem fernen Ort verbrachte, und nennt Einzelheiten über diesen Ort, die sich später als richtig erweisen.

1926 kam in Delhi ein Mädchen namens Shanti Devi zur Welt. Ab dem Alter von vier Jahren begann sie von einem früheren Leben zu sprechen. Sie sagte, sie habe in der Stadt Muttra gelebt (die ungefähr hundertsechzig Kilometer von Delhi entfernt ist), sie habe Lugdi geheißen, sei 1902 zur Welt gekommen, habe einen Tuchhändler namens Kedar Nath Chaubey geheiratet, einen Sohn geboren, sei aber zehn Tage danach gestorben. Es stellte sich heraus, daß Kedar Nath Chaubey tatsächlich existierte. Er lebte in Muttra und bestätigte alle Einzelheiten, die das Mädchen über ihn und seine Familie sagte. Als er 1935 mit der damals neunjährigen Shanti Devi zusammentraf, erkannte sie ihn sofort. In seiner Begleitung befanden sich seine zweite Frau und ein zehnjähriger Sohn aus der ersten Ehe. Der Mann war sehr ergriffen von der Art, in der Shanti Devi Fragen über sein Privatleben mit seiner ersten Frau beantwortete. Sie sagte ihm, sie habe an einer bestimmten Stelle in ihrem Haus in Muttra etwas Geld vergraben, das dann tatsächlich gefunden wurde.

Shanti Devi, die Delhi noch nie verlassen hatte, wurde von einem Untersuchungskomitee nach Muttra gebracht. Sie erkannte ihre einstigen Verwandten sofort (beispielsweise Lugdis Eltern in einer Gruppe von ungefähr fünfzig Menschen), führte die Forscher ohne Zögern durch die Stadt zu dem Haus, in dem sie angeblich gelebt hatte, und machte auf Veränderungen in der Stadt seit ihrem früheren Leben aufmerksam. Sie kannte das Innere des Hauses und verstand Dialekt-ausdrücke, die in Muttra gebraucht wurden, den mit ihr aus Delhi gekommenen Menschen aber nicht geläufig waren.

Eine ganze Reihe ähnlicher Fallgeschichten wurde gesammelt (in jüngster Zeit besonders von Ian Stevenson). Sie müssen nicht zwangs-läufig als Beweise für die Reinkarnation interpretiert werden, ent-halten jedoch oft ASW-Elemente. Shanti Devi beispielsweise hatte zweifellos ASW-Eindrücke von zahlreichen Einzelheiten der fernen Stadt, und dieses Wissen wurde dramatisch verzerrt: es erhielt einige Züge der Entpersönlichung, wurde in einer von der örtlichen Kultur-tradition bestimmten Form erlebt – und die „Reinkarnationsge-schichte" war geboren. (Leider läßt sich nicht einmal das genaue Maß an ASW-Gehalt der Geschichte bestimmen: einige Details, wie das Erkennen der Eltern, können auch ohne ASW erklärt werden; die Eltern waren bei der Begegnung mit Shanti Devi vielleicht aufgeregt und verrieten sich möglicherweise dadurch.)

Als sich der Glaube an die Reinkarnation verbreitete, tauchten auch in westlichen Ländern „Erinnerungen an frühere Inkarnationen" auf, manchmal mit interessanten Abwandlungen.

Während es sich bei Shanti Devi um einen typischen Fall von „Er-innerung" handelt, war im folgenden Fall der Entpersönlichungs-aspekt beträchtlich stärker und machte das Erlebnis zu einem typi-schen „Besessenheitsfall".

1865 starb in Watseka, Illinois, ein achtzehnjähriges Mädchen namens Mary Roff. Zu dieser Zeit war ein anderes Mädchen, Lurancy Vennum, vierzehn Monate alt. Erst mit sieben Jahren (sechs Jahre nach Mary Roffs Tod) kam Lurancy Vennum nach Watseka. Die Eltern der beiden Mädchen kannten sich, aber nur sehr ober-flächlich. Als Lurancy Vennum vierzehn war, machte sie eine unge-wöhnliche Persönlichkeitsveränderung durch: nach einer Periode mit Anfällen von spontaner Trance begann sie plötzlich zu behaupten, sie sei Mary Roff; sie erkannte ihre Eltern nicht mehr und bat, „nach Hause" zur Familie Roff geschickt zu werden. Als man sie dorthin brachte, benahm sie sich wie Mary Roff zu ihren Lebzeiten, erkannte Menschen richtig, die Mary Roff gekannt hatte, und erinnerte sich richtig an Ereignisse aus Mary Roffs Leben. Die Persönlichkeitsver-änderung dauerte drei Monate und zehn Tage. Dann kehrte Lurancy

Vennums Persönlichkeit zurück, und sie ging wieder heim zu ihren
Eltern.

Zwei Punkte sind in diesem Fall besonders interessant. Erstens die
Diskrepanz in den Daten von Mary Roffs Tod und Lurancy Vennums Geburt: als Mary starb, war Lurancy bereits auf der Welt,
folglich ist die gewöhnliche Reinkarnations-Hypothese ausgeschlossen. Wahrscheinlicher ist also in dem Fall eine längerdauernde
mediumistische „Besessenheit", wie wir sie ähnlich in spiritistischen
Séancen erleben. (Beachten Sie den kulturellen Einfluß des Spiritismus, wodurch sich dieser amerikanische Fall vom indischen Fall
Shanti Devi unterscheidet.) Zweitens wurde eine Beobachtung verzeichnet, die unmittelbar anzeigt, daß der gesamte Fall nur mit
ASW gedeutet werden kann: während der „Mary-Roff-Periode" sank
das Mädchen gelegentlich in eine Trance, in der sie hellseherisch war.
Eines Nachmittags beispielsweise verkündete sie, ihr „Bruder" Frank
Roff, der scheinbar kerngesund war, würde in der Nacht schwer
erkranken, was tatsächlich geschah. Sie verlangte, man solle den
Hausarzt rufen, und nannte den Ort, wo er zu finden sei. Es war
ein ungewöhnlicher Ort, doch der Arzt befand sich wirklich dort.

Es drängt sich die Erklärung auf, daß die ASW-Fähigkeit, die ihr
das Wissen von Franks Krankheit vermittelte und die Auffindung
des Arztes ermöglichte, ihr auch die Information über die tote Mary
Roff lieferte. Diese Information bildete einen Kern, um welchen sich
ihre dramatische Persönlichkeitsspaltung entwickelte.

Ein anderer Fall ereignete sich in Palermo, Sizilien. Am 15. März
1910 starb dort Alexandrina Samona im Alter von fünf Jahren. Drei
Tage später hatte ihre Mutter einen Traum, in dem das kleine
Mädchen ihr erschien und sagte: „Mutter, weine nicht mehr. Ich habe
dich nicht verlassen; ich bin nur ein bißchen weggegangen. Ich werde
so klein wiederkommen (es deutete die Größe eines Säuglings an)."
Der Traum wiederholte sich. Später, in einer spiritistischen Sitzung,
erhielt Frau Samona ein Versprechen von Alexandrina, sie werde in
einem Baby, das Frau Samona bekomme, wiedergeboren. Am
22. November 1910 brachte Frau Samona Zwillinge zur Welt, zwei
Mädchen. Eines davon ähnelte Alexandrina sehr und erhielt denselben Namen. Es hatte eine Reihe ungewöhnlicher physischer und
Verhaltensmerkmale, die auch Alexandrina 1 besessen hatte: Links-

händigkeit, asymmetrisches Gesicht, Hyperämie im linken Auge, Abneigung gegen Käse, besondere Spielgewohnheiten usw. Als Alexandrina 2 etwa acht Jahre zählte, wollte die Mutter sie in eine Stadt mitnehmen, in der die Kleine noch nie gewesen war. Alexandrina 2 behauptete jedoch, schon dort gewesen zu sein, und beschrieb einige Einzelheiten der Stadt genau. Erst da erinnerte sich Frau Samona, daß sie die Stadt mit Alexandrina 1 einige Monate vor deren Tod besucht hatte. Alexandrina 2 „erinnerte" sich auch an mehrere Ereignisse, die Alexandrina 1 widerfahren waren.

Ein amerikanisches Paar, das sich auf einer Weltreise befand, besuchte Bombay. Die beiden gingen durch die Stadt, die ihnen zu ihrer Verwunderung sehr bekannt vorkam. Einen Führer brauchten sie nicht. Oft konnten sie voraussagen, was sie sehen würden, wenn sie um die nächste Ecke bogen. Ein Stadtviertel schien ihnen ganz besonders vertraut. Sie beschlossen, ihre Kenntnisse der Stadt zu erproben und ein bestimmtes Haus mit einer Bananenstaude im Garten zu suchen, an das sie sich ganz deutlich erinnerten. Als sie zu der Stelle kamen, wo sie das Haus zu finden meinten, war es nicht da. Zufällig befand sich ein Polizist in der Nähe; ihn fragten sie, wo jenes Haus mit der Bananenstaude sei. Der Polizist erinnerte sich, von seinem Vater gehört zu haben, früher sei an der Stelle ein solches Haus gestanden. Ihm fiel sogar ein, daß das Haus einer Familie namens Bhan gehört hatte. Ein seltsamer Zufall wollte, daß die beiden Amerikaner den Namen Bhan liebten (ihr erster Sohn war auf den Namen getauft).

Die holländische Malerin Henriette Roos war kurz mit einem Herrn Weisz verheiratet. Nach der Scheidung behielt sie trotz der Einwände ihrer Mutter den Namen Weisz bei und erklärte, sie finde, er passe besser zu ihr als ihr Mädchenname Roos. Eines Abends legte sie sich sehr müde ins Bett. Doch von einem inneren Zwang getrieben, stand sie wieder auf und begann in fiebriger Hast im Dunkeln zu malen. Sie beendete das Gemälde bald und legte sich erneut nieder. Am nächsten Morgen stellte sie fest, daß sie ein schönes Porträt einer jungen Frau gemalt hatte. Ein Freund empfahl ihr später, das Gemälde zu einem Hellseher zu bringen. Nachdem der Hellseher in Trance gesunken war, sagte er ihr unter anderem: „Ich sehe große goldene Buchstaben . . . G-O-Y-A. Er spricht jetzt

zu mir. Er sagt, er sei ein spanischer Maler gewesen. Er mußte vor
seinen Feinden aus seinem Land fliehen, und Sie seien es gewesen,
die ihn in Ihrem Heim in einer großen südfranzösischen Stadt aufgenommen hätten – bis zum Ende seines Lebens. Er ist Ihnen so
dankbar und möchte Sie leiten . . . deshalb ließ er Sie im Dunkeln
malen . . .‟ Zur Zeit dieser Mitteilung hatte Frau Weisz-Roos noch
nie etwas von Goya gehört. Sie lieh sich eine Goya-Biographie und
fand heraus, daß der Maler während seiner Verbannung aus Spanien
am Ende seines Lebens bei einer Leocadia Weisz gewohnt hatte.

Fälle wie die obigen scheinen sehr stark für ein Weiterleben zu
sprechen. Doch bei genauerer Prüfung offenbaren sich die Schwächen
dieser Hypothese. Manchmal lassen sie sich sogar ohne ASW als
bloße Selbsttäuschung der Person interpretieren, die das Erlebnis
hatte. (Wäre es nicht möglich, daß Frau Samona, die sich oft voller
Liebe an Alexandrina 1 erinnerte, Alexandrina 2 Einzelheiten über
die Verstorbene erzählte und es wieder vergaß?) Dinge, die nicht
recht in dieses Erklärungsschema passen wollen (z. B. der Name
Bhan) sind sehr selten, und wir können unbesorgt annehmen, daß
es sich um seltsame Zufälle handelt. Ihre Eigenartigkeit mag uns
verwirren und sollte uns anregen, nach überzeugenderen Hinweisen
zu forschen, aber das Weiterleben nach dem Tode kann nicht aufgrund solcher Fälle als erwiesen angenommen werden.

Die größte öffentliche Aufmerksamkeit erregten wohl jene Fälle,
in denen „Erinnerungen an frühere Existenzen‟ künstlich durch
Hypnose provoziert wurden. Wir haben bereits gesehen, daß es
möglich ist, einen Menschen durch Suggestion eine Regression durch-
machen und die Erlebnisse seiner Kindheit noch einmal durchleben
zu lassen. Dieses Verfahren benutzen manche Psychiater, um bei ihren
Patienten traumatische Kindheitserlebnisse aufzuspüren, die mit
späteren Problemen der Betreffenden in Zusammenhang stehen
können.

Einige Hypnotiseure, die von der Reinkarnation fasziniert waren,
probierten auch, ihren Versuchspersonen zu suggerieren, sie würden
ihre früheren Inkarnationen noch einmal durchleben. Wenn die
hypnotisierte Versuchsperson eine solche Suggestion annahm, fabri-
zierte sie gewöhnlich anhand ihrer vergangenen Erlebnisse, gegenwärtigen Phantasien und Wünsche für die Zukunft eine fiktive Per-

sönlichkeit. Es handelte sich wirklich nicht um mehr als eine fiktive Persönlichkeit, ähnlich der Phantasiegestalt eines Romanschriftstellers.

In einigen Fällen jedoch forderten die Hypnotiseure die Versuchspersonen auf, möglichst viele Einzelheiten über ihre angeblichen früheren Existenzen anzugeben; diese Einzelheiten notierten sie und stellten später fest, daß alle mit erwiesenen historischen Tatsachen übereinstimmten, von denen die Versuchsperson nichts wissen konnte. Der amerikanische Film *On a clear day you can see forever* stellte ein Experiment dieser Art dar. Von den zahlreichen in der parapsychologischen Literatur geschilderten derartigen Experimenten ist das meistdiskutierte wohl der Fall Bridey Murphy.

Eine junge amerikanische Frau behauptete in einem Experiment hypnotischer Regression, sie habe in einem früheren Leben unter dem Namen Bridey Murphy von 1798 bis 1864 in Irland gelebt. Weder sie noch der Hypnotiseur waren je in Irland gewesen. Sie nannte eine ganze Reihe von Einzelheiten aus ihrem angeblichen früheren Leben. Anschließend durchforschte man alte Dokumente nach Bestätigungen für ihre Behauptungen. Es war zwar nicht möglich, Bridey Murphy in Person zu identifizieren, doch zahlreiche Aussagen der hypnotisierten Versuchsperson bestätigten sich oder entsprachen zumindest dem damaligen Leben in Irland. Viele dieser Fakten konnte die junge amerikanische Versuchsperson normalerweise nicht wissen. Sie erwähnte beispielsweise, sie habe die Lebensmittel in zwei Geschäften in Belfast gekauft – bei Farr und John Carrigan. Die beiden Lebensmittelgeschäfte, und zwar nur diese beiden, waren im Branchenverzeichnis der Stadt Belfast von 1865/66 aufgeführt.

Derartige Fälle sind nicht leicht zu bewerten. Am wichtigsten ist, sicherzustellen, daß Tatsachen genannt wurden und sich bestätigten, von denen die hypnotisierte Versuchsperson normalerweise nichts wissen konnte. (Die obige Nennung der zwei kaum bekannten Lebensmittelhändler, die vor fast einem Jahrhundert in einem fernen Land im Geschäft waren, erfüllt diese Bedingung; man kann kaum erwarten, daß die Versuchsperson die Namen auf normalem Weg erfuhr.) Leider ist es schwierig, die Bestätigung für solche obskuren Details zu erbringen, da Unterlagen und Beweismaterial oft schwer zugänglich oder überhaupt nicht mehr vorhanden sind.

Das Entscheidende für unsere Betrachtungen hier ist, daß auch die eindrucksvollsten derartigen Fälle das Weiterleben nicht zu beweisen vermögen. Sie können bestenfalls interessante ASW-Beispiele sein, mehr nicht. ASW wurde offenbar zur Ermittlung der obigen Kaufmannsnamen eingesetzt; man braucht jedoch keineswegs anzunehmen, daß das Wissen als Erinnerung des Geistes von Bridey Murphy erlangt wurde. An solchen Fällen gibt es nichts, was sich nicht durch ASW erklären ließe – und die ASW ist, wie man festgestellt hat, eine Fähigkeit *lebender* Menschen.

Deshalb unterscheiden sich die verblüffendsten Fälle hypnotischer Regression – wie der Fall Bridey Murphy – nicht wesentlich von den früher bereits erwähnten ähnlichen Fällen. Gewöhnlich werden die fiktiven Persönlichkeiten vergangener Inkarnationen um einen Kern von Wissen konstruiert, das sich die hypnotisierte Versuchsperson auf normalem Sinneswege angeeignet hat. In Ausnahmefällen kommt eine weitere Wissensquelle dazu: ASW. Ansonsten ist der Prozeß der Phantasieschöpfung einer fiktiven Persönlichkeit derselbe wie bei der Entpersönlichung.

Solange wir die Grenzen der ASW nicht kennen und solange wir nicht feststellen, daß der angebliche „Geist" oder das „reinkarnierte Wesen" eine Information geliefert hat, die weder durch normale Sinne noch durch ASW erhältlich war, haben diese Fälle keine Bedeutung für das Weiterlebensproblem. Wir möchten hier erwähnen, daß bisher bei der ASW keine Beschränkungen entdeckt wurden.

Da wir sehen, daß spontane parapsychologische Erlebnisse das Fortleben nach dem Tod nicht zu beweisen vermögen, wenden wir uns nun einem anderen großen Gebiet zu, auf welchem dieser Beweis gesucht wurde: *Erlebnisse mit spiritistischen Medien.*

Die Spiritisten behaupten seit jeher, durch das in Trance gesunkene Medium spreche der weiterlebende Geist. Behauptung und Beweis sind jedoch zweierlei Dinge. Wie könnte ein solcher Beweis erbracht werden?

Stellen wir uns zunächst einmal eine ähnliche Situation wie in einer spiritistischen Sitzung vor: Das Telefon klingelt, und wir erhalten ein Ferngespräch. Ein unbekannter Mann sagt uns, daß unser Freund X. Y. neben ihm stehe, aber aus irgendeinem Grund nicht direkt ins

Telefon sprechen könne. (Nehmen wir an, er habe einen schweren Unfall gehabt, sein Kopf sei verbunden und er könne nicht sprechen, wolle uns jedoch eine dringende Botschaft übermitteln, in welcher er uns um eine sofortige delikate Hilfeleistung bitte.)

Wie können wir uns überzeugen, daß wirklich unser Freund die Nachricht sendet? Die einzige Möglichkeit dürfte darin bestehen, daß wir X. Y. über Vermittlung des am Telefon Sprechenden Fragen stellen. Wenn wir genügend detaillierte Informationen über Dinge erhalten, die nur X. Y. wissen kann, dürfen wir sicher sein, daß wir tatsächlich mit ihm Kontakt haben. Je mehr Details genannt und je genauer unsere Fragen beantwortet werden, desto größer ist unsere Sicherheit.

Nach denselben Richtlinien versuchten die Spiritisten die Existenz und Identität des Kommunikator-Geistes zu beweisen: Das Medium (oder der „Geist", wie sie glaubten) gab Informationen, die nur der verstorbenen Person bekannt sein konnten. Wir möchten einige Beispiele von Beobachtungen anführen (die wir aus einer großen Zahl ähnlicher auswählten), worin das Medium wirklich solche Informationen lieferte und die verstorbene Persönlichkeit außerdem einen bestimmten Zweck zu verfolgen oder spezielle Züge zu offenbaren schien, die für den angeblichen Kommunikator charakteristisch waren.

In einer spiritistischen Sitzung war das Medium L. D. von einem gewalttätigen Geist besessen. Das Medium, ein Mann, begann sich sehr zornig zu gebärden, blickte wütend um sich und griff plötzlich heftig einen der Besucher an. Er packte ihn mit fast übermenschlicher Kraft und rief: „Habe ich dich endlich, du Bastard! Du hast mich ermordet, aber jetzt werde ich mich rächen. Ich werde dich erwürgen!" Nachdem der Mann aus dem eisernen Griff des Mediums befreit worden war, bekannte er, daß er ein ehemaliger Marineoffizier sei, den man vor langer Zeit entlassen habe. Die Entlassung war die Folge eines Zwischenfalls gewesen, der sich in der portugiesischen Hafenstadt Oporto zugetragen hatte. Eines Abends, als er durch die Stadt gegangen war, hatte er einige Menschen italienisch sprechen hören. Er war in die Kneipe getreten, aus der die Stimmen kamen, und hatte einige betrunkene Matrosen dort vorgefunden. Einer davon hatte ihn angegriffen, und er hatte ihn mit seinem Degen erstochen.

Wegen dieses Vorkommnisses war er zu sechs Monaten Gefängnis verurteilt und aus der Marine entlassen worden.

In der folgenden mediumistischen Kommunikation scheint der angebliche tote Kommunikator sogar eine gewisse rationale Initiative ergriffen zu haben. Frau Dawson-Smith hatte eine Reihe Sitzungen mit dem britischen Medium Frau Leonard. In der Sitzung am 10. Januar 1921 kam eine Botschaft durch, angeblich von ihrem toten Sohn: „ . . . und da war ein altes Portemonnaie mit einer Quittung darin, einem kleinen vergilbten Stück Papier. Es fühlt sich alt an. Ich wünschte, du könntest es suchen, alt, abgenutzt und schmutzig, unter einer Anzahl anderer Dinge . . . Suche es . . . (es ist ein) Beleg. Versuch es und grabe es aus . . . ein langer, schmaler Ledergürtel (liegt) ganz in der Nähe . . . das ist wichtig."

Die Beschreibung genügte Frau Dawson-Smith: sie fand die Quittung. Es war der Einzahlungsbeleg einer Zahlungsanweisung. Sie hob ihn auf, denn sie glaubte, er könnte sich als wichtig erweisen, da der „Geist" ihres Sohnes darauf bestanden hatte, daß sie ihn suche. Sie benötigte ihn tatsächlich 1924, um zu beweisen, daß ihr Sohn eine Schuld aus dem Jahr 1914 bereits zurückbezahlt hatte.

F. H. Wood beschrieb in mehreren Büchern einen Fall, in dem das englische Medium Rosemary Botschaften automatisch schrieb oder aussprach, die vom Geist Nonas kommen sollten, der angeblichen Gemahlin des ägyptischen Pharaos Amenhotep III. (um 1400 v. Chr.). Im Lauf der langjährigen Untersuchungen äußerte Rosemary mehr als fünftausend kurze Sätze in altem Ägytisch. Der Ägyptologe A. J. H. Hulme bestätigte, die Sprache sei wirklich altes Ägyptisch. Er bereitete auch vor den Sitzungen einige Fragen in altem Ägyptisch vor; stellte er sie dem Medium, antwortete „Nona" so prompt, daß man den Eindruck gewann, sie verstünde die Sprache wirklich. Sie verbesserte sogar einige linguistische Fehler, die Hulme unterliefen.

Ein anderer Fall ist in dem Buch *Raymond* belegt. Der namhafte britische Physiker Oliver Lodge schildert darin Ereignisse im Zusammenhang mit dem Tod seines Sohnes Raymond, der 1915 als Offizier in Frankreich fiel. Durch das Medium Frau Leonard und auch durch andere Medien (in dieser Hinsicht ähnelt der Fall den Querübereinstimmungen, die wir später erörtern werden: siehe Seite 171) gab Raymond eine Reihe Einzelheiten an, die sämtlichen Anwesenden unbekannt waren. Seine Behauptungen waren so typisch für den gefallenen Raymond, daß sein Vater fest von der Echtheit seines Weiterlebens überzeugt war. Einmal beklagte sich das Medium beispielsweise, es hätte ihn von einem gewissen Mr. Jackson sprechen hören, den er mit einem Vogel auf einem Piedestal verwechselt habe. „Mister Jackson" war der Spitzname, den Lodges Kinder ihrem Papagei gegeben hatten, der später gestorben, ausgestopft und tatsächlich auf ein Piedestal gestellt worden war.

Im Laufe dieser Sitzung wurde auch eine Fotografie beschrieben, die Raymond mit einer Gruppe anderer Offiziere zeigte. Niemand wußte von einer solchen Fotografie, da Raymond sie in seinen Briefen nicht erwähnt hatte. Das Medium schilderte einige Details der Aufnahme: er sitze inmitten einer Gruppe Männer, von denen einige stünden; das Bild sei im Freien vor dunklem Hintergrund aufgenommen, in dem vertikale Linien vorherrschten; jemand lehne sich auf seine Schulter usw. Das Foto, das die Familie einige Tage danach erhielt, bestätigte alle Aussagen. Es wurden auch viele richtige Aussagen über charakteristische Ereignisse in der Familie Lodge gemacht, von denen das Medium nichts wissen konnte.

Diese Beispiele sollten genügen. Es sind gute Beispiele für ASW, aber keines ist ein Beweis für das Weiterleben nach dem Tod. Bei dem ersten dramatischen Fall des Offiziers X. müssen wir, statt das Weiterleben als gegeben anzunehmen, wohl die Möglichkeit einräumen, daß das Medium die Erinnerungen des Offiziers an den Zwischenfall oder vielleicht sogar seine Befürchtungen, der tote Mann könnte in der Séance erscheinen, telepathisch gespürt hat. Die dramatische Beigabe entsprang lediglich der unbewußten Schauspiellust des Mediums.

An der ägyptischen Episode ist die vom Medium gezeigte Beherrschung einer Fremdsprache, zumal einer so alten, besonders interessant. Auch diese Leistung stellt jedoch nichts Einmaliges dar. Schon wiederholt haben Parapsychologen Fälle geschildert, in denen das in Trance gesunkene Medium die scheinbare Beherrschung irgendeiner existierenden Fremdsprache offenbarte. (Das darf nicht mit jenen Fällen verwechselt werden, in denen das Medium eine eigene Sprache schuf – wie die Marssprache von Helene Smith.) Über den Mechanismus, durch den ein Medium die Beherrschung von Fremdsprachen erlangt, weiß man kaum Bescheid. Manche Berichte über solche Sprach-kenntnisse dürften übertrieben sein; in anderen Fällen hatte das Medium normalen Zugang zu der Fremdsprache, wie Helene Smith zum Arabischen; echte solche Fälle beruhen vermutlich auf einer Art telepathischen Kontakts mit der Person, der die Sprache geläufig ist (als das Medium Hulmes Fragen beantwortete, die er auf Ägyptisch stellte, reagierte es möglicherweise auf seine Gedanken).

Wie dem auch sei, die ASW erklärt alle Aspekte einer solchen Leistung zufriedenstellend. Den Schlüssel zur Erklärung findet man in der von den Medien gegebenen typischen Schilderung, wie die Information erhalten wurde. In den Fällen, in denen Nona durch das Medium sprach (gewöhnlich in Englisch – Sätze in altem Ägyptisch wurden nur ausnahmsweise gesprochen) und Einzelheiten aus dem Leben im alten Ägypten beschrieb, lautete die Erklärung: Der Geist (Nonas) drückt sich aus, indem er seine Gedanken dem Geist des Mediums aufprägt, und das Medium formuliert diese Gedanken so-fort in seiner eigenen Sprache (Englisch), entweder mündlich oder schriftlich. (Wie wir den ASW-Prozeß heute verstehen, wird die In-formation über irgendein Ereignis ebenfalls „dem Geist des Mediums aufgeprägt". Doch dazu ist kein intelligentes körperloses Wesen er-forderlich – genau wie es keines solchen Wesens bedarf, damit die Lichtstrahlen in das sehende Auge getragen werden. Der angeblich mit dem Medium in Verbindung tretende Geist kompliziert das Problem nur unnötig.)

Noch bedeutsamer ist, daß die Mitwirkung von ASW durch die Schilderung bestätigt wird, wie das Medium die in altem Ägyptisch gesprochenen Sätze empfing: Rosemary erklärte, sie habe die ägypti-schen Worte klar vernehmlich „gehört" (d. h. durch ASW, die in auditiver Form erlebt wurde wie das Hören von Stimmen) und lediglich das Gehörte wiederholt.

Über Therese Neumann von Konnersreuth (die berühmt war wegen ihrer Stigmen, die an die Kreuzigung Christi erinnernden blutenden Wundmale) wird berichtet, sie habe in ihren Trancezuständen einige Sätze in Aramäisch (der zu Christi Zeiten in Palästina gesprochenen Sprache) gesprochen. Sie erklärte, sie habe die Worte wiederholt, die sie beim Durchleben der Kreuzigungsszene gehört hätte.

Auch im Fall Raymond Lodge müssen die richtigen Behauptungen, und seien sie noch so verblüffend, keine Erinnerungen des fortlebenden Raymonds gewesen sein; ein großer Teil (z. B. die Episode „Mr. Jackson") läßt sich mit von den Sitzungsteilnehmern telepathisch erhaltenen Informationen erklären und der Rest mit Hellsehen. Wir dürfen außerdem nicht vergessen, daß es auch Telepathie in der Zeit gibt: das Medium kann telepathisch direkt von der toten Person Informationen bekommen (wobei der Kontakt mit der Vergangenheit geknüpft wird, mit jener Zeit, da die Person noch lebte: retrokognitive Telepathie).

In diesem Zusammenhang ist der berühmte Fall mit Raymonds Fotografie bedeutsam. Die Beschreibung der Aufnahme durch das Medium läßt sich mit der Vorstellung vereinen, das Medium habe die Information durch Hellsehen der Fotografie erhalten. Hätte wirklich der „Geist" seine Erinnerungen geschildert, würde er kaum Details angegeben haben, die ein fotografierter Mensch nur selten bemerkt, die aber beim Betrachten der Aufnahme sofort auffallen (vor dunklem Hintergrund, in dem vertikale Linien vorherrschten).

Die oben angeführten Beobachtungen sind ausgewählte, besonders erfolgreiche Fälle, die sich in der Atmosphäre spiritistischer Séancen abgespielt haben. Sie gehören jedoch in dieselbe Kategorie wie die weniger erstaunlichen Fälle, bei denen sich eine Erklärung durch ASW sofort aufdrängt – beispielsweise beim folgenden:

Das berühmteste spiritistische Medium, Frau Piper, machte einmal eine Sitzung mit Herrn J. Mitchel. Sein Sohn George begann angeblich durch das Medium zu sprechen. Er konnte sich nicht an die Freunde und die Reisen aus seinem Leben erinnern, doch als man dem Medium Georges Uhr in die Hand gab, fiel dem „Geist" ein, daß in die Uhr die Buchstaben G. S. M. eingraviert waren.

Die früheren Forscher bemühten sich sehr, aus ihren Beobachtungen möglichst überzeugende Argumente für das Weiterleben nach dem Tod abzuleiten, und waren bei ihrer Suche nach dem letzten Beweis sehr findig.

Die Weiterlebenshypothese schien jedoch bereits zahlreichen frühen Forschern wenig plausibel zu sein, und bald wurde statt des Weiterlebens eine andere Erklärung gegeben: Telepathie. (Das Hellsehen im heutigen Sinne zog man damals noch nicht in Betracht.) Rekapitulieren wir, daß das Grundargument, das als Beweis für die Identität des „Geistes" galt, auf der Fähigkeit des Mediums fußte, besondere Informationen zu liefern, die dem Toten bekannt waren (siehe Seite 165). In normalen Sitzungen mit Medien, wo die „Geister" sich durch den Mund oder die Hand des Mediums frei mit den Teilnehmern unterhielten, war jedoch das mitgeteilte Wissen nicht nur dem angeblichen toten Kommunikator bekannt, sondern gewöhnlich auch den Teilnehmern – dem Medium aber nicht unbedingt. Eine plausiblere Erklärung lag somit nahe: Das Medium las die Gedanken der Teilnehmer.

Um diesem Einwand zu begegnen, gestaltete man die Sitzungen anders, in dem Bemühen, jede Telepathie zu eliminieren. Die veränderte Einstellung markiert einen bedeutsamen Versuch, von den Séancen älteren Typs abzugehen, in denen das Medium alle Vorgänge kontrollierte, und erste Experimentaltechniken einzuführen, durch die der Beobachtende die Kontrolle über zumindest einige wesentliche Elemente der Sitzung erlangte.

Ein wichtiges Verfahren zur Ausschaltung der Telepathie fand man in den *Sitzungen mit Stellvertreter*. Ein Freund des Experimentators wählte irgendeinen Gegenstand, der einem anderen Menschen gehörte (vorzugsweise einem Toten). Er war der einzige, der den ursprünglichen Besitzer kannte. Doch er näherte sich dem Medium nicht selbst, sondern gab den Gegenstand dem Experimentator, der für ihn die Sitzung mit dem Medium durchführte. Der Experimentator wußte absolut nichts über die Identität des ursprünglichen Besitzers, konnte daher dem Medium keine unabsichtlichen Hinweise geben, und das Medium konnte die Information nicht telepathisch in seinem Geist lesen. Er schrieb die Äußerungen des Mediums nieder, und erst nach der Sitzung enthüllte der Freund die Identität des Besitzers und half, die Richtigkeit der Behauptungen des Mediums zu prüfen.

Ein anderes Verfahren mit demselben Ziel waren die *Buchtests*. Das Medium wurde aufgefordert, Textstücke auf einer bestimmten Seite eines Buches zu nennen, das man willkürlich aus dem Bücherregal genommen hatte, ohne daß jemand der Anwesenden wußte, um welches Buch es sich handelte.

Sowohl in den Sitzungen mit Stellvertreter als auch bei den Buchtests gelang es verschiedenen Medien, zahlreiche richtige Aussagen zu machen. Doch mit der Erkenntnis, daß Telepathie nur eine Form der ASW ist und derartige Beobachtungen sich leicht durch Hellsehen erklären lassen, wurde offensichtlich, daß sie keinen Zusammenhang mit dem Problem des Lebens nach dem Tode haben. Die Erfolge bei den Buchtests beruhen zweifellos auf dem Hellsehen – genau wie jene bei den ähnlichen *Zeitungstests,* in denen die Medien aufgefordert wurden, Seiten der Zeitungen vom nächsten Tag zu beschreiben. Mit diesen Zeitungstests prüfte man die präkognitive Form des Hellsehens.

In den Sitzungen mit Stellvertreter vermochten die Medien übrigens gewöhnlich gleich viele Informationen über Gegenstände lebender und toter Besitzer zu liefern. Dies widerlegt zweifellos die Annahme, es bestehe eine Verbindung zwischen dem Tod des Besitzers und der Fähigkeit des Mediums, außersinnliche Informationen über ihn zu liefern.

Ein anderer klug erdachter Versuch, das Weiterleben zu beweisen, waren die *Querübereinstimmungen.* Ihnen lag folgende Idee zugrunde: Wenn die Leistung eines einzigen Mediums das Weiterleben nicht beweisen kann, weil das Medium die Möglichkeit hat, ASW einzusetzen, wollen wir zeigen, daß der weiterlebende Geist eigene Initiative zu ergreifen und beispielsweise durch mehrere Medien eine Botschaft zu übermitteln vermag. Gelingt ihm dies, haben wir einen Hinweis darauf, daß er ein unabhängiges Wesen ist, das selbständig denken und willkürlich handeln sowie vorsätzlich verschiedene Medien als Werkzeuge verwenden kann.

Der ideale Plan (der vermutlich nie perfekt verwirklicht wurde) bestand darin, den „Geist" durch verschiedene Medien mehrere Botschaften übermitteln zu lassen; jede Botschaft für sich genommen wäre unverständlich, nur zusammen würden die Botschaften einen Sinn ergeben.

Es liegt umfassende Literatur über Querübereinstimmungen vor (erschienen größtenteils zwischen 1905 und 1920 in den Berichten der Londoner Society for Psychical Research [Gesellschaft für psychische Forschung]), ein Schrifttum, das nur schwer zu studieren ist. Dieses Verfahren wurde nach dem Tod der Hauptbegründer der Society for Psychical Research (= SPR) in London ersonnen, die umfassendes Wissen in klassischer Philologie besaßen. Die angeblichen Geister der

Begründer offenbaren sich durch automatische Schrift verschiedener Medien und teilten Wissensfragmente aus der alten griechischen und römischen Literatur und Geschichte mit. (Solches Spezialwissen betrachtete man als besonders charakteristisch für die Begründer und als Hinweis auf das Fortleben ihrer Persönlichkeiten.) Deshalb erfordert das Studium der Querübereinstimmung viel Geduld; verstreute und oft sehr fragmentarische Informationsstückchen müssen gesammelt werden, außerdem sind fundierte Kenntnisse der klassischen Antike sowie der persönlichen Beziehungen zwischen den Begründern der SPR und den einzelnen Medien erforderlich.

Die sogenannten Querübereinstimmungen waren zudem sehr oft keine eigentlichen Querverbindungen, sondern etwas Einfacheres, das wir gewöhnlich als *Querverweise* bezeichnen: Mehrere Medien spielten lediglich auf denselben Gedanken oder dasselbe Thema an. Hier ein Fall zur Illustration:

Im April 1907 übermittelten drei verschiedene Medien innerhalb von zwei Wochen Botschaften, in denen das Wort „Tod" (griechisch *thanatos*, lateinisch *mors)* betont wurde. Frau Piper, seinerzeit in England, äußerte mehrmals undeutlich Worte wie „sanatos" und „thanatos", bis sie schließlich klar den Satz sprach: „Ich meine thanatos!" Mittlerweile schrieb in Indien Frau Holland folgende Botschaft automatisch: „Maurice. Morris. Mors. Und damit fiel der Schatten des Todes auf ihn, und seine Seele verließ seine Glieder." Das dritte Medium schließlich, Frau Verrall (in England) produzierte eine längere automatische Schrift, in der dasselbe Wort vorkam: „ . . . Pallida mors . . . Sie haben das Wort ständig klar in Ihrer eigenen Handschrift schreiben lassen . . ."

Eine Zeitlang wurde den Querübereinstimmungen große Bedeutung beigemessen, und man überschätzte ihren Beweiswert für das Weiterleben, besonders wegen der scheinbar absichtlichen Aktivität, die sich dahinter offenbarte. Die übermittelten Informationen waren jedoch gewöhnlich sehr bruchstückhaft, außerdem ließen sich alle Fälle mit Telepathie erklären. Kein Geist entwickelte Initiative und teilte sich durch verschiedene Medien mit, sondern es bestand eine telepathische Verbindung zwischen den Medien: Immer kontrollierte eines der Medien den Vorgang und beeinflußte die anderen telepathisch, so daß sie weitgehend dieselbe Information gaben.

Am bedeutsamsten bei der Erforschung des Lebens nach dem Tod waren zweifellos die spärlichen Versuche, sinnvolle Experimente zur Lösung dieses Problems auszuarbeiten. Leider geschah in dieser Richtung bis heute sehr wenig – weil sich das Problem mit den existierenden Mitteln experimentell nicht richtig angehen läßt.

Wir haben gesehen, daß alle bisherigen Argumente für das Weiterleben und sämtliche Bemühungen, den Beweis dafür zu erbringen, auf der falschen Vorstellung beruhten, die ASW müsse eine Grenze haben und was über diese Grenze hinausgehe, deute auf das Weiterleben hin. (Als man nur die Telepathie für möglich hielt, deutete man alle Fälle von Hellsehen als Beweise für das Weiterleben.)

Die experimentelle Untersuchung der Frage des Weiterlebens wird durch dieselbe Tendenz beeinträchtigt. Die ersten experimentellen Pläne fielen in eine Zeit, da die Parapsychologen allgemein glaubten, es gebe nur Telepathie und als Beweis für das Weiterleben genüge, daß das Medium eine Information liefere, die keinem lebenden Menschen bekannt sei.

Der vermutlich erste Forscher, der auf diesem Gebiet experimentelle Initiative bewies, war der Begründer der Londoner SPR, F. H. Myers. 1891 sandte er einen versiegelten Brief an Oliver Lodge, mit der Anweisung, den Umschlag verschlossen zu lassen, so daß kein lebender Mensch außer ihm den Inhalt kenne. Nach seinem Tod werde er versuchen, das Weiterleben zu beweisen, indem er zeige, daß er sich an den Inhalt erinnere. Myers starb 1901. Nach seinem Tod nahm sein „Geist" mit mehreren Medien Verbindung auf und bemühte sich angestrengt, den Inhalt des Briefes zu schildern. 1904 öffnete man den Brief; enttäuscht stellten die Forscher fest, daß es den Medien nicht gelungen war, den Inhalt korrekt wiederzugeben. Das Experiment war gescheitert.

Später hinterließen auch O. Lodge, R. Hodgson und andere Forscher versiegelte Botschaften, die nur sie selbst kannten. Doch wieder vermochten die Medien sie nicht zu enthüllen.

Als J. G. Piddington beschloß, posthum die Zahl 7 zu übermitteln (die bei ihm zu einer Art Besessenheit geworden war und von der er glaubte, sie werde am ehesten in seinem Gedächtnis überdauern, falls dieses nach seinem Tod weiterbestünde), spielten ironischerweise mehrere Medien bereits zu seinen Lebzeiten auf die „Sieben" an.

Während die vorausgegangenen Tests wegen des Fehlens von ASW gescheitert waren, scheiterte Piddingtons Test, weil die ASW der Medien bereits zu seinen Lebzeiten wirkte. (Dieses Ergebnis zeigte, daß zu einem Erfolg in solchen Tests kein Gedächtnis eines Geistes erforderlich war.)

Welche Ergebnisse auch immer erzielt wurden, anhand unseres derzeitigen Wissens können wir sagen, daß die Tests das Weiterleben *nicht beweisen*. Sogar noch das beste Ergebnis ist mit Hellsehen zu erklären, ohne daß man Zuflucht zu Geistern nehmen müßte.

Spätere Forscher erkannten dies und ersannen Situationen, in denen die Anwendung von Hellsehen schwierig oder unwahrscheinlich war.

R. H. Thouless schlug beispielsweise vor, eine chiffrierte Botschaft zu hinterlassen und posthum zu versuchen, durch das Medium den Kode mitzuteilen, mit dem sich die Botschaft entschlüsseln ließ. Ian Stevenson machte einen ähnlichen Vorschlag: posthum die Zahlen mitzuteilen, die man zum Öffnen eines Kombinationsschlosses wissen mußte.

Über die Durchführung derartiger Experimente wurde bislang nichts berichtet. Sie sind von Natur aus langfristig. Aber wir sollten von ihnen ohnehin nicht zuviel erwarten. Kein Experiment, bei welchem der *Inhalt* einer mediumistischen Kommunikation als Beweis für das Weiterleben angeboten wird, kann den geforderten Beweis erbringen, solange wir die Grenzen nicht kennen, die für die ASW unüberwindlich sind, und solange wir nicht wissen, ob die erhaltene Information über diese Grenzen hinausgeht.

Ein sehr kluger Plan, den W. W. Carington ersann, beruhte auf einem völlig anderen Prinzip. Carington versuchte, experimentell die Frage zu beantworten, ob die Persönlichkeit des in Trance befindlichen Mediums (wenn es angeblich vom „Geist" beherrscht wurde) sich von seiner normalen Persönlichkeit im Wachzustand unterschied. Er wandte psychologische Diagnosemethoden an, die auf Assoziationstests fußten. Er studierte die Reaktionen des Mediums auf verschiedene Reizwerte in Trance und verglich sie mit den Reaktionen des Mediums im Wachzustand. Doch er erhielt keine schlüssigen Resultate und stieß dazuhin auf eine andere Schwierigkeit: Die Reaktionen der untersuchten Personen veränderten sich bereits deutlich, wenn sie sich nur lebhaft vorstellten, jemand anderer zu sein.

Es ist zweifellos enttäuschend, daß die jahrzehntelange Suche nach einer Lösung des Problems des Weiterlebens so wenig positive Resultate erbrachte. Das Scheitern scheint auf die Tatsache zurückzuführen zu sein, daß das gesamte Problem falsch angegangen wurde.

Wenn die Forscher vom Weiterleben nach dem Tod sprachen, dachten sie an das Weiterleben im spiritistischen Sinn – mit dem vermuteten Fortbestehen (oder eher einer Steigerung) aller Fähigkeiten und Anlagen, die der Mensch zu Lebzeiten besaß. Sie dachten an die ununterbrochene Fortsetzung der individuellen Existenz jedes Menschenwesens mit sämtlichen charakteristischen Merkmalen, Erinnerungen, Bindungen und Ambitionen, die während seiner irdischen Existenz für den betreffenden Menschen charakteristisch gewesen waren.

Diese Vorstellung ist zweifelsohne falsch. Es gibt *keine einzige Beobachtung*, die ein Weiterleben in diesem Sinne überzeugend beweisen würde. Im Gegenteil, viele menschliche Fähigkeiten beruhen einwandfrei auf dem physischen Körper und erlöschen zwangsläufig, wenn der Körper zerfällt.

Das Problem muß neu formuliert werden, und der Schlüssel dazu liegt in den folgenden beiden Fragen:

1. Was verstehen wir genau unter einem „Geist"?

2. *Was* (wenn überhaupt etwas) lebt nach dem Tod weiter?

Versteht man unter dem „Geist" lediglich den Komplex psychischer Merkmale und Fähigkeiten oder Anlagen des Menschen, dann ist sein Weiterleben höchst unwahrscheinlich. Der „Geist" dieser Definition zerfällt mit dem Gehirn. Eine solche Vorstellung vom „Geist" ist jedoch ziemlich veraltet und beruht auf einem Mißverständnis. Sie schrieb psychologische Funktionen (von denen man heute weiß, daß sie vom Gehirn ausgehen) völlig willkürlich einem hypothetischen, nichtmateriellen Träger zu – ähnlich wie es die Physiker des 19. Jahrhunderts machten, als sie sich den hypothetischen Lichtäther als Träger der Lichtwellen vorstellten.

Vom Standpunkt der gegenwärtigen Psychologie und Psychophysiologie ist diese Auffassung des „Geistes" kaum mehr als eine figurative Fiktion ohne jeden Tatsachengehalt. Sie läßt sich mit der einstigen Personifizierung von Naturkräften vergleichen: Der Mensch des Altertums glaubte an den „Gott der Liebe" (Eros, Amor) oder die „Göttin der Weisheit" (Athene, Minerva), und für einige heutige Menschen sind Liebe und Weisheit an den „Geist" gebunden.

Man kann sich den „Geist" aber auch als möglicherweise existierende nichtmaterielle Komponente der menschlichen Persönlichkeit vorstellen. (Die Neurophysiologie verneint die Existenz einer solchen Komponente mit der Begründung, daß die modernsten Meßmethoden und -instrumente sie nicht aufzuspüren vermögen; die Forschung der modernen Parapsychologie dagegen rücken sie durchaus in den Bereich des Möglichen.) Faßt man den „Geist" in diesem Sinne auf und hütet man sich, ihm weitere Eigenschaften zuzuschreiben, bevor man ausreichenden faktischen Grund dazu hat, dann ist es angemessen, von der Möglichkeit des Weiterlebens eines solchen „Geistes" zu sprechen.

Die Parapsychologie liefert starke Argumente dafür, daß im Universum tatsächlich eine Sphäre von Regelmäßigkeiten besteht, die über den Bereich der Regelmäßigkeiten in der materiellen Sphäre hinausgeht. Diese Argumente lassen es ziemlich plausibel erscheinen, daß die menschliche Persönlichkeit auf verschiedenen Ebenen existiert und auch nichtmaterielle Bestandteile umfaßt (wie mehrere Philosophen und Religionsführer des Altertums behaupteten). Existieren die „höheren" Bestandteile wirklich, müssen sie nicht unbedingt zur gleichen Zeit sterben wie der Körper. Sie *können* weiterleben. Und sie können Eigenschaften haben, die sich von jenen, welche wir gemeinhin „Geistern" zuschreiben, beträchtlich unterscheiden. Derzeit dürfen wir korrekterweise nur von der *Möglichkeit* sprechen. Die Suche nach dem Beweis wird der nächste Schritt sein – zweifellos ein sehr schwieriger Schritt.

Bis jetzt waren wir es gewohnt, „Geist" direkt in Widerspruch zu „Materie" zu setzen. Man betrachtet beide als einander ausschließend, einander entgegengesetzt. Vielleicht verstehen wir das Universum besser, wenn wir diesen künstlich geschaffenen Widerspruch ausräumen.

Die moderne Physik kann uns den Weg weisen. Vergleichen wir beispielsweise Materie und Licht. Es besteht ein krasser, ins Auge springender Unterschied zwischen Körpern aus fester Materie und dem flüchtigen Licht. Ab der zweiten Hälfte des 19. Jahrhunderts (nach der Formulierung der Maxwellschen Theorie des elektromagnetischen Feldes im Jahre 1865 und besonders nach der experimentellen Entdeckung der elektromagnetischen Wellen durch Hertz im Jahre 1888) sah man das Licht als identisch mit elektromagnetischen Wellen an, die sich mit ungeheurer Geschwindigkeit durch den Raum fortpflanzten, wogegen die Materie bekanntermaßen aus Elementarteilchen bestand – Protonen, Elektronen, Neutronen usw. –, die eher als starre Körper begriffen wurden. Man hatte es hier mit einem klaren Widerspruch zu tun, der sogar noch bedeutsamer als der von unseren Sinnen empfundene Widerspruch war: der Wellencharakter des Lichts kontrastierte mit dem Körpercharakter der Materie. Doch weitere Fortschritte in der Physik zeigten, daß das obige Bild übermäßig vereinfacht war. Das Licht hat manchmal wellenförmigen Charakter, doch es verhält sich gelegentlich auch wie winzige Körperchen. Das ältere Bild – „entweder Wellen oder Körperchen" – wurde in ein umfassenderes, tiefergehendes und präziseres Bild umgewandelt: sowohl Wellen als auch Körperchen (wobei in verschiedenen Situationen eines der beiden Merkmale dominiert). Genauso zeigte sich, daß auch Materie (Elementarteilchen von Materie) körperhafte und wellenhafte Eigenschaften hat. Deshalb entwickelte die moderne Physik eine integrierende Auffassung von der Materie, die tieferen Einblick in den früheren scheinbaren Widerspruch brachte: sowohl das Licht als auch die Elementarteilchen sind Komponenten des physischen Universums.

Oder nehmen wir den scheinbaren Widerspruch zwischen Materie und Energie im allgemeinen. Feste Materie auf der einen Seite und die flüchtige Kapazität der Arbeitsleistung auf der anderen. Diese scheinbar gegensätzlichen Begriffe wurden durch die Relativitätstheorie vereint, und es zeigte sich, daß Materie in Energie umgewandelt werden kann und umgekehrt. Wir sehen wieder, daß bei einer Betrachtung vom Integrationsstandpunkt der einstige Widerspruch verschwunden ist und einem umfassenderen, verständnisvolleren Bild der spezifischen Struktur des Universums Platz gemacht hat.

Erwähnenswert ist hier, daß die Umwandlung von Materie in Energie nach ihrer Entdeckung von einigen naturwissenschaftlichen Philosophien (ausgedrückt z. B. von J. H. Jeans und A. S. Eddington) als „Auflösung von Materie in Energie" gedeutet wurde, mit anderen

Worten, als „Vergeistigung von Materie". Sie mißverstanden den Vorgang, in welchem der Grundbestandteil der physischen (materiellen) Welt *nur seine Form* verändert. Fälschlicherweise führten sie die Umwandlung der „festen" Materie in die „flüchtige" Energie als Argument für die Geistigkeit des Universums an. Und der entgegengesetzte Vorgang, die Umwandlung von Energie in Materie, wurde als „Schöpfung" von Materie ausgelegt.

Dieses nur einige Jahrzehnte zurückliegende Mißverständnis veranschaulicht uns, daß sogar namhafte Männer der modernen Wissenschaft in ihren Spekulationen fehlgehen können, wenn sie Schlüsse zu ziehen versuchen, bevor genügend Fakten ermittelt sind. Der „Geist", wenn es ihn gibt, muß anderswo gesucht werden – wie man auch den Himmel, wenn es ihn gibt, nicht einfach auf oder über hohen, unzugänglichen Bergen (Olymp) oder hoch über der Erde findet, wo ihn die Philosophen des Altertums und Mittelalters lokalisieren wollten.

Noch einmal möchten wir folgenden wichtigen Punkt hervorheben: Die scheinbaren Widersprüche Materie und Energie sind lediglich zwei Aspekte (genau wie die beiden Seiten einer Münze oder die zwei Gesichter des römischen Gottes Janus) der *einzigen objektiven Realität,* die das physische (materielle) Universum bildet. Ein umfassenderer Blick „von oben" enthüllte ihre verborgene Einheit.

Ähnliche Widersprüche und die daraus resultierenden Diskussionen, denen nur ungenügendes Wissen zugrunde lag, erregten während der geistigen Entwicklung der Menschheit immer wieder die Gemüter. Die leidenschaftlichen Dispute der Scholastiker, die den Widerspruch zwischen *Nomina* und *Universalia* (z. B. ob „Hund" nur ein individueller Repräsentant seiner Gattung ist oder ob auch etwas wie „Hundehaftigkeit" besteht) zu lösen versuchten, beunruhigen uns heute nicht mehr; ebensowenig wie Aristoteles' Gegeneinanderstellung von *Substanz* und *Form* (wenn Sie einen Ball haben – was ist wichtiger, damit er ist, was er ist: der Gummi oder die Kugel?).

Auch das alte Problem der Physik – Aktion in der Ferne – hatte nichts Geheimnisvolles mehr, als die Physiker in Kraftfeldern zu denken begannen. (Heute beschäftigt uns eher die Frage, wie die Erde ihren Schwereeinfluß auf den fernen Mond ausüben kann – dabei war diese Frage vor wenigen Jahrhunderten ein tiefes Geheimnis für die Physiker, die sich nicht vorzustellen vermochten, daß „Kraft" anders als mechanisch – durch Seile usw. – übertragen werden könne.)

Auch in der Biologie gab es eine Frage, die jahrhundertelang die Philosophen quälte: Was war zuerst da, das Ei oder die Henne? Wenn die erste Henne aus einem Ei ausgebrütet wurde, wer hatte dann das Ei gelegt? Und wenn die Henne zuerst da war, wie wurde sie dann geboren? Heute hat diese Frage infolge unserer Konzeption von der Entstehung der Arten jedwede Rätselhaftigkeit verloren: Jede Art entwickelte sich in einer endlosen Folge von Geburten aus archaischeren Formen.

In allen diesen Beispielen resultierte der Widerspruch aus ungenügendem Wissen. Hatte man mehr faktisches Wissen gesammelt, stellte man stets fest, daß der Widerspruch auf einem Mißverständnis beruhte und entstanden war, weil Spekulationen und zu ehrgeizige, verfrühte Erklärungsversuche den Bereich ermittelten Wissens verließen. In der Regel erklärte ein späteres, aus tieferem Einblick gewonnenes Bild mühelos die Probleme, die früher unlösbar erschienen.

Genauso wird zweifellos auch das Problem der Beziehung zwischen „Geist" und „Materie" zu gegebener Zeit gelöst werden, wenn genügend angesammeltes Wissen es möglich macht, die Gegensätze mittels eines vollständigeren, einheitlichen Bildes zu überbrücken. Dann wird man begreifen, daß die physische (materielle) Welt und die nichtphysische Welt der Parapsychologie (Sie können sie als „nichtmateriell" oder „geistig" bezeichnen, wenn Sie wollen) *zwei Aspekte einer einzigen universellen Realität* sind, um deren besseres Verständnis wir uns bemühen.

Es ist hier lohnend, noch einmal die Entdeckung der „geistigen Imprägnation" zu erwähnen, die ein objektiv existierendes Produkt der bewußten Aktivität des Menschen zu sein scheint. Einmal geschaffen, ist sie unabhängig von ihrem Erzeuger und könnte – denkbar wäre es – sogar nach seinem Tod fortbestehen.

Es gibt sogar unabhängige Hinweise, daß dies tatsächlich der Fall ist: Nicht sehr oft, aber doch in eindrucksvoller Zahl, wurden spontane parapsychologische Phänomene beobachtet, die an einen bestimmten Ort gebunden sind – gewöhnlich einen Ort, an dem sich ein dramatisches oder emotional stark empfundenes Ereignis abspielte (eine Situation dieser Art trägt höchstwahrscheinlich zur Hervorrufung der „geistigen Imprägnation" bei). An solchen Orten sah man manchmal Erscheinungen von Phantomen, die darauf hindeuteten, daß dort irgendein nichtmaterielles Etwas vorhanden war und das Erlebnis – volkstümlich: den Spuk – bewirkte.

Die Untersuchung der geistigen Imprägnation – sie ist, zugegebenermaßen, noch sehr unvollständig – scheint das einzige direkte experimentelle Material zu liefern, das anzeigt, daß ein eng mit dem Menschen verbundenes nichtmaterielles Etwas unabhängig vom menschlichen Körper existieren könnte. Basiert das Weiterleben nach dem Tod auf diesem Etwas, dann beinhaltet es möglicherweise eine Art Weiterbestehen starker Emotionen oder lebhafter Erinnerungen für eine gewisse (derzeit noch nicht bestimmbare) Zeitspanne – nicht aber eine individuelle, absichtliche Aktivität aus dem Jenseits.

Beschließen wir das Kapitel mit der Feststellung, daß das Weiterleben nach dem Tod – in irgendeiner Form – noch nicht bewiesen wurde, aber als Möglichkeit besteht. Die Form, in der es stattfindet (wenn überhaupt), wird durch weitere Forschung ermittelt werden müssen. Es wird eine schwierige Aufgabe für die künftige Parapsychologie sein, herauszufinden, ob das Weiterleben Wirklichkeit ist und in welcher Form es erfolgt. Viel mehr Wissen wird angesammelt und das Beweismaterial wird sorgfältig abgewogen werden müssen. Was uns betrifft, so ist es angesichts unseres bruchstückhaften Wissens zweifellos besser, wenn wir offen zugeben, daß wir nichts wissen, und wenn wir die endgültige Antwort auf später verschieben. Auch Newton hat das getan, als man ihm die Frage nach der Natur der Schwerkraft stellte. Seine Antwort lautete: „*Hypothesas non fingo*" (Ich erfinde keine Hypothesen).

Das Problem des Weiterlebens ist schwierig, und wir besitzen darüber nur spärliches Wissen. Daher sollte der Schwerpunkt der Forschung bei der Frage ansetzen:

Welche Entwicklungsmöglichkeiten hat das lebende Menschenwesen? Es steht zu hoffen, daß solche Forschung viele Entdeckungen von praktischem Nutzen bringen und schließlich, wenn wir größeres Wissen erlangt haben, auch unsere Fragen nach dem Weiterleben beantworten wird.